ENCYCLOPÉDIE-RORET

NUMISMATIQUE

DU MOYEN AGE ET MODERNE

SAINT-QUENTIN. — IMPRIMERIE J. MOUREAU ET FILS.

MANUELS-RORET

NOUVEAU MANUEL

DE

NUMISMATIQUE

DU MOYEN AGE ET MODERNE

PAR

J.-Adrien BLANCHET

A. C. N. de la Société des Antiquaires de France,
de la Société française d'Archéologie, etc.

Τὸ δὴ νόμισμα ὥσπερ μέτρον
σύμμετρα ποιῆσαν ἰσάζει·....
μετρεῖται γὰρ πάντα νομίσματι.
Aristote, *Ethica Nicom.*, l. V, e. v.

Ouvrage accompagné d'un Atlas de quatorze planches

TOME SECOND

Seconde partie

PARIS

LIBRAIRIE ENCYCLOPÉDIQUE DE RORET

RUE HAUTEFEUILLE, 12

1890

NOUVEAU MANUEL

DE

NUMISMATIQUE

DU MOYEN AGE ET MODERNE

MONNAIES OBSIDIONALES

ET DE NÉCESSITÉ

On a donné ce nom à un numéraire irrégulier fabriqué ordinairement pendant le cours de certains événements, lorsque les espèces ordinaires faisaient défaut. Les matières employées sont généralement les métaux, mais on trouve aussi des p. en cuir, en papier ou en carton. Ces m. que l'on émettait, avec promesse de remboursement en m. courante après la levée du siège ou la conclusion de la paix, ne furent jamais considérées comme des m. réelles. L'Académie des Inscriptions (*Mémoires*, t. I, 348) parle des pièces obsidionales frappées par le marquis de Surville, gouverneur de Tournai, en 1709, comme de simples méreaux ou obligations contractées par le *gouverneur*.

Les premières m. obsidionales paraissent au XVI° siècle. On en trouve qui sont fabriquées aussi bien par des

assiégeants que par des assiégiés. Leur forme est souvent
irrégulière, carrée ou polygonale et souvent même elles
n'ont pas forme de m. C'est ainsi que les p. obsidionales
de Juliers, assiégée par Maurice de Nassau, en 1610, se
composent de morceaux de vaisselle découpés et poin-
çonnés de chiffres indiquant des valeurs différentes. La
nature des m. et les circonstances dans lesquelles elles
furent émises sont souvent indiquées par les légendes.
Ainsi la pièce de Nice, assiégée par les Turcs et les Français en 1543, porte : NIC.A.TVRC.ET.GAL.OBS ; différentes
m de Vienne, assiégée par les Turcs en 1529, portent :
TVRCK.BLEGERT.WIEN, etc. La valeur est assez souvent indiquée ; par exemple, Campen frappe en 1578 des m.
avec la légende significative EXTREMUM SUBSIDIUM et la
valeur en *stuivers* (sous), 42 ST, 21 ST, etc. Assez souvent
les personnages qui émettent une m. de nécessité y font
paraître leur nom et même leur buste. Ainsi M. de Surville,
assiégé dans Tournai par les alliés, en 1709, frappe des
pièces de 20 sols avec son buste et son nom. En Danemark, le comte Christophe d'Oldenbourg frappe des m.
avec son nom et ses armoiries et au ℞ le nom du roi
Christian II et le prince assis de face.

Bien souvent aussi les m., quoique ayant été frappées à
l'occasion d'un siège, ne portent pas d'indication particulière, et c'est par la date seule qu'on peut arriver à reconnaître la nature de la pièce.

L'irrégularité, la bizarrerie et l'intérêt des m. obsidionales
et de nécessité étaient des raisons suffisantes pour exciter
l'attention des faussaires. Aussi, ils ne se sont pas conten-
tés de contrefaire les m. qui existaient, ils en ont inventé.
Parmi les p. de cette dernière catégorie, nous citerons :

Une pièce de 20 sols en arg. de Théodore, roi de Corse,
avec LIBERTAS et un chapeau sur une épée.

Une pièce de 3 livres en métal de cloche pour Valenciennes assiégée par le duc d'York, en 1793.

Des écus et des demi-écus de Louis XV et de Louis XVI
contre-marqués au ℞ de 1794, de l'étoile, des valeurs
100 et *50 st.* et de la marque de l'essayeur, pour le
siège de Maestricht.

Nous donnons une liste de m. obsidionales et de nécessité en indiquant surtout la circonstance pour laquelle elles ont été frappées ; cette liste est loin de renfermer toute la nomenclature donnée par P. Maillet dans son ouvrage. Du reste, cet auteur a admis comme obsidionales un certain nombre de p. qui n'ont pas eu ce caractère.

Aire. — Assiégée par les Français, 1641 ; par les Espagnols, 1641 ; par les alliés, 1710, ARIA ; I II, VIII livres, 25 et 50 sols.

Alexandrie. — Bloquée par le maréchal de Maillebois, 1746, s. 10, AROIS.ALEX.

Alhama. — Assiégée par les Maures, 1483. Carton.

Alkmaar. — Assiégée par les Espagnols, 1573 ; 3, 4 et 6 sols, cuivre et plomb.

Amsterdam. — Bloquée par les troupes des Etats, 1578 : 40, 20, 10 et 5 sols, armes de la ville, m. de vaisselle d'or et d'arg. 1673.

Anhalt-Bernburg. — M. frappée par Christian, trois écussons, 80 (kreutzers), 1592, *arg.*

Anhalt-Zerbst. — M. de cuivre avec A.Z., 1680.

Anvers. — M. frappée en 1593 par le colonel de Montdragon, pour le service de la garnison de la citadelle ; armoiries 1593, 5 PAT, cuivre. — Assiégée par les alliés, 1814, 5 et 10 c.

Arboga. — M. frappée par Gustave II Adolphe, r. de Suède, G.A.R., 1626. 1 OR.

Argentona. — V. REAUX, 1641 à 43.

Audenarde. — Assiégée par les Espagnols ; SPES.NOSTRA DEUS, *1582*, 5, 10, 20 et 40 sols; étain.

Autriche. — M. fr. pendant les guerres contre la France, 1800-07, 7, 15, 24 et 30 kreutzers.

Baléares (Iles). — M. fr. pendant la guerre d'Espagne, 1823 ; 5 pesetas, *arg.*

Bamberg. — BB. 1597; aigle dans une guirlande ; m. fr. par François-Louis, évêque de Bamberg, pendant l'occupation française de 1794 à 1796 ; thalers et 20 kreutzers.

Bandon. — M. pendant la guerre contre les Parlementaires (1642-48) B.B. (Bandon-Bridge).

Barcelone. — Occupation française, V. RÉAUX, 1641,

1642, 1643 ; v. *sols*, sixains, ardits, deniers, 1/2 et 1/4 ; assiégée par les Espagnols, 1652, x.r ; guerre contre la France (1808 à 1814) 4, 2, 1 quartos, 1/2 d⁰ ; pesetas, 2 1/2 et 5, *arg.* ; 20, *or.*

Bavière. — M. de 1621-22, lion assis, thalers et 1/2.

Berg-op-Zoom. — M. fr. après que les Espagnols eurent levé le siège, BERGEN. 1588, or.

Besalu. — BISVLDVNENS, écu de Catalogne, 1641-42 ; v. R.

Bisbal (La). — BISPALIS, écu de Catal. ; v. R.

Bohême. — M. fr. par Frédéric, roi de Bohême, en guerre contre l'Autriche ; 24 kreutzers, 1619-20.

Bommel. — Assiégée par les Espagnols, 1599, BOEME ; écus, 1/2, 1/4 et sol ; arg. Bill.

Bonn. — Assiégée par Ernest de Bavière et les Espagnols ; thaler, 1/2 et 1/4, avec les armes de l'archevêché de Cologne, 1583.

Bouchain. — Assiégée par les alliés, 1711 ; 5 et 25 sols, papier avec cachet de D'AFFRY.M.

Brandebourg. — M. d'Albert, margrave de Brandebourg-Culmbach, or et arg., 1552-53 ; A.M.Z.B. (Guerre de la pacification de Passau).

Braunau. — Assiégée par les Autrichiens, écu, arg.; 1, 3, 15 et 30 kreutzers, étain, avec armes de Saxe, 1743, BRAVNAV.

Breda. — Assiégée par les troupes des Etats de Hollande. IN.DER.NOOT.B. A. 1577 ; BREDAE, etc., 20 sols, 2 et 3 florins, arg. ; sol, 3 et 10 sols plomb. Assiégée par les Espagnols, BREDA.OBSES. 1625 ; 20, 40 et 60 sols, arg.; 1 et 2 sols.

Breslau. — Assiégée par les Impériaux, w. 1621.

Brisach. — Assiégée par les Suédois. Ecus d'Autriche, Alsace et Brisach, 1633 ; 8 thalers, or ; thaler, 48, 24 et 22 batz (xx.ii, etc.), 6 et 12 kreutzers (k.xii), *arg.*

Brunswick. — M. de nécessité appelées *Juliusloeser*, frappées par Jules. duc de B., de 1574 à 1580 ; groschen, 2 1/2, 3, 5 et 10 thalers, *arg.*

Brunswick Lunebourg. — Ducat d'or et thalers du duc Chrétien, 1622 ; TOUT AVEC DIEU ℞ GOTTES FREINT UND DER PAFF. FEINDT (Guerre de 30 ans).

Bruxelles. — Bloquée par les Espagnols, 1579-80 ;
3 florins, *or* (3.ᴏᴠʟ). 18 et 36 sols (36.sᴛ) ; assiégée par
les Espagnols, 1584, 2 et 4 fl. or, fl. et 2 fl. *arg.* (cf. A. de
Witte, *Rev. belge*, 1889, 403).

Cambrai. — Assiégée par les Espagnols, 1581 ; ᴄв, tha-
lers, arg., patard, 2, 5, 10 patards (x.ᴘ); assiégée par les
Espagnols, 1595, patard, 2, 5, 10 et 20 patards, *arg.* et *c.*
(*Ann. Soc. Num.*, 1882, 248).

Campén. — Assiégée par les troupes des Etats de Hollande, 1578 ; 42, 21, 10 1/2, 38, 32, 19, 9 1/2 sols (9 1/2 sᴛ)
arg. ; 1 2, 1, 2, 3 sols. Assiégée par les évèques de Cologne et de Münster, 1672, thaler.

Candie. — M. du général Grimani, commandant pour
Venise, pendant la guerre contre les Turcs, 1646-47,
10 *gazettes* ou livre vénitienne ; assiégée par les Turcs,
1650, 5 et 10 livres ; 1810 ?

Carlile. — Assiégée par les Parlementaires, ᴏвs.ᴄᴀʀʟ.
1645. 1 et 3 shillings.

Casal. — Assiégée par Gonzalès, 1628, ʀ.xɪɪ (12 réaux),
assiégée par Ambroise Spinola, 1/2, 1, 5, 10 et 20 florins.

Catalogne. — M. de Louis XIII, occup. 1641-42 ; louis
d'or, écu, 1/2 et 1/4 *arg.* ; ʟ.xɪᴠ, 10 réallilo, 1651. M.
frappées à Palma de Majorque pour la Catalogne, 1811-
14, 1/8, 1/2, 1, 2, 3, 6 quartos.

Catanzaro. — Assiégée par les Français, 1528.

Cattaro. — Assiégée par les alliés, 1813, 1, 5 et
10 francs, arg.

Colberg. — Assiégée par les Français, 1807, papiers
de 2, 4 et 8 groschens.

Colchester. — M. fr. par Charles Iᵉʳ ; ᴏвs.ᴄᴏʟ, le château de Colchester, 1648 ; p. de 1 shilling, *arg.*

Coni. — Assiégée par les Français, 1641, doublon, pistole, *or* ; livre, *arg.*

Copenhague. — Assiégée par les Suédois, 1659 ; 6 et 20
ducats, *or* ; 4 marck, *arg.* ; chiffre de Frédéric III.

Cork. — Assiégée par les Parlementaires, 1647, shilling
(xɪɪ) et 6 sols, *arg.*, farthing et penny ; assiégée par Guillaume III, 1690.

Corse. — Théodore, roi, écu, *arg.*, 2 et 5 sols, 1736.

(Cartier, *R. N.*, 1842, 193) ; m. de Paoli, chef des rebelles, 8 deniers, 1, 2 et 4 sols, *c.* ; 10 et 20 sols, *arg.*

Crémone. — Assiégée par François Iᵉʳ, Venise et les alliés. 1526, CRE.OB.

Cronstadt ou *Brassow.* — Assiégée par Ragotzki, 1660 ; armes et noms du prince Achatius Barcsai, thalers.

Danemark. — M. frappées par Christian Iᵉʳ, de 1448 à 1481 ; grand C, le roi debout, armes d'Oldenbourg. M. fr. à Opsolo par Christian II pendant la guerre contre Frédéric Iᵉʳ, 1531, or, *arg.*, *c.*. M. fr. par le comte Chris-tophe d'Oldenbourg, pour Christian II, en 1535, *arg.*. M. fr. par Frédéric Iᵉʳ, *arg.* 1532. M. fr. par Christian III, 1535, c dans un écusson. M. fr. par Frédéric II de Dane-mark, pendant la guerre contre Eric XIV de Suède, 1563-64, F dans un écusson ; florin, ducats, dogkate, couronne, *or* ; 1 et 2 marcks, 2 et 4 skillings, *arg.* M. de nécessité dites *hébraïques* (à cause du nom de Jéhova qui s'y trouve) frappées par Christian IV, de Danemark, pendant la guerre contre la Suède dans le Holstein, 1644-48, 1/4, 1/2 ducat et double, *or* ; 42 ducats et 1/2 ; 2 marcks, 4, 16, 20 skil-lings, *arg.* M. de Christian V, guerre contre la Suède, 1674-79. 2, 4, 8 skillings, 1 marck, *arg.*. M. de Frédéric VI pendant les guerres de 1808 à 1815, 1/6 rigsdaler, *arg.*, 2, 3, 4, 6, 12, 16 skillings.

Danzig. — M. de la ville, 1572-77, MONE.CIVI.GEDANEN. Schilling, *arg.*. pfennig. Assiégée par Etienne Bathori, roi de Pologne, 1577 ; 1/2, thaler, double, gros, shilling, *arg.*, ducat, *or* ; m. étrangères diverses contremarquées de l'écu de la ville.

Deventer. — Bloquée par les troupes des états géné-raux, 1578, ducat *or* ; rixdale, 1/2, 44, 22, 11 s., *arg.*, 6, 4, 3, 2 sols, sol et 1/2, DAVEN. Assiégée par l'évêque de Münster, 1/2, 1/4, 1/8, rixdale, 6, 3 et 1 sols, *arg.*, 1672.

Ecluse (L'). — M. fr. au nom de l'archiduc Philippe, par les gouverneurs Philippe de Clèves et Albert, duc de Saxe, pendant le siège de la ville par Maximilien d'Autriche, 1492, florin d'or, briquet et double, *arg.*

Eger. — Assiégée par les Français, 1742, kreutzers étain.

Eichstaedt. — M. de l'évêque Joseph, pendant l'occupation française, 1794-96, EPIS.EVSTETTENSIS, thaler et 1/2, *arg*.

Famagouste. — Assiégée par les Turcs, 1570 ; besants avec le lion de saint Marc.

Francfort. — M. de la ville pendant l'occupation française, 1794-96 ; ducat *or*, thaler *arg*.

Franckenthal. — Bloquée par le général Verdugo, 1623 ; 1, 4 thalers, 1, 2, 4 florins, 7 et 15 batz, *arg*.

Fulda. — M. de nécessité fr. par Adalbert évêque et abbé pendant l'occup. française, 1794-96, thaler et 1/2, *arg*.

Genève. — M. fr. pendant la guerre contre la Savoie, 1590 ; 3, 6, 12 sols.

Girone. — Ecu de Catalogne, v. RÉAUX, GERVND, 1641 ; avec le nom de Louis XIII, 1642 ; de Louis XIV, 1646 ; sixains, 5 sols, etc. Assiégée par les Français, 1808-09, douro et 5 pesetas *arg*.

Gotha. — Assiégée par l'électeur Auguste de Saxe, 1567. H.H.G.K. Armoiries ; ducat, *or*, 1 et 2 thalers, gros, *arg*.

Greifswald. — Assiégée par Gustave II Adolphe, roi de Suède, 1631 ; 1, 2, 3, 4 onces ou florins, *étain*.

Groningue. — M. fr. par les États de Hollande, 1577, 1/4, 1/2 et rixdale, *arg*.; siège de 1591 ? Assiégée par l'évêque de Munster, 1672 ; 50, 25, 12 1/2, 6 1/4 sols $(6\frac{1}{4}$ ST).

Halberstadt. — M. fr. par Christian de Brunswick, évêque d'Halberstadt, 1622-26 ; uniface avec V.S.L.K. (Von Sanct Liborii Kopf).

Hambourg. — 6 kreuzers de 1698. M. fr. par le maréchal Davoust, 1815, avec les coins hambourgeois de 1809; ducat *or*, 1, 16 et 32 schillings, dreiling, *arg*..

Harlem. — Assiégée par les Espagnols, 1572-73, 30, 20, 15, 7 1/2, 10, 5 sols, 1/8 écu, *arg*.

Hermannstadt. — Assiégée par les Turcs, 1611 ; les armes de Gabriel Bathori (G.B:P.T), thalers triple gros, avec CIBIN. Assiégée par Rakoczi, 1660, *or* et *arg*.

Hesse. — M. du landgrave Philippe, en guerre contre Maurice de Saxe, en 1547 ; P.L, lion de Hesse. M. du landgrave Louis, 1588, L.L.Z.H, *arg*.

Hildesheim. — M. de la ville, 1609, 1658, 1797 ?

Hollande. — Les Etats augmentèrent d'un huitième la valeur de diverses m. de Philippe II, en 1573. M. fr. pendant l'occupation française, 1672-78, 2 stuivers.

Hongrie. — M. fr. par Ferdinand Ier pendant la guerre contre les Turcs, 1552, F.R.V (*Ferd. rex Ungariæ*), arg.. M. fr. par Jean Sigismond Zapoly, en guerre contre Ferdinand Ier, 1562, thaler uniface avec I.E.R.V (*Joannes electus rex Ungariæ* ; m. du même, en guerre contre Maximilien II, 1565, thalers (IO.SE*pucius.* R.V). M. fr. par François Rakoczi, 1704-07, ducat or, florin et *polturu*, *arg.* 1,4, 10 et 20 polturas. M. de Kossuth, 1848-49.

Igualada. — Ecu de Catalogne, v. R*éaux* ILLA.AQIA. LATA, 1641.

Irlande. — M. fr. par Charles Ier, en guerre contre les Parlementaires, 1642-1649, 20, 10 et 1 schillings, couronne, 1/2 couronne (II S. VI d), penny (^p_i) de 2 à 14 pence, *arg.* M. diverses, portant seulement l'indication de leur poids ; couronnes, 1/2 couronnes, 3, 4, 6, 9 sols, etc. ; 1/2 sols avec harpe couronnée ; couronnes et 1/2 cour. dites des rebelles ; m. fr. en Irlande par Jacques II, 1689-90, 1/2 cour. et shillings, c.; couronnes *métal blanc;* groat de 4 sols.

Jametz. — Assiégée par Charles III, duc de Lorraine, 1588 ; 10 et 20 sols.

Juliers. — M. fr. par Guillaume, duc de Juliers, en guerre contre Charles-Quint, 1543, *arg.* Assiégée par le prince Maurice de Nassau, 1610 ; 40 florins, or ; 10, 9, 8, 7, 6, 5, 4, 3, 2 et 1 florins, *arg.* Assiégée par le comte Henri de Bergue, 1621, 2, 4, 8, 12, 14, 20, 24 et 32 sols, IN.GVL.

Kinsale. — M. fr. pendant la guerre de Charles Ier contre les Parlementaires, 1642-48 ; K.S, sol.

Koenigsberg. — M. fr. au nom d'Elisabeth Ire pendant l'occupation russe, 1758-62 avec MONETA.REGNI.PRVSS, gros, schilling (SOLID.).

Kosel. — Assiégée par le général Laudon, 1761 ; COSEL, gros et kreuzer.

Landau. — Assiégée par les impériaux, 1702 ; 1 l. 1 s., 2 l. 2 sols, 4 l. 4 s. *arg.;* assiégée par les Français, 1713, double ducat *or*, 2 florins 8 kr., 1 fl. 4 k., 1/2 fl. 2 k. (1/2 FL. 2 x) *arg.*.

Leipzig. — Assiégée par Jean-Frédéric, électeur de Saxe, 1547, *or, arg.* avec M.H.Z.S (*Maurice, duc de Saxe*). M. de nécessité frappée pendant la guerre de Sept ans, 1756-63, 3 PFENNIGS, armes de Saxe.

Leopoldstadt. — M. fr. par les Mécontents de Hongrie, 1704-05, L.S liés, X poltura.

Lerida. — M. de nécessité fr. pendant la guerre contre la France, 1808-14 ; 5 pesetas, 1809.

Leyde. — M. fr. par l'hôpital de Sainte-Catherine pendant le blocus par les Espagnols, 1573 ; roue couronnée ℞ GEDENCT DEN ARMEN. Assiégée par les Espagnols, 1574 ; 20 sols *or, arg.* ; 1/2 à 28 sols *arg.* ; 14 à 30 sols, *papier.* Assiégée par les Français, médaille 1673.

Lille. — Assiégée par les alliés, 1708 ; armes de M. de Boufflers, gouverneur, V, X et XX sols.

Livonie. — M. fr. par Guillaume de Furstenberg, général des troupes de la Livonie, 1559, *arg.*, armes de Furstenberg. M. fr. par Gothard Kettler, grand-maître de l'ordre teutonique, 1559, G.M.Z.L, thaler et 1/2.

Luxembourg. — Assiégée par les Français, 1795, LXXII ASSES *arg.*; 1 sol.

Lyon. — Siège de 1793, 3, 6 et 20 sols, épée avec bonnet de la liberté sur la pointe ; assignats de 5 et 20 livres, de 25 et 50 sols.

Maestricht. — Assiégée par les Espagnols, 1579; TRAIEC, 1/2, sol, 2, 8, 12, 16, 24 et 40 sols. Assiégée par les Français, 1794, TRAIECTVM.AD.MOSAM, 100 et 50 sols (ST), *arg*.

Magdebourg. — Assiégée par les alliés de l'emp., pendant la guerre de Smalkalde, 1551 ; saint Maurice, patron, ou les armes de la ville, ducat et double ducat, *or* ; *arg*. Assiégée par les impériaux, 1629, gros et 12 gros, *arg*.

Majorque. — M. fr. à Palma, pendant la guerre contre la France, 30 sols, *arg.*, 12 deniers; 30 sous, 1821.

Malte. — Assiégée par les Anglais, 1799, 17 écus 3 carlins. 5 grains, et 3 écus 5 carlins 18 grains, *or*.

Manresa. — Ecu de Catalogne, v. RÉAUX, 5 sols, sixain, MINORISA, 1641-42.

Mansfeld. — Rixdale arg. frappé en 1547, pendant la guerre de Smalkalde, A.G.Z.M. (*Albert Graf zu Mansfeld*).

Mantoue. — Assiégée par l'emp. Ferdinand II, 1630, MAN.OBSES, *arg.* et *plomb.* Assiégée par les Impériaux, 1799, ASSEDIO.MANTOVA, 1, 5, 10 sols. M. fr. par le général Gorkowski, siège de 1848, 3, 20 et 30 kreuzers.

Martorell. — Ecu de Catalogne, v. RÉAUX, 1641.

Mayence. — Assiégée par les impériaux, 1689; florin et 1/2, sol et 2 sols, *arg.* Assiégée par les alliés, 1793, 1 et 2 sols, assignats de 3, 20 et 50 livres, de 5, 10 et 20 sols. M. fr. par Frédéric-Charles-Joseph, archev. et électeur de Mayence, pendant l'occupation française, 1794-96, ducat, *or ;* thaler, *arg.*

. *Middelbourg.* — Assiégée par les Zélandais, 1572 ; MIDD, 25 et 50 sols, 2 daalder, *arg.,* 6 et 12 sols, *plomb.* Assiégée par le prince d'Orange, 1573, 4, 2 et 1 ducat, *or ;* 15 et 30 sols, *arg.*

Minden. — Assiégée par le duc Georges de Brunswick-Lunebourg, 1634 ; MINDA, 1, 3, 4 et 8 gros, 3 pfennigs.

Modène. — M. de Louis XIV, 1704-05.

Moldavie. — Thaler de Jean-Basile Heracles, despote, en guerre contre Alexandre, voivode de Moldavie, 1562.

Münster. — Assiégée par son évêque, 1660 ; 3 ducats, *or ;* 25 et 50 sols, *arg.;* 1, 3, 6 et 12 pfennigs.

Nantes. — M. fr. pendant l'investissement de cette ville par les Vendéens, 1793 ? Bonnet de liberté, 25 sols.

Naples. — M. fr. au nom d'Henri de Lorraine, duc de Guise, DVX.REIP.NEAP, 1648 ; 15 grains, 1, 2 et 3 tornesis.

Newark. — Assiégée par les parlementaires, 1645-46 ; 1/2 couronne (XXX), shilling (XII), 6 et 9 sols.

Nice. — Assiégée par les Turcs et les Français, 1543, *or, arg.* (Voy. p. 326).

Novare. — Assiégée par les armées vénitienne, papale et milanaise, 1495, avec le nom de Louis XII ; teston, etc.

Nuremberg. — M. de la ville, 1600, 1607, 1613, *arg.* Guerre de trente ans, ducat, *or,* 1621.

Nuys. — Assiégée par le duc de Parme, 1586 ; armes du palatinat de Cologne et de Bade, 6, 10 et 20 kreuzers, *étain.*

Oran. — Assiégée par les Maures, 1733, IV et VIII réaux.

Osnabruck. — Assiégée par les Suédois, 1633 : thalers, 12 hellers. 3 silbergros, avec écus d'Osn. et du Palatinat.

Oudewater. — Assiégée par les Espagnols, 1575 ; 10, 20, 40 sols.

Palma-Nova. — Siège par les alliés, 1814, 25 et 50 centimes.

Pavie. — Assiégée par les Français, 1524 ; CESareis.Paeae.obsessis, or, *arg.*

Perpignan. — Occupation française, 1644-55.

Pesth. — M. fr. sous Ragotski, PESTIENSIS.

Philippsbourg. — M. *or* et *arg.* fr. par Philippe-Christophe, évêque de Spire, pendant la guerre de 30 ans. Assiégée par les alliés, thaler, 1675.

Pologne. — Réal d'Espagne, contremarqué S.A par Sigismond-Auguste, en guerre contre les Russes, 1564, thaler de Sigismond III en guerre contre Maximilien, archiduc d'Autriche, 1587.

Poltawa. — Ducat, *or*, 1724?

Pontefract. — Assiégée par les troupes de Cromwell ; P.C, 1648, *or* ; shilling, 11 sols, *arg.*

Prague. — Assiégée par les Français, 1739; buste de Charles VI, 1/4 thaler. Bloquée par les Prussiens, 1757; 1/10, 1/20 et florin, 1 et 3 kreuzers, *étain.*

Puycerda. — Ecu de Catalogne, PODICERETA, 1641, 5 réaux et 5 sols, arg.; menuts de 1642 et 1644.

Quesnoy (Le). — Assiégée par les Français, 1712 ; *4 sols* — Quesnoy — *gouvern* — *Ivoy* (écrit à la main) ; *papier.*

Ratisbonne. — Occupation par les impériaux et les Bavarois, 1632 ; ducat *or*, thaler.

Reus. — M. fr. de 1811 à 1814 ; armes d'Espagne accostées de ^R_C ; piastre, peseta, réal et 1/2, *arg.*

Rome.— Assiégée par les troupes de Charles-Quint, 1527, *arg.* M. fr. par le pape Pie VI, 1796, 2 baiocchi ; en 1799, 5 baiocchi. Assiégée par les Français, 1849, 5, 10 et 40 baiocchi, *métal blanc* (fr. à Paris, après le siège).

Russie. — M. fr. par le czar Alexis Michaelowitch, pendant les guerres contre la Suède et la Pologne, 1648-63, roubles et m. étrangères surfrappées d'un poinçon portant le czar à cheval et dessous м (Moscou), avec 1655 ; 1/2 et 1/4 roubles triangulaires, *arg.*

Sabioneta. — Pendant le blocus par les impériaux, 1077, le général D. Gaspar de Zuniga fit frapper des lires et 1/2 livres de cuivre pour payer ses troupes.

Saint-Omer. — Siège de 1477, par les Français, 9 et 12 deniers, *étain* (?). Assiégée par les Français, 1638, AVDOMARVM.OBSESSVM, patagon, *arg.*, sol.

Saint-Quentin. — *Voy.* tome Iᵉʳ, p. 161.

Saint-Venant. — *Pour 30 solz de la vaisselle du maréchal de Turenne assiégeant Saint-Venant*, 1657, arg.; 20 sols.

Salzbourg. — M. . par Wolfgang Théodore von Raitenau, évêque de Salzbourg, 1593, thalers et 1/2, avec saint Rudbert, patron de la ville, *arg.* M. fr. par Paris, arch., pendant la guerre de 30 ans ? thalers et 1/2, 1620-44.

Sanahuja. — Sixain de Louis XIII. VILLA SANAVI, 164, (Occupation de la Catalogne, 1641-43).

Saxe. — Thaler frappé par l'électeur de Saxe Jean-Frédéric, en guerre contre Maurice de Saxe, 1547 ; H.H.F.k (*Hertzog Hans Friedrich Kurfurst*). Quart, 8ᵐᵉ de thaler, etc., avec les initiales.

Scarborough. — Assiégée par les Parlementaires, 1645, 1/2 couronne, 2 shillings, 18 sols, gros de 4 sols, *arg.*

Schemnitz. — M. fr. pendant la guerre contre les Turcs, 1695-1703, m. de cuivre avec C.S.

Schoonhoven. — Assiégée par les Espagnols, 1575; 4, 5, 6 sols avec s dans une couronne de feuillage.

Silésie. — M. fr. par les princes ligués de la Silésie. 1621 ; 25 et 12 thalers 1/2, *or ;* 10, 6, 3, 2, 1 1/2, 1 1/4, 3/4, 1/4 et 30 kreuzers, *arg.*

Solsona. — Armes de Catalogne, COELSO, 1642, sixain et menut.

Steenwyck. — Assiégée par les Français, 1580 ; 1/2 daalder valant le double, contremarqué de l'ancre de la ville.

Strasbourg. — M. fr. par Jean-George de Brandebourg, pendant la guerre contre le cardinal de Lorraine, 1592 ;

40 et 20 kreuzers, avec armoiries, *arg.*. Bloquée par les alliés, 1814-15, BB, décime.

Suède. — M. fr. par Gustave Ier de Suède, en guerre contre Christian II, roi de Danemark, 1521 ; *arg.*, avec deux flèches en sautoir. M. de Gustave Ier, roi de Suède, 1535-57, G couronné ; 15 et 16 ör, *arg.*, 2, 4, 8, 12 ör ; armes de Suède et de Wasa, 4, 8, 16 ör. M. d'Eric XIV, de Suède, en guerre contre Frédéric de Danemark, 1562-67 ; écu avec E:R, 8, 16 et 4ö ör, *arg* ; 2 et 4 ör. M. fr. à Waldstena, par Jean, duc de Finlande, et Charles, duc de Sudermanie, en guerre contre Eric XIV, 1568 ; gerbe de blé couronnée (armes de Wasa) entre I et C, 12, 4 et 8 marks, 4 ör, *arg*. M. de Jean III de Suède, 1569-92, 1, 2, 4, 8 marks, 4 et 8 ör. M. de Charles, duc de Sudermanie, 1589-1603, ducat et 2 ducats, *or*, 1, 2, 4 et 8 marks, *arg*. M. de Charles IX, de Suède, 1610-11, 5 et 10 marks, *or*. M. de Gustave II Adolphe de Suède, 1611-1632, 10 marks, *or* ; 1/2 et 1 ör, pfennig. M. de Charles XII, de Suède, 1700-19, 1, 2, 4 dalers, 1/2 ; 10 dalers, *papier*. M. fr. par le baron von Görtz, sous Charles XII, 1715-19, dalers (quelques-uns portent des divinités, Jupiter, Mars, etc.). M. de Frédéric Ier, de Suède, 1719-51 ; 4 dalers, estampillés aux quatre coins de FRS ; 1/2, 1 et 2 dalers. M. de Adolphe-Frédéric, roi de Suède, 1751-71 ; 4, 2, 1 et 1/2 dalers, estampillés de AFRS..

Tagamanent. — Ecu de Catalogne, CASTRVM.TACA, 1641, sixains.

Tarragone. — M. fr. pendant la guerre contre la France, 1809, 5 pesetas, *arg*.

Tarrega. — Ecu de Catalogne, V. RÉAUX, sixains, 1641-42 ; avec le nom de Louis XIII, sixain, menut.

Thorn.— Thalers pour la levée du siège, 1629, THORVNIA

Tortola. — Morceau de m. estampillé, pendant la guerre contre la France, 1808-11.

Tortose. —Siège par les Français, 1811, TORSA ; douro, *arg*.

Tournai.—Assiégée par les impériaux, 1521, armes de la ville entre deux F couronnées, *arg*.. Assiégée par les Espagnols, 1581, 5 livres, 25 et 50 gros, *arg.;* 10, 20 et

40 gros. Assiégée par les alliés, 1709; M.DE SVRVILLE, 20 sols, *arg.*, 2, 8 et 20 sols.

Transylvanie. — Thalers avec C.B.D.S., frappés par Christophe Bathori, en guerre contre les Turcs, 1580. Ducat des mécontents, 1704-07, *or.*

Trèves. — M. fr. par Clément-Wenceslas, archevêque et électeur de Trèves, pendant l'occupation française, 1794-96, thalers EX.VASIS.ARGENTIS, etc.

Tyrol. — M. fr. pendant la guerre contre la France, 1 et 20 kreuzers, 1809.

Ulm. — *Regimentsthaler* frappé par la ville pendant la guerre de 30 ans. Assiégée par les impériaux, 1704 ; 6 ducats, 21 florins, *or ;* florin, *arg.*

Urbano (fort du Bolonais), bloqué par les impériaux, 1706-1709 ; deux clefs sous la tiare pontificale, F.V (*Forte Urbano*), *plomb.*

Valence. —Assiégée par les Français, 1823, 4 réaux.

Valenciennes. — Assiégée par les Espagnols, 1567, *arg.* et *plomb.*

Varadin (grand). — PRO NECESSITATE VARAD, 1706.

Vendée. — 1793-96. Bons de l'*Armée catholique et royale*, Louis XVII ; 1500, 500, 400, 100, 50, 25, 10 et 5 livres, 10 et 15 sous, *papier.*

Vénétie. — M. fr. par l'emp. d'Autriche, pendant la guerre contre la France, 2, 1 1/2, 1 lire, et 1/2 lire, *billon.*

Venise. — Bloquée par les alliés, 1813, BLOCCO.DI.VE-NEZIA. 10, 20, 40, 80 centimes, 1 lire 60 c.

Verceil, — Assiégée par les Espagnols, 1617, VERCELLIS, *or, arg.* Assiégée par les Espagnols, 1638, pistole, *or ;* 1/2 et 5 sols ou 1/4 de livre, *arg.*

Vich. — Ecu de Catalogne, VICEN. 1641, 5 réaux, 5 sols ; 5 réaux, 5 sols et menuts, de Louis XIII et Louis XIV.

Vienne, — Assiégée par les Turcs, 1529; ducat et 1/2, *or ; arg.* Ass. par les Turcs, 1683, médailles.

Villafranca de Panadès. — Ecu de Catalogne, V. RéAUX et 5 sols, 1642 ; sixains de Louis XIII.

Walcheren. — M. fr. par les Français bloqués dans l'île, 1813. *Regiment de Valcheren, plomb.*

Weymouth. — M. fr. par Charles Ier, pendant la guerre contre les parlementaires, 1643-44, 1/2 cour., avec w.,*arg.*

Wismar, assiégée par les Russes, les Danois, les Saxons, les Hanovriens et les Prussiens, 1715, 1, 4, 8 et 16 schillings.

Woerden, assiégée par les Espagnols, 1575, 1/2 sol, 1 à 40 sols, *plomb.*

Wolfenbuttel. — M. fr. par le comte Philippe de Rein-hard, commandant la forteresse de Wolfenbuttel, 1627; armes du comte de Solms, ducat *or*, thaler, 6 schillings, 12 pf.

Wurtzbourg. — M. fr. par Bernard de Saxe-Weimar, en guerre contre l'évêque de W.; armes de Saxe, thaler, 4 kreuzers, *arg.* M. fr. par l'évêque Georges-Charles, pendant l'occupation française, 1794-96, thaler, 20 kreuzers.

Youghall. — M. de la ville, pendant la guerre contre les Parlementaires, 1646, sol et 11 sols.

Ypres. — Assiégée par les Espagnols, 1583, 10 et 20 sols, écu au lion de Flandre, *plomb.*.

Zamosk. — Assiégée par les Russes, 1813, zamoscia; 2 zloty ou florins, *arg.* 6 gros.

Zara. — Assiégée par les Autrichiens, 1813, 1 *once* — 4ƒ 60 c., 2 et 4 onces, *arg.*

Zélande. — M. fr. à Middelbourg avec la vaisselle, pendant la guerre contre les Français, 1672, schelling de 6 sols. M. fr. pendant l'occupation française, 1795, *2 1/2* stuiver.

Ziriczee. — Assiégée par les Espagnols, 1575-76; zirizea, *or*, *arg.*; 10, 15 et 30 sols, *étain*, 15 et 30 sols, *arg.*

Zütphen. — Assiégée par les Espagnols, 1586; 3 sols, *plomb.*

Pendant la guerre de 1870-71, il y eut des billets émis dans un certain nombre de villes : Abbeville (10 fr.), Besançon (10 fr.), Belfort (5 et 20 fr.), Marseille (5 fr.); Courcelles-lez-Lens, Douai, Orléans, etc. Des mines et des fabriques émirent aussi des bons en papier.

NUMISMATIQUE
DE ·L'ORIENT LATIN

Ce chapitre n'est qu'un résumé de l'ouvrage de M. G. Schlumberger (in-4o, 1878). Nous adressons tous nos remerciements au savant numismatiste qui a bien voulu nous autoriser à faire reproduire un certain nombre de monnaies gravées dans son travail. On les trouvera à la pl. XIII de notre Atlas.

COMTES D'EDESSE

Baudouin, fils du comte Eustache II de Boulogne, ayant suivi son frère aîné Godefroy de Bouillon, enleva Edesse aux Byzantins et en devint comte. Ce prince et son successeur émirent des monnaies de cuivre, imitations des *follis* byzantins, qui sont souvent anépigraphes. Le comté d'Edesse fut détruit par les sultans de Mossoul et d'Alep, en 1145.

   ★1097. Baudouin Ier.
   ★1100. Baudouin II du Bourg.
    1118. Josselin Ier de Courtenai.
    1131. Josselin II le Jeune.

Types : Le comte debout armé ; buste nimbé du Christ ; croix fleuronnée. *Lég.* : ΒΑΛΔΟΥΙΝΟϹ ΚΟΜΗϹ, ΒΛΔΝ, ΒΑΓΔΟΙΝΟϹ ΔΟΥΛΟϹΤΑΥ (Δοῦλος [τοῦ] σταυροῦ).

SEIGNEURS DE MARACH OU MARÈS

On attribue à ce fief qui dépendait du comté d'Edesse des monnaies de cuivre des comtes Baudouin, surfrappées au nom d'un Richard dont l'histoire est mal connue. La légende de ces pièces est : ΚE-BOHΘ-PIKAP-ΔΩ (*Seigneur, sois secourable à Richard*).

PRINCES D'ANTIOCHE

Le 3 juin 1098, la ville d'Antioche fut prise par les croisés et le prince Bohémond de Tarente fut chargé de la gouverner. Les chrétiens conservèrent cette principauté jusqu'en 1268 ; c'est à cette époque que le sultan Beïbars s'empara d'Antioche et la détruisit. Le dernier prince Bohemond VI se réfugia à Tripoli. Les monnaies d'Antioche sont des follis, des deniers et des oboles.

*1098. Bohémond Ier, BO *ou* BAHMT (*Baimountos*).
*1104. Tancrède, régent. ΚE.BOIΘH TO.ΔYAO.COY TANKPI, *ou seulement* TANKPH.
*1112. Roger, usurpateur. DNE.SAL.FT.RO (*Domine, salvum fac tuum Rogerium*); ΚE BOHΘH TΩ cΩΔOYAΩPOTZEPIΩ; POTZEP.πPIΓKIπOC ANTIOK.
*1119. Bohémond II. BAIMOYN ΔOY (ou ΔOC).
*1130. Constance (Régence de Baudouin II et de Foulques d'Anjou, rois de Jérusalem).
*1136. Constance et Raymond de Poitiers. RAMVNDVS *ou* RAIMVNDVS.
1149. Constance, régente (avec Renaud de Châtillon, 1149-1159).
*1162. Bohémond III. BOAMVNDVS.
*1201-1222. Raymond-Rupin, prince légitime d'Antioche et de Tripoli. RVPINVS.
*1201-1232. Bohémond IV, usurpateur à Antioche et à Tripoli. BOAMVNDVS.
1233. Bohémond V.
1251. Bohémond VI.

Types : Croix pommetées et pattées ; lis ; bustes du Christ, de saint Pierre, patron d'Antioche ; buste du prince Tancrède ; le Christ debout ; la Vierge debout ; saint Georges à cheval ; le prince à cheval. Le nom de la ville est écrit : AN, ANTO, ANTIOCHIA.

ROIS DE JÉRUSALEM

Le 23 juillet 1099, Godefroy, duc de la Basse-Lorraine, seigneur de Bouillon, fut nommé roi de Jérusalem. Le nouveau royaume fut réuni à celui de Chypre en 1268 et cessa d'exister après la prise de Saint-Jean d'Acre, dernier refuge des chrétiens de Syrie (1291).

1099. Godefroy de Bouillon.

1100. Baudouin Ier.

*1118. Baudouin II du Bourg. BALDVINVS.REX. Ces monnaies sont attribuées à Baudouin II, B. III et B. IV.

1131. Foulques.

1144. Baudouin III.

*1162. Amaury Ier. AMALRICVS.REX.

1173. Baudouin IV.

1183. Baudouin V.

*1186. Guy de Lusignan. REX GVIDO.

*1192. Henri de Champagne. COMES HENRICVS.

1197. Amaury II.

1205. Isabelle.

1205. Marie de Montferrat, seule.

1210.   id.   avec Jean de Brienne.

*1212. Jean de Brienne, régent pour sa fille Yolande, IOHANNES.REX.

1225. Yolande et Frédéric II d'Allemagne.

1228. Frédéric II, régent pour son fils Conrad.

*1243. Conrad de Montferrat, cvnraD'rex.

1243-46. Alix de Chypre, régente avec son mari Raoul de Soissons.

1246-1268. Henri Ier, Hugues II, Hugues III, de Chypre.

1254-1268. Conradin.

Types : Croix pattée ; le Saint-Sépulcre ; croix à double traverse ; tête de roi de face.

Parmi les plus curieuses monnaies de l'Orient latin, il faut citer la petite pièce de cuivre avec : T.V.R.R.IS. La Tour-David (de Jérusalem) ; ℞ + D.A.V.I.T. Etoile à huit rais. C'est peut-être une monnaie de nécessité frappée en 1187, à l'approche de l'armée de Saladin.

Une autre monnaie énigmatique porte MONETA.REGIS. Croix à double traverse avec A et ω. ℞ + REX.IERL'M. Croix pattée. Une pièce du plus haut intérêt a été publiée par M. Schlumberger, dans la *Rev. archéologique* de 1878 (et *Orient latin*, suppl., p. 4). Elle porte : + SEPVLCHRI: DOMINI. La grande rotonde du Saint-Sépulcre ; ℞ + DRAGMA ACCONEN(*sis*). Une variété avec ACCONSIS. Le mot *Dragma* remplace *Denarius*. La pièce appartient aux dernières années du XIIᵉ siècle, lorsque les Francs avaient été refoulés dans Saint-Jean-d'Acre. Elle a peut-être été frappée dans le camp des croisés sous Acre, en 1191, comme le denier avec MONETA.REGIS.

Il faut encore citer la curieuse pougeoise de cuivre frappée à Acre par Henri de Champagne avec la légende + PVGES D'ACCON. Enfin le denier de Jean de Brienne, frappée en 1219, pendant l'occupation de Damiette par les Francs : + IOHES:REX! croix. ℞ + DAMIATA. Tête couronnée du roi, de face (var. avec IOHANNES et DAMIETA).

M. Schlumberger classe encore au royaume de Jérusalem des deniers portant VERÆ CRVCIS et au ℞ une grande croix patriarcale (p. 493). Un denier portant CVN..D' et au ℞ le Saint-Sépulcre, paraît devoir être donné à Conrad (*Orient latin*, p. 494).

COMTES DE TRIPOLI

Bertrand, fils naturel de Raymond de Saint-Gilles, comte de Toulouse, s'empara de Tripoli, avec l'aide des Génois, et en devint comte, en 1109, sous la suzeraineté du roi de Jérusalem. Après la mort de Raymond III, Bohémond, son frère, nommé tuteur pendant la minorité de Raymond-Rupin, réunit, par des usurpations successives, le comté de Tripoli à la principauté d'Antioche qui eurent ensuite les mêmes seigneurs.

Le sultan Kelaoun détruisit le comté de Tripoli, le 26 avril 1289.

*1109. Bertrand, BERTRANDVS.

1112. Pons.

*1136. Raymond Ier. RAIMVNDI.COMITIS.

*1152. Raymond II. RAMVNDVS.COMS.

*1187-1200. Raymond III, *même lég.* (astre à huit rais.

*1268. Bohémond VI d'Antioche, retiré à Tripoli. BO. COMS *ou* BOEMVNDVS : COMES.

*1274-1289. Bohemond VII d'Antioche. SEPTIMVS : BOEMVNDVS.COMES.

M. Schlumberger donne à Bohémond V ou B. VI, les deniers avec BAMVND.COME.

Types : Croix ornées ; astre et croissant ; agneau (type de Saint Gilles) ; donjon ; étoile à six pointes. Les monnaies sont des deniers et oboles, puis des gros et demi-gros frappés par les deux derniers comtes. Le nom de la ville est ordinairement CIVITAS TRIPOLIS. Un denier de B. VI donne la légende française : CITE.TRIPOL.

FIEFS OU BARONNIES DU ROYAUME DE JÉRUSALEM

Comtes de Jaffa et d'Ascalon. + IOPPENSIS. Edifice. ℞ + DENARIVS. Croix.

Seigneurs de Tabarie et princes de Galilée.

Seigneurs de Sagète ou *Sidon.* — Girard (vers 1160) + GIRARDVS, flèche. ℞ SIDONIA à rebours, étoile à six rais. — Renaud (1165-1204) + RENALDVS, édifice ℞ + SYDONIA. Flèche. Ce type fut adopté comme armes parlantes de la cité de *Saïda* (Sidon) qui se rapprochait du latin *sagitta* et des formes françaises *saette, sagette* (R. N., 1865, p. 317). Un denier anonyme porte la légende française : + D.E.N.I.E.R. ℞ + D.E.S.E.T.E. Edifice avec coupole.

Seigneurs de Montréal ou *d'Outre-Jourdain*.

Seigneurs d'Arsur.

Seigneurs de Baruth (Beyrouth). On donne à Jean d'Ibelin (1198-1236) les deniers avec IOHANNES ꝶ + DE BERITI, porte crénelée (ou DE.BERITO.IOhE). A ses successeurs appartiennent les deniers anonymes avec les légendes DE.BARVTH ou DE BERITENSIS.

Seigneurs de Bélinas (Banias ou Panéas); — *Seigneurs du Bethsan ou Besson; — Seigneurs de la Blanchegarde; — S. du Caimont; — S. de Caïphas; — S. ou princes de Césaire; — S. de Gibelet; — S. d'Ibelin; — S. de Margat; — S. de Naplouse; — S. de Rame; — S. de Saint-Abraham; — S. de Scandelion.* La plupart de ces seigneuries avaient le droit monétaire. C'est pour cette raison que nous les avons énumérées.

Seigneurs de Toron. — CastRI.TORONE, porte. ꝶ traits entrelacés. Cette petite m. de cuivre appartient à la seconde moitié du XIIᵉ siècle. Les types sont semblables à ceux de Baruth.

Princes de Tyr (Sour ou Sur). — Philippe (1267-1270) et Jean de Toron, son fils, frappèrent des pièces de cuivre, deniers ou oboles, à légendes françaises, PHELIPE ou IOhS.TRO ꝶ DE.SVR, qui portent un édifice à fronton triangulaire.

Monnaies d'imitation arabe

frappées par les Francs de Syrie et de Palestine

Pour les relations incessantes qu'ils eurent avec les indigènes, les chrétiens employèrent des besants d'or à légendes pseudo-coufiques imitées de celles des dinars des sultans fatemides d'Egypte et de Syrie. L'origine chrétienne de ces pièces est démontrée par la présence de croix et de lettres latines au milieu des légendes coufiques. On a attribué un certain nombre de ces pièces aux règnes de Baudouin II de Jérusalem, de Bohémond Iᵉʳ et B. II d'Antioche (M. de Vogüé, *Mélanges de num.*, t. II)

Innocent IV interdit ce monnayage comme contraire à la religion. Les Vénitiens, qui avaient le privilège de frapper ces besants, tournèrent la difficulté en fabriquant des pièces à légendes chrétiennes en langue arabe, portant la date, le lieu d'émission et des croix (à Acre, à Tripoli et à Tyr). Le plus ancien de ces besants *staurats* (à la croix) est de 1251, et le plus récent de 1257 ou 1259. On prosède également des *drachmes*, dirhem à la croix et demi-dirhems, portant également des légendes chrétiennes en arabe. Ce monnayage d'argent eut lieu à la même époque et au même lieu que celui des besants d'or. Ces curieuses monnaies d'imitation arabe ont porté les noms de *besants de Tripoli, de Tyr, d'Acre* ou de besants *sarracénats, sarrazinats*, etc. (H. Lavoix, *M. à lég. arabes frappées par les croisés*, 1877). On connaît également des monnaies de cuivre portant une grande croix et une légende arabe où figure le nom d'Acre (*Acco*) (*Or. lat.*, p. 495).

ROYAUME DE CHYPRE

Richard Cœur de Lion avait enlevé l'île de Chypre à Isaac Comnène, en 1191. Il la vendit à Guy de Lusignan qui avait cessé d'être roi de Jérusalem, moyennant, 100,000 besants d'or. Un des successeurs de Guy, Hugues III, réunit en 1268 le royaume de Jérusalem à celui de Chypre. Depuis 1489 jusqu'en 1570, les Vénitiens devinrent les maîtres de l'île et continuèrent à payer au sultan d'Egypte, suzerain des Lusignan, le tribut annuel de 8,000 ducats.

*1192. Guy de Lusignan. — RÉX.GVIDO.
 1194. Amaury de Lusignan.
*1205. Hugues Ier. — HVGO.REX.CYPRI.
*1218. Henri Ier. — HENRICVS.REX.CYPRI.
 1253. Hugues II.
 1267. Hugues III.
*1284. Jean Ier. — IOh'.REX.IRLM.E.CYPR.
*1285. Henri II.— h'REI : D'IhRL'MEChIP, *ou* HENRI.REI.

*1324. Hugues IV. — hvGVE.REI.

*1359. Pierre Ier. — PIERE.ROI.

*1369. Pierre II. — PIERE.

*1382. Jacques Ier. — IAQ *ou* IAQVE.

*1398. Janus. — IANVS *ou* IANOS.

*1432. Jean II. — IOAN *ou* IOHANES *ou* IEHAN.

*1458. Charlotte de Lusignan (CARLOTA) et Louis de Sa-
    voie. — LVDOVICVS.

*1460. Jacques II, dit le Bâtard. — IACOBVS.

*1473. Catherine Cornaro et Jacques III de Lusignan,
    son fils. — KATERIN. ℞ IACOBS,· *etc.*

*1474. Catherine Cornaro seule. — KATERINA, VENETA,
    REGIAN.

*1489-1571. Domination vénitienne.

Les monnaies de Chypre sont des *besants* d'or blanc
d'imitation byzantine, des *gros* et *demi-gros* et des deniers d'imitation française. Les *sixains* datent du roi
Janus.

Types : Le roi debout ; le Christ assis ; donjon ; tête
de face ; le roi assis ; tête de profil ; le roi à cheval ; une
croix potencée cantonnée de croisettes (Jérusalem porte :
*d'argent à la croix potencée d'or, cantonnée de quatre
croisettes de même*) ; un lion (Les armes du royaume de
Chypre et des Lusignan étaient : *burelé d'argent et d'azur,
au lion de gueules, armé, lampassé et couronné d'or,
brochant sur le tout*).

Après la prise de Saint-Jean-d'Acre par les musulmans,
un frère de Henri II, Amaury, prince titulaire de Tyr, se
fit nommer gouverneur de Chypre et finit par détrôner
Henri Pendant six ans, il régna en tyran et frappa des
m. avec la légende suivante : AMALRIC'. TIRENSIS. DOMINVS
CIPRI GVBNATO'E'RETOR. Au début de son usurpation, une
pièce fut émise avec son nom et celui d'Henri.

On attribue à Pierre Ier, les monnaies où le roi est représenté tenant une épée, parce qu'il fut le créateur de
l'*Ordre de l'Epée*. A Pierre II appartiennent les pièces où
l'épée est remplacée par un sceptre.

Quelques pièces de Jean II portent des légendes en

langue française ou romane. On connaît également des deniers anonymes des rois de Chypre portant les légendes ✝ s.de.chipre ꝶ ✝ s.de.jervzalem

Les doges de Venise ont fait frapper spécialement pour Chypre différentes monnaies de cuivre et de billon sur lesquelles on voit le lion de Chypre avec la légende : ✝ s.marcvs.venetvs. Ces pièces portaient les noms de cartziu et de sixain.

De 1373 à 1464, les Génois occupèrent Famagouste, seconde ville de Chypre, et y frappèrent des m. portant : ✝ civi ✝.famag. Portail génois, ꝶ ✝ dvx.ianven.

Un certain Thibaut, gouverneur de Gor'igos, sous Pierre II, a, d'après la chronique de Machaeras, frappé monnaie dans sa ville.

SEIGNEURS OU DYNASTES DE RHODES

A l'époque de la croisade de 1204, un gouverneur grec de Rhodes, Léon Gabalas, fonda une souveraineté relativement indépendante. Il prit le titre de César sur ses monnaies qui portent les légendes : καισαρο'Γαβαλαc. ꝶ ο.Δογα.τογ.βασιαε'c. Son frère Jean, lieutenant de l'empereur de Nicée prenait le titre d'αὐθέντης souverain, de Rhodes. Les monnaies portent ϲυι ✝ ο'Γαβαλαc. ꝶ ο'αγ-θεντηc τηc ροΔογ. Quelques pièces portent simplement Γα. Une série de monnaies de cuivre portent des b qu'on a considérés comme le blason des Paléologue. Sur une pièce, on voit même ce dernier nom. M. Schlumberger classe ce monnayage entre 1250 et 1309 et l'attribue à des dynastes placés sous la suzeraineté des Paléologue.

GRANDS MAITRES DE L'ORDRE
DE SAINT-JEAN DE JÉRUSALEM, A RHODES

Les chevaliers de l'hôpital de Saint-Jean, après la chute de Saint Jean-d'Acre, s'installèrent provisoirement à Chypre. Le grand maître Foulques de Villaret s'empara de

Rhodes en 1309 et les chevaliers y restèrent jusqu'en 1522, date à laquelle le sultan Soliman s'empara de Rhodes. Les Hospitaliers obtinrent de Charles-Quint la cession de l'île de Malte qui devint la nouvelle résidence de l'ordre (1530).

*1305. Foulques de Villaret. — FRATER.FVLCO ou FR. FVLCho.D VILLRTO.

*1319. Hélion de Villeneuve. — FR.ELION.DE.VILLA-NOVA.

*1346. Dieudonné de Gozon. — FR.DEODAT.DE.GOSONO.

*1354. Pierre de Corneillan. — F.PETRVS.CORNILLIANI.

*1355. Roger de Pins. — F.ROGIERIVS.D.PINIBVS.

*1365. Raymond Bérenger. — F.RAIMVNDVS.BERENGARII.

*1374. Robert de Juilly. — F.ROBERTVS:D:GVLIAC.

*1376. Jean-Fernandez de Hérédia. — FR.IOhES.FERDI-NANDI.

*1396. Philibert de Naillac. — F.PhIB.DE.NEILACO.

*1421. Antoine Fluviano. — F.ANTONIVS.FLVVIAN.

*1437. Jean de Lastic. — F.IOHS.DE.LESTIC.

*1454. Jacques de Milly. — F.IACOBVS.DB.MILI.

*1461. Pierre-Raymond Zacosta. — F.PERE.RAMON.SA-COSTA.

*1467. Jean-Baptiste Orsini. — F.B.D.VRSINIS.

*1476. Pierre d'Aubusson. — F.PE.DAVBVSSON.

*1503. Emery d'Amboise. — F EMERICVS.DAMBOISE.

*1512. Guy de Blanchefort. — GVIDO.DE.BLANCHEFORT.

*1513. Fabrice del Carretto. — F.FABRICII.DE.CA.

*1521-1534. Philippe Villiers de l'Isle-Adam. — F.PHVS.DE.LILE.ADAM.

Les monnaies de Rhodes étaient : le *ducat* ou sequin d'or, imitation servile du sequin vénitien ; le *gigliato* ou *lis* d'argent (emprunté aux princes angevins de Naples); *l'aspre*, qui valait la moitié du *gigliato ;* le *denier ;* le *tiers de gigliato.* Sous Pierre d'Aubusson, les *gigliati* furent remplacés par de grandes pièces empruntées probablement au système monétaire des papes.

Types : Le grand maître agenouillé devant une croix à

20

double traverse, *ou* devant saint Jean (*sur les sequins*); édifice ; saint Jean debout ; agneau pascal ; armoiries des maîtres et de l'ordre ; croix fleuronnée dont les extrémités portent des écussons à la croix.

Les monnaies de Roger de Pins portent souvent une pomme de pin dans le champ. Sur les pièces de Villiers de l'Isle-Adam, on voit paraître son buste. Parmi les plus intéressantes monnaies de Rhodes, il faut citer le ducat d'or de Dieudonné de Gozon, qui porte au ℞ l'Ange assis sur le tombeau du Seigneur (*R. N.*, 1886, p. 484).

Il existe un certain nombre de deniers anonymes, portant ✝ CIVITAS.RODIS, châtel ; ℞ ✝ MAGR.OSPITALIS, croix. Ces pièces sont attribuées aux premiers successeurs de Foulques. D'autres avec OSPITALIS.S.IOA, CONVENTVS RHODI, OSPITALIS.IERVSALEM, sont antérieures aux deniers de Pierre d'Aubusson qui portent saint Jean-Baptiste debout.

EMPEREURS LATINS DE CONSTANTINOPLE

L'Empire latin, qui a duré de 1204 à 1261, n'a pas laissé de monnaies portant le nom des souverains. M. G. Schlumberger a expliqué ingénieusement cette lacune en supposant que les Vénitiens étaient devenus entrepreneurs officiels de la monnaie de l'empire, et que cette monnaie, d'or et d'argent, fut aux types de Venise, dont les espèces avaient tant de vogue dans tout l'Orient.

F. de Saulcy et Sabatier ont attribué les monnaies de cuivre suivantes aux empereurs latins : IC̄-X̄C̄. Buste de face du Christ, avec le nimbe crucigère, tenant les évangiles. ℞, croix latine au pied fleuronné, cantonnée en haut de deux croissants et portant quatre rayons au centre ; les trois extrémités supérieures sont ornées de globules.

ROIS LATINS DE SALONIQUE

Le royaume de Salonique, qui comprenait la Macédoine et une grande partie du Péloponnèse, fut donné, en 1204, à Boniface de Montferrat. Ce royaume fut détruit par Théodore d'Epire, en 1216. On n'en possède pas de monnaies.

PRINCES D'ACHAÏE (Morée)

Geoffroy, en revenant de Terre-Sainte, en 1204, débarqua en Morée et s'empara des côtes du Péloponnèse, de l'Elide et de l'Achaïe. Avec l'aide de Guillaume de Champlitte, il conquit toute la contrée sur les Grecs. La principauté fut reconquise par les Byzantins en 1430.

1205. Guillaume de Champlitte.

1209. Geoffroy Ier de Villehardouin (Baile de Morée, depuis 1207).

1218. Geoffroy II de Villehardouin.

*1245. Guillaume Ier de Villehardouin. G. PRINCEPS.

*1278-1285-1287. Charles Ier et Charles II d'Anjou-Naples. K.R.PRINC'.Ach.

*1289. Florent de Hainaut et Isabelle de Villehardouin. FLORENS.P'ACH.

*1297. Isabelle de Villehardouin. YSABELLA.P.ACh.

*1301. Philippe de Savoie et Isabelle. PHS.D.SAB.P.ACHE.

*1307. Philippe de Tarente. PHS.P.ACh.TAR.D.R. (*Despotes Romanie*).

*1313. Louis de Bourgogne et Mahaut de Hainaut. LVDOVIC'.D'.B'.P.AChE.

*1315-16. Fernand de Majorque, prétendant. FNANS.P.D.MAIORIC.

*1316. Mahaut de Hainaut, seule. MAHAV *ou* MAHAVTA.

*1318. Jean d'Anjou-Gravina. IOHS.P.AChE.

1333. Catherine de Valois-Tarente et Robert de Tarente.

*1346. Robert d'Anjou-Tarente, seul. ROBT'.P.AChE.

1364. Marie de Bourbon et Hugues de Lusignan-Galilée.

1370. Philippe II d'Anjou-Tarente.

1374-81. Jeanne de Naples et

1376-81. Othon de Brunswick.

1381. Jacques des Baux.

1383. *Anarchie.*

1396. Pierre de St Exupéry.

1402. Marie de St Exupéry, régente.

1404. Centurione Zaccaria.

Types : Le type des tournois d'Achaïe est imité du type français ; un seul porte une tête de face.

Le principal atelier monétaire était à Chiarenza, Clarentza, à la pointe d'Elide. Ce nom est écrit sur les monnaies : DE CLARENTIA ou CLARENCIA. (Cette dernière orthographe remplace l'ancienne à partir du règne de Florent). Il y eut également une officine à Corinthe, d'où sortirent des deniers et oboles portant un châtel ou un portail, avec les légendes CORINTVM ou CORINTI.

Une obole de Guillaume Ier porte dans le champ les lettres ACHE disposées en croix.

Robert d'Anjou imita les florins de Florence (R.CLARENTIA pour FLORENTIA), les ducats ou sequins d'or de Venise, et probablement aussi des matapans et des soldini de cette même république.

BARONNIES FRANQUES DE MORÉE

Barons de Patras ; barons d'Akova ou *Matagrifon.*

Barons de Karytaena ou *Skorta.* — Hélène l'Ange, duchesse douairière d'Athènes, s'intitule sur des deniers *dame de la moitié du fief de Karytaena :* ✝ hELENA, D'I.GRA. Croix. CLARICTIA, S'F *(semi feudi).*

Barons de Veligosti et Damala (les Zaccaria, 1325-1430). — C'est probablement à Martin Zaccaria, prince de Chio, qu'il faut attribuer le denier suivant : CASTE DAMALA, châtel. ℞ ✝ CASTE.DAMALA, croix.

Barons de Gritzena ; b. de Géraki et Nivelet ; b. de Nikli ; b. de Passava, Lisaréa et Moréna ; b. de Kalavryta ; b. de Vostitza ; b. de Chalandritza ; b. d'Arkadia ; b. de Saint-Sauveur.

DUCS D'ATHÈNES

Le duché franc d'Athènes, comprenant l'Attique et la Béotie (Athènes, Thèbes et Mégare), fut créé par Boniface de Montferrat en faveur d'Othon de la Roche. Le duché fut détruit, en 1311, par des compagnies d'aventuriers catalans, qui gagnèrent la bataille du Céphise sur Gauthier de Brienne. Frédéric d'Aragon, roi de Sicile, nomma son second fils, Manfred d'Aragon, duc d'Athènes. Cette dynastie de ducs d'Athènes et de Néopatras, d'origine espagnole, prit fin en 1460, avec la famille des Acciaiuoli.

  1205. Othon de la Roche.
 *1225. Guy Ier de la Roche. DNS.AThEN (G).
  1263. Jean de la Roche.
 *1280. Guillanme Ier de la Roche. G.DVX.ATENES.
 *1287. Guy II de la Roche. GVIOT.DVX.ATH', *ou* GVI.
 *1308. Gauthier Ier de Brienne. G.

Une des monnaies de Guy Ier porte un G (initiale du nom) dans le champ. On classe à Guy II des pièces anonymes qui ont peut-être été émises pendant la régence d'Hélène l'Ange. Les monnaies des ducs d'Athènes portent les légendes : DNS.AThEN, DVX.ATENES, DVX.ACTENAR, et au ℞ ThEB.CIVI, THEBANI.CIVIS.

Types : Portail ; fleur de lis , armoiries de la Roche (*à cinq points de gueules équipollés à quatre d'hermine*) ; châtel tournois.

AUTRES BARONNIES FRANQUES DE LA GRÈCE CONTINENTALE

Seigneurs, puis comtes de Salone (Sula, La Sula).
On donne à Thomas II (vers 1250), un denier avec : + : THOMAS : croix. ℞ + : DELLASOLA, écu à une fasce. A Thomas III (vers 1295), un denier portant le même droit et au ℞ + : DEL:LA.SOLA ; châtel tournois.

Seigneurs d'Egine ; co-seigneurs de Thèbes ; marquis de Bodonitza ; seigneurs de Larissa ; s. de Velestino et de Thèbes de Thessalie.

SEIGNEURS (TIERCIERS) DE NÉGREPONT OU D'EUBÉE

En 1205, Boniface divisa l'Eubée en trois fiefs, qu'il donna à trois capitaines lombards. A la fin du XIV⁰ siècle, Venise devint maîtresse de l'île qu'elle garda jusqu'à la conquête turque en 1470.

On attribue à Guillaume de Villehardouin, prince d'Achaïe, comme tiercier d'Eubée, le denier suivant : G-P' — A-C. Croix ancrée dont les branches coupent la légende. ℞ + NE.GRI.P. Dans le champ, le chiffre III, surmonté d'un signe d'abréviation (*tertiarius*). L'absence d'autres monnaies de tierciers s'explique par la prépondérance de Venise dont le numéraire avait cours dans l'île.

DESPOTES D'EPIRE

Lorsque l'Empire grec tomba, en 1204, un prince de la famille impériale, Michel l'Ange Comnène Ducas fonda le despotat d'Epire, qui fut détruit pur les Albanais, en 1358.

   *1205. Michel Iᵉʳ l'Ange Comnéné. MX.
   1214. Théodore l'Ange Comnène.
   1230. Manuel.
   1237. Michel II.
   1271. Nicéphore Iᵉʳ.
   1296. Thomas l'Ange.
   1318. Nicolas Orsini.
   *1323. Jean Orsini. IOHS.DESPOTVS.
   1335. Nicéphore II.

Les pièces attribuées au despote Michel Iᵉʳ représentent son buste avec les lettres MX, ou bien le despote et saint Démétrius tenant une croix. Au ℞, l'archange Michel debout. Ces monnaies sont des *follis* de cuivre.

Les deniers de Jean II Orsini portent au ℞ un châtel avec + DE.ARTA.CASTRV (Arta, l'ancienne Ambracie).

SEBASTOCRATORS DE LA GRANDE VLAQUIE

A la mort de Michel II, despote d'Epire, son fils bâtard
Jean l'Ange, hérita de la Thessalie, et fixa sa résidence à
Neopatras. On désigna souvent ce prince sous le nom de
duc de Patra ou *de la Patra*. Ce despotat cessa d'exister
après 1318.

*1271. Jean Ier l'Ange Comnène.
1296. Constantin l'Ange.
*1303. Jean II l'Ange Comnène.

Lambros a attribué à Jean Ier des *follis* portant la légende : ιΩ.ΔΕCπο *ou* ΔΕCπΟΤΗCΟ. Ces pièces représentent
le despote assis ou debout, et au ℞ les bustes de l'archange Michel ou de la Vierge.

Des deniers de Jean II, frappés à Neopatras, portent :
+ ∴ ANGELVS.SAB'c' (*Angelus Sabastocrator Comnenus*),
croix ; ℞ NEOPATRIE *ou* DELLA PATRA, châtel tournois.

PRINCES NAPOLITAINS DANS LEURS POSSESSIONS D'EPIRE,
DE LA GRÈCE ET DES ILES IONIENNES

Manfred, despote de Romanie (1259-1260) : — + MAYN-
FRIDVS.R. SICILIE. Aigle éployée de Hohenstaufen ; ℞ + ET.
DOMINVS.ROMANIE. Croix pattée ornée de globules et can-
tonnée d'étoiles. *C.* frappé à Corfou ?

Philippe de Tarente — à Lépante (*Nepantum*) : + PH'S.
P.ACH'TAR.D.R. (*Philippus, princeps Achaie, Taranti,
despotus Romanie*), croix. ℞ NEPANTI.CIVIS. Châtel. *Denier.* Frappe postérieure à 1294. — A Corfou : + PHVS,
DEI.GRACIA. Croix. ℞ CORFOI.DOMINVS. Châtel tournois.

*Céphalonie et Zante. Comtes palatins de la maison de
Tocco,* sous la suzeraineté du roi Ladislas de Naples

(entre 1396 et 1414). — REX.LADISLAVS. Châtel tournois ; ℞ ✝ IN✲TOCCHI. Croix. *Denier.*

Cérigo et Cérigotto. — Seigneurs vassaux de Venise.

SEIGNEURS LATINS DE L'ARCHIPEL

Ducs de la Dodécanèse ou *seigneurs de Naxos :* Nicolas Ier Sanudo (NICOLAVS.DVX) ; Jean Ier (IOAN.DVX), Ces pièces portent une tête de face, au ℞, une croix, et la légende AGIOPEL.NIXE (P. Lambros, *R. N.*, 1887, p. 277).

Seigneurs d'Andros.

Les Michiel ou Michieli et les Giustiniani, seigneurs de Zia (Ceos) et Sériphos.

Les Ghisi, seigneurs de Tinos et de Mykonos. — Georges Ier Ghisi (+ 1311) : IORGIVS.GISI, croix. ℞ ✝ THIN et THINE.CIVIS, châtel.

Les Barozzi, seigneurs de Santorin et Therasia, et les Pisani, seigneurs de Santorin, Anaphe, Nios et Antiparos.

Les Ghisi et les Grimani, seigneurs d'Amorgos, Stampalia et Sifanto.

Les Quirini, seigneurs de Stampalia et d'Amorgos.

Les Navigajosi, grands ducs de Lemnos.

Les Foscolo, seigneurs de Namfio.

Les Cornaro, seigneurs de Scarpanto, etc.

LES GÉNOIS, SEIGNEURS DE CHIO

Par le traité de Nymphée (1261), Michel Paléologue concéda aux Génois le droit de s'établir à Chio. En 1304, le Génois Benoît Zaccaria, amiral de France, se rendit maître de l'île. Les Byzantins chassèrent ses successeurs en 1329. Mais une flotte génoise fit une expédition aux frais d'une société connue sous le nom de. *Mahone* et Chio fut reprise en 1346. En 1362, une société de douze actionnaires fut fondée pour l'exploitation de Chio et des deux Phocées. Les membres de la nouvelle Mahone prirent le nom générique de *Giustiniani*. En 1528, Chio leur fut définitivement abandonnée moyennant un tribut annuel de 2,500 lires au gouvernement de Gênes. Chio devint une province turque en 1566.

1304. Benoît Ier Zaccaria.

1307. Paléologue Zaccaria.

*1314. Martin et Benoît II Zaccaria. M.&.B,ZACHARIE.

*   Martin Zaccaria seul, M.Z.S.IMPATOR (*Servus imperatoris*).

1362. La Mahone (Les Giustiniani).

De Martin et de Benoît, on possède deux quarts de ducat en or, dont l'un porte les armes de Zaccaria (*écartelé d'or et de gueules*), et l'autre le Christ assis sur un trône. Sur une pièce d'argent où l'on voit les murailles de Chio, les deux frères prennent le titre de *Servi imperatoris*. De Martin seul, on a des matapans et des deniers. Sur les monnaies de la Mahone, on voit paraître les légendes génoises : CONRADVS.REX.ROMANORVM et DVX IANVENSIVM. Avec des *gigliati* et des *quarts* de gigliato, on trouve aussi des deniers et des sequins, imités de ceux de Venise, portant les noms de doges de Venise ou de Gênes. Deux curieux sequins avec la légende COMVE. IANVE, et dans le champ DVX ou CLI (*Caroli*), se rapportent certainement à Charles VII, roi de France, seigneur de Gênes de 1458 à 1461, et ont été frappés par l'ordre de la commune de Gênes. La plupart des sequins précités portent dans le champ la lettre s, initiale du nom de l'île (CIVITAS.SYI ou SII). C'est seulement à la fin du XVe siècle que le nom devient CIVITAS.CHII. On connaît également des m. avec les noms de Galéas-Marie Sforza, duc de Milan, à Gênes entre 1466 et 1477, et de Philippe Marie Visconti (1436). V. *Orient latin*, *Suppl.*, p. 17.

Types : Châtel tournois ; châtel à 6, à 5, puis à trois tours, plus tard surmonté d'une aigle naissante ; croix fleurdelisée des *gigliati ;* croix pattée ; le doge agenouillé devant un saint.

LES GATTILUSIO, SEIGNEURS DE MÉTELIN ET D'AENOS DE THRACE

En 1354, un Génois, Francesco Gattilusio, reçut de Jean V Paléologue, l'île de Lesbos ou Mételin. Ses successeurs acquirent Aenos de Thrace, vers 1384. La seigneurie fut détruite par les Turcs en 1460.

*1355. Francesco Ier Gattilusio. — F.G. *ou* FRANCISCVS. GATILVXIVS.

*1376. Jacques Gattilusio. — IACOBVS.GATILVXIVS.

1396. Francesco II Gattilusio.

*1400. Dorino Gattilusio. — DORINVS.GATELVXIS.

*1449. Domenico Gattilusio. — D.DOMINICVS.G.

*1459. Nicolas Gattilusio. — NICOLAVS.G. *ou* NYOOLAOYS.

Types : Blason des Gattilusio, formé d'écailles superposées ; blason des Paléologue (croix cantonnée de quatre B que Lambros considère comme des briquets) ; agneau pascal ; aigle à deux têtes avec le blason des Gattilusio n cœur ; le Christ (type des sequins) ; dans le champ, Y ou D ou N. Le titre DOMINVS.METELINI est remplacé par DOMINVS.FOLIE sur des m. frappées à Phocée par Dorino. Les m. des seigneurs de Mételin sont des ducats (type du sequin de Venise) et des pièces d'argent et de cuivre.

SEIGNEURS DES DEUX PHOCÉES

En 1275, Michel Paléologue donna au Génois Manuel Zaccaria, la ville de Phocée, que les Cattaneo possédèrent dès 1307, et qui fut réunie à Chio en 1358.

COLONIE GÉNOISE DE PÉRA

En 1267, Michel Paléologue donna aux Génois les faubourgs de Byzance, Galata et Péra. Cette colonie génoise, malgré des luttes successives contre les Vénitiens et les Grecs, resta debout même après la conquête turque. Les m. frappées à Péra sont des imitations de sequins, qui portent au pied de la hampe de la bannière la lettre P.

COLONIE GÉNOISE DE CAFFA

Caffa, l'ancienne Théodosie (Crimée), reçut, vers 1230, une colonie génoise qui devint tributaire des khans tartares du Kaptchak et de Crimée. En 1453, le gouvernement de Gênes céda Caffa et les autres possessions génoises à l'*Uffizio di S. Giorgio* ou Banque de St-Georges. Les Turcs détruisirent la colonie en 1475.

Les m. de Caffa sont des *aspres* d'argent et quelques pièces de cuivre. Les légendes sont CAFA ou CAFFA et des initiales de noms de consuls génois. Au ℞, une légende arabe de lecture incertaine. Les types sont le portail génois et au ℞ le *tamga* ou chiffre des khans tartares du Kaptchak, qui, d'abord, en forme de portail, prend la forme d'une M gothique. Les pièces de cuivre frappées après la cession à la banque de Saint-Georges portent un saint Georges à cheval, le portail génois et le *tamga*.

Monnaies frappées par Venise pour ses colonies du Levant

Venise a frappé, au moyen âge, pour ses colonies du Levant, des deniers tournois (*tornesi piccioli* ou *torneselli*, des *grossetti a navigare*), et les monnaies de Chypre dont nous avons parlé (p. 349).

Les deniers tournois portent le nom de différents doges de 1342 à 1521, et au ℞ le lion de saint Marc, avec la légende VEXILIFER.VENECIAR[1]. Les *grossetti* pour naviguer (*pour le commerce maritime*) représentent saint Marc tendant une bannière au doge, et au ℞, le Rédempteur assis sous un dais.

Monnaies d'imitation, à légendes latines

Princes ou émirs du Saroukhan (anc. Lydie). — Saroukhan, prince turcoman, qui donna son nom à la principauté, frappa des *gigliati*, aux légendes latines, à Magnésie du Sipyle : + MONETA.QVE.FIT.IN.MANGLASIA: DE. ℞ + VOLVNTATE.SARCANI.DNI.DICTI.LOCI.

Princes ou émirs d'Aïdin (Ionie) *ou de Theologos* (Ephèse). — Omar-Beg (1341) a émis des *giglinti* aux légendes : ✝ : MONETA.QVE.FIT.IN.THEOLOGOS. ℞ ✝ : DEMANDATO.DNI : EIVSDE.LOCI :·:

Princes ou émirs de Mentesche (Carie). — *Gigliati* frappés par le prince Urkhan ? à Palatia, avec les légendes : ✝ MANDAV.IT.DOM : INVS PA : LATIE. Croix des *gigliati* ℞ ✝ hANC.MONETAM F : I : ER : IT.VRCN : I.E. Le prince assis de face sur un trône. Il faut peut-être lire un nom de lieu : *In terra Urcanie* (*Or lat.*, *Suppl.*, p. 20).

On trouve également des *gigliati* d'imitation grossière, dont les légendes, en caractères latins défigurés, n'ont pas de sens.

ARMÉNIE

La petite Arménie était limitée par la mer Noire, la Géorgie, l'Euphrate, la chaîne de l'Ararat, les principautés d'Edesse et d'Antioche, le Méditerranée, l'empire de Trébizonde et le pays de Roum.

Les m. de ce pays étaient : le *byzant* ou *tenar* d'or, le *ahegan* ou *tram* d'argent, le *pogh* ou *tank* de cuivre. Ces pièces à légendes en caractères arméniens, d'une gravure grossière, sortaient de l'atelier de la ville de Sis. Les types représentent : le roi couronné par le Christ ; deux lions debout et adossés, entre eux une croix ; un lion couronné marchant à droite, derrière lui une double croix ; le roi assis sur son trône, tenant un sceptre et une espèce de fleur de lis ; le roi à cheval ; une tête de lion diadémée ; une double croix ; une croix simple cantonnée d'astres ; tête du roi de face, etc.

Les rois d'Arménie firent différentes ordonnances monétaires qui fournissent des renseignements sur les m. de l'Orient latin (Voy. V. Langlois, *Numismatique générale de l'Arménie*, 1858).

ROIS DE LA PETITE ARMÉNIE

1080. Roupène Ier, de la race d'Archod.
1092. Constantin Ier.
1099. Thoros Ier.
1129. Léon Ier.
1139 à 1141. Interrègne pendant lequel l'Arménie reste sous la domination des empereurs de Constantinople.
1141. Thoros II.
1168. Thomas, baïle d'Antioche, beau-père du précédent, tuteur de Thomas, fils de Thoros II.
1169. Mlek, oncle de Thomas.
1174. Roupène II, frère du précédent.
*1181. Léon II, neveu des précédents.
*1218. Isabelle, fille de Léon II, et Philippe d'Antioche, puis Hethum-Raimond Rupin.
1270. Léon III.
*1289. Héthum II.
1293. Thoros III.
*1295. Sempad.
*1298. Constantin II.
*1305. Léon IV.
*1308. Ochin.
1320. Léon V.
1342. Constantin III.
1343. Gui de Lusignan.
*1345. Constantin IV.
1363. Léon VI, chassé de ses États par les Turcs vers 1375.

MÉDAILLES

MÉDAILLES ITALIENNES

L'art monétaire qui avait fourni de si beaux spécimens pendant les premiers temps de l'empire romain était tombé rapidement en décadence et les monnaies de tous les pays ne tardèrent pas à devenir de simples morceaux de métal où l'empreinte n'était qu'une marque de garantie. Cependant, au xiiie siècle, sous l'influence des merveilles créées par les graveurs de sceaux, l'art monétaire avait acquis une grande finesse et donné quelques beaux types de monnaies tels que le florin, le franc à cheval, etc. Une renaissance anticipée avait eu lieu sous Frédéric II qui fit faire par des graveurs d'Amalfi de belles *augustales* d'or imitées des *aurei* romains. Malgré cet essai, les monnaies continuèrent à ne pas offrir de relief sensible.

C'est au xve siècle seulement que la Toscane inventa les médailles iconiques, œuvres où l'imitation de l'antique s'alliait à l'interprétation de la nature. En 1439, Jean Paléologue, avant-dernier empereur de Constantinople, étant venu assister au concile œcuménique de Florence, fit exécuter son portrait en médaille par Vittorio Pisano dit Pisanello. Cet artiste novateur, également célèbre comme peintre de portraits, tout en s'inspirant des belles monnaies romaines, sut éviter la sécheresse, l'exagération du relief et donner à ses personnages, aux compositions des revers, une expression et une vie intenses. Les médailles de Pisanello et celles de ses premiers imitateurs sont coulées dans des moules d'une terre choisie avec soin. Quelques exemplaires sont retouchés après la fonte, mais les plus beaux sont toujours intacts. Parmi les médailles de Vittorio Pisano, on trouve les portraits du roi de Naples, Alphonse d'Aragon, du pape Martin V, de François de Gonzague, marquis de Mantoue, de Leonello d'Este, marquis de Ferrare, de Sigismond Pandolphe Malatesta, seigneur de Rimini, de Inigo d'Avalos, du condottiere Nicolo Piccinino, de Philippe-Marie Visconti, de Candido Decembrio et Francesco Sforza, de Cécile de Mantoue et Isotta de Rimini. Toutes les médailles du Pisan sont signées OPVS. PISANI. PICTORIS. On possède quelques épreuves en plomb qui passaient pour plus fines. Il faut citer parmi les émules de Pisanello, Matteo de'Pasti, sculpteur de Vérone, qui décora la cathédrale de Rimini, le peintre vénitien Giovanni Boldù, Guidizani, Guazzalotti, Laurana, Bertoldo et Paolo da Ragusa. Un peu plus tard on eut Marescotto, Andrea da Cremona, della Torre de Vicence, Giovanni Francesco de Parme, Antonio del Pollajuolo, Andrea della Robbia.

A citer également Zanetto Bugatto (Jehannet de Milan) qui fit pour le duc Galeas-Marie des modèles en plomb de grands médaillons d'or qui devaient peser chacun ·10,000 ducats (1470).

Un des plus grands médailleurs du xvᵉ siècle est assurément Sperandio de Mantoue sur lequel on sait peu de chose, mais qui a laissé des œuvres d'une grande largeur de touche signées OPVS. SPERANDEI.

Tous ces artistes avaient pris Pisanello pour modèle, mais s'ils l'égalaient dans l'exécution des portraits, ils étaient souvent inférieurs dans la composition des revers.

Beaucoup de ces artistes n'étaient pas seulement médailleurs : ils étaient à la fois peintres, architectes et sculpteurs, comme Matteo de'Pasti, Sangallo et Pollajuolo ; ils étaient verriers, graveurs et peintres comme Pastorino de Sienne ; ils étaient jurisconsultes comme Giulio della Torre.

A la fin du xvᵉ siècle, Ambrogio Foppa dit Caradosso,

de Milan, s'inspirant des médaillons romains, réduisit le module des médailles, se servit du grènetis et donna à ses pièces une disposition, empruntée aux monnaies romaines dont le ℞ est généralement placé à l'inverse de la tête. Il faut donc, pour voir le ℞, retourner la médaille de haut en bas et non de droite à gauche. Caradosso fit d'après sa nouvelle méthode des médailles des Sforza de Milan, des papes Alexandre VI et Jules II, de Bramante, le fameux architecte.

Cette inspiration prise dans les monnaies romaines conduisit Vittore Gambello dit Camelio, sculpteur vénitien, à les imiter entièrement. Il fut suivi dans cette voie par Giovanni Cavino, le Padouan, dont les œuvres, créées sur les conseils du savant Alessandro Bassiano, n'étaient que d'excellentes copies de monnaies et médaillons romains, exécutées dans un but de spéculation frauduleuse. (R. H. Lawrence. *Medals by Giovanni Cavino*, New-York, 1883, in-8° ; description de 113 méd.).

Gian Giacomo Bonzagna et Fragni continuèrent cette contrefaçon des monnaies antiques et leur exemple fut suivi dans la suite par Michel Dervieux à Florence, Carteron en Hollande, Cogornier à Lyon, Laroche à Grenoble, etc. (cf. *Numism. Chronicle*, t. VI, 53).

Les innovations de Caradosso n'empêchèrent pas qu'on continuât de faire des médaillons à l'exemple de ceux de Pisanello, car ce genre de portraits fut en grande faveur au XVIᵉ siècle. Un des plus féconds médailleurs de cette époque est Pastorino de Sienne, qui a laissé une série de 150 médailles parmi lesquelles des portraits de femme, d'une élégance remarquable, généralement signés d'un P suivi d'une date entre 1548 et 1578. Il paraît que Pastorino exécuta aussi un certain nombre de portraits en cire colorée. A la fin du XVIᵉ siècle, on peut citer Paladino qui fit une suite de médailles des papes du XVᵉ siècle, excellents portraits. Au contraire, Giambattista Pozzi fit des têtes de fantaisie dans une série depuis saint Pierre jusqu'à Alexandre V.

C'est vers la fin du XVIᵉ siècle, que l'on commença à délaisser le procédé de la fonte pour celui de la frappe qui permettait d'obtenir un plus grand nombre d'exemplaires. Du reste, comme beaucoup de médailleurs étaient en même temps graveurs de monnaies, les deux arts, à l'origine tout différents, ne tardèrent pas à se confondre; et ce fut le procédé le plus usuel, le plus pratique, mais non le plus heureux, au point de vue artistique, qui fut désormais usité pour la fabrication des médailles. Aussi, le mérite particulier de la fonte qui permettait à l'artiste de modeler son sujet avec un sentiment tout personnel et d'en faire une œuvre originale, ce mérite disparut fatalement, car la régularité nécessaire aux monnaies lui était contraire. Le résultat utile du mélange des deux arts du médailleur et du graveur en monnaies fut de donner aux monnaies un plus grand mérite artistique et d'introduire dans leur composition une plus grande variété de types. C'est en effet la vue des beaux portraits empreints sur les médailles qui donna l'idée de frapper des monnaies à l'effigie des princes.

En Italie, les particuliers cessèrent peu à peu de faire faire leur médaille, mais cet art resta encore longtemps en faveur auprès des divers souverains et surtout à la cour des papes. Toutefois, la décadence fut rapide et, à partir du xviie siècle, l'étude des médailles italiennes cesse d'être intéressante au point de vue de l'art.

Il nous a paru utile de rechercher les médailleurs qui ont été en même temps graveurs de monnaies. Cette liste, qui est certainement incomplète, est déjà fort nombreuse :

Lorenzo Corbolini, graveur de la monnaie romaine.

Giovan-Antonio da Foligno, à la M. de Ferrare (1505 et 1522).

Pier Maria da Pescia, remplace, en 1499, Lorenzo Corbolini, à la Monnaie romaine ; il exerce avec Vittore Camelio en 1515.

Andrea Spinelli dirigea la *Zecca* de Venise, de 1540 à 1572.

Giovanni Bernardi et Leone Leoni sont graveurs en m.

Alessandro Cesati (Grechetto) travaille à la *Zecca* de Rome, puis à celle de Parme, de 1540 à 1559.

Pastorino est aussi graveur en monnaies.

Gian Giacomo Bonzagna, est graveur à vie de la Monnaie papale, en 1546.

Gian Federigo Bonzagna grave des m.

Galeotti travaille à la M. papale en 1575, ainsi que Poggini, en 1586.

Rossi, Fontana, Fragni et Niccolo de Bonis gravent des m.

Francia est graveur de la *Zecca* de Bologne, sous les Bentivoglio et Jules II.

Caradosso grave des m. des ducs de Milan.

Pier Maria da Pescia et Vittore Camélio sont graveurs de m. papales ; le dernier travailla aussi à la *Zecca* de Venise (cf. N. Papadopoli, *Rivista Italiana*, 1888, et *Archivio veneto*).

Giovanni Bernardi grave des m. de Charles-Quint et de Clément VII relatives à l'expédition de Tunis.

Domenico di Polo, grave des m. à Florence.

Cellini travailla, en 1529, à la Monnaie de Rome où il succéda à Girolamo del Borgo.

Melioli dirigea la *Zecca* de Mantoue jusqu'à sa mort (1574) ; on lui attribua le ducat d'or de Jean-François II.

Alessandro Cesati, graveur à la *Zecca* de Rome, de 1540 à 1561.

Enfin il faut citer un médailleur mantouan dont le nom n'est pas connu avec certitude, qui travaillait à la Monnaie de Hall (Tyrol) en 1506, et grava une pièce offrant les portraits de l'empereur et de l'impératrice et au R) une madone.

Nous donnons une liste de médailleurs italiens. Quant aux personnages représentés sur les médailles, le nombre en est tellement considérable que nous nous bornons à énumérer les personnages français dont les médailles ont été attribuées à des médailleurs italiens par A. Armand, à cause de leur style. Il est certain qu'un grand nombre de ces pièces ont dû être fabriquées en France et même par des artistes français :

Charles le Téméraire, Antoine de Bourgogne dit le Grand Bâtard (il porte ce titre sur une médaille), Guillaume d'Estouteville, Charles VIII et Anne de Bretagne, Gilbert de

Bourbon et Clara Gonzaga sa femme, Robert Briçonnet,
Joannes Candida, Jean Carondelet, Marguerite de Chassé,
sa femme, Pierre de Couthardy, Jean Damont, Nicolas
Maugras, Guillaume des Perriers, Guillaume de Poitiers,
Aymar de Prie, Jean de Gruthuse et Jean Miette, Louise
de Savoie, Marguerite de Navarre, George d'Amboise,
Benjamin (fils de Elie Beer), Thomas Bohier, Pierre Briçonnet et Anne Compaing, sa femme, Regnault Danet et
Marguerite Verite, Pierre Girardi, Iaffredus, Sebastien
Monteniac, Florimond Robertet, Pierre de Sacierges, Jean
de Talaru, Jacques de Vitry, François Ier, Eléonore d'Au-
triche, François dauphin, Guillaume de Bellay, Jean
Clouet dit Janet, François de la Colombière, Antoine,
duc de Lorraine et Renée de Bourbon, sa femme, François Ier de Lorraine et Christine de Danemark, Anne de
Montmorency, Morelet de Museau, Nicolas Perrenot, François de Tournon, Henri II et Catherine de Médicis, Diane
de Poitiers, François II et Marie Stuart, Charles IX et
Elisabeth d'Autriche, René de Birague, Antoine de Bresse,
Noel Carpentier, Gaspard de Coligny, Jeanne de la Ferté,
Charles, cardinal de Lorraine, François de Mandelot, Antoine de Bourbon et Jeanne d'Albret, Antoine Perrenot,
André Rageau, Louis Demoulin de Rochefort, Gaspard
de Saulx-Tavanes, André Tiraqueau, Henri III, François
de France, Charles de Bourbon, Henri IV, Roger de
Bellegarde, Jacques Gillot, Charles de Lorraine, Catherine
de Bourbon, Hugues de Loubens-Verdale, Fiacre Mala-
quin, Guy du Faur de Pibrac, etc.

LISTE ALPHABÉTIQUE DES MÉDAILLEURS ITALIENS

Abondio (*Antonio*) le Vieux, *Milanais*, vers 1555.
Abondio (*Antonio*) le Jeune, *Milanais*, 1567-87.
Agrippa (*Giovanni Guido*), vers 1501.
Amadio da Milano, + 1487 ?
Andrea.G.Pratense, v. Guazzalotti.
Anieus, F. en 1572.
Annibal, vers 1550.
Anteo.F. 1578.

Antiquo (*Pier Jacopo* Ilario, *dit* l') *Mantouan*, 1480. .

Antonio da Brescia (Fra), 1487-1500.

Antonio Vicentino, vers 1540.

Arco (Marco), vers 1560.

Argenterio (*Bartolommeo*) de *Turin*, à Rome, en 1582.

Arsenio, vers 1550.

Ascanio, (peut-être l'élève de Cellini, orfèvre d'Henri II).

Averlino (*Antonio*) *dit* Filarete, *Florentin*, 1469.

Baldassare Estense, *Ferrarais*, 1472.

Belli (*Valerio*), dit *Valerio* Vicentino, *Vicentin* + 1546.

Bellini (*Gentile*), *Vénitien*, + 1507.

Berardi (*Do*), 1477.

Bernardi (*Giov.*), dit Giovanni da Castel-Bolognese, + 1553.

Bertoldo di Giovanni, *Florentin*, + 1492.

Boldu (*Giovanni*), *Vénitien*, 1457-1466.

Bombarda (*Andrea* Cambi, *dit*) *Crémonais*, 1560.

Bonis (*Emilio*), 1590-1600.

Bonis (*Niccolo de*), 1580-92.

Bonzagna (*Gian Federigo*) dit Federigo Parmense, 1547-1575. .

Bonzagna (*Gian Giacomo*), *Parmesan*, + 1565.

Bosio, 1566-68.

Briosco (*Andrea* dit Riccio), *Padouan*, 1532.

Bugatto (*Zanetto*), *Milanais*, 1466-70.

Calamazia (*Giov. Vincenzo*), 1587.

Cambi (*Andrea*), v. Bombarba.

Cambio (*Gas.*), 1596-99.

Camelio (*Vittore* Gambello, dit) *Vénitien*, 1484-1523.

Campi (*Bartolommeo*), vers 1555.

Candid., xve siècle.

Cantilena (*Antonio*), 1585.

Capo (G. B.), vers 1555.

Capocaccia (*Mario*), d'Ancône, 1581.

Caradosso (*Ambrogio* Foppa *dit*), à *Milan*, + 1526.

Caraglio (*Giovan Jacopo*), *Véronais*, 1570.

Caro(*lus*), vers 1477.

Caroto (*Francesco*), *Véronais*, + 1546.

Caselli (*Gian Battista*) *Crémonais*, 1551.

Casoni (*Antonio*), d'*Ancone*, 1598.

Caval.mi.B., 1591.

Cavallerino (*Niccolo*) *Modénais*, vers 1535.

Cavino (*Giovanni*) *Padouan*, + 1570.

Cellini (*Benvenuto*) *Florentin*, à Rome et Paris, + 1751.

Cesare da Bagno (Cesare di Niccolo di Mariano Federighi dit) *Toscan*, 1550.

Cesati (*Alessandro*) dit il Grechetto, *Chypriote*, 1540-59.

Cittadella (*Alfonso*), v. Lombardi.

Clemente da Urbino, vers 1468.

Clivate (*Maffeo da*), v. Maffeo.

Compagni (*Domenico de'*), 1567.

Coradini, *Modénais* ? 1472.

Corbolini (*Lorenzo*), à *Rome*, + 1499.

Costanzo, 1481.

Crivelli (*Gian Petro*), à *Rome*, en 1545.

D. H. Aianz. F., 1588.

Domenico di Polo (Dom. de' Vetri dit), *Florentin*, 1537-
   47).

Domenico Veneziano, en *Pologne* en 1548.

Elia de Janua (*Battista*), *Génois*, 1480.

Enzola (*Gian Francesco*) dit G. Fr. Parmense, 1456-
   1475.

Fabio. F., vers 1570.

Federigo et Federighi, v. Bonzagna et Cesare da Bagno.

Filarete, v. Averlino.

Fontana (*Annibale*) *Milanais*, + 1587.

Foppa (*Ambrogio*), v. Caradosso.

Fragni (*Lorenzo*) dit Lorenzo Parmense, 1573-86.

Francia (*Francesco* Raibolini, dit) *Bolonais*, + 1518.

Gaggini (*Annibale*), à *Palerme*, en 1583.

Galeotti (*Pietro Paolo* dit Pietro Paolo Romano) *Romain*,
   + 1584.

Gambello (*Vittore*). Voy. Camelio.

Geremia (*Cristoforo*) Montonan, 1455-68.

Gian Christoforo Romano, 1507.

Gian Francesco Parmense, v. Enzola.

Giannini, v. Jiulano.

Giometra Fe., 1503.

Giovan Maria Padovano, v. Mosca.

Giovan Antonio da Foligno, à *Ferrarè*, 1502-22.

Giovanni delle Corniole, *Florentin*, + 1516.

Giovanni da Castel Bolognese, v. Bernardi.

Grechetto, v. Cesati.

Guazzalotti (*Andrea*), de Prato, + 1495.

Guidizani (M), *vénitien*, vers 1460.

Hermes Flavius ? vers 1510.

Jehannet de Milan, v. Bugatto (Zanetto).

Juliano F. F. (Giannini ?)

Laurana (*Francesco*), 1461-1466.

Leoni (*Leone*), *Arétin*. + 1592.

Leoni (*Lodovico*), *Padouan*, 1566-68.

Leoni (*Pompeo*), en *Espagne*, 1557-75.

Lixignolo (*Jacopo*), *Ferrarais*, 1460.

Lodovico da Foligno, à *Ferrarè*, 1468-71.

Lombardi (*Alfonso* Cittadella dit *Alfonso*) *Ferrarais*, 1519-29.

Lorenzo Parmense, v. Fragni.

Lysippus, *Mantouan ?* 1475.

Maffeo da Clivàte, *Milanais*, 1470.

Marende, à *Bourg-en-Bresse*, en 1502.

Marescotti (*Antonio*), *Ferrarais*, entre 1446 et 1461.

Marius, vers 1560.

Martini (Francesco), *Siennois*, 1502.

Martino da Bergamo, vers 1565.

Matteo del Nassaro, *Véronais*, + 1548.

Mazza ou Mazzafirri (Michele di Battista), 1577-92.

Mea (*Giovanni* Mazzinghi ? dit), vers 1520.

Melioli (*Bartolommeo*) *Mantouan*, 1474-88.

Melon ou Milon (*Giov. V.*), 1571-79.

Michelozzo Michelozzi, *Florentin*, + 1472.

Moderno (Sceaux et plaquettes) à *Rome*, 1535.

Mondi. D., 1561.

Mosca (*Giovanni Maria*) dit Giovanni Maria Padovano, en *Pologne*, de 1532 à 1573.

Niccolò, F., + 1453.

Niccolo Fiorentino, (*N. di Forzorè* Spinelli dit), *Florentin*, à Florence jusqu'en 1514.

Niccolò di Frosino, *Pisan*, 1560.

Nicolas de Florence, à *Lyon*, 1494-99.

Nizzola (*Jacopo*), v. Trezzo.

Ortensi (*Francesco*), v. Prato (Francesco dal).

Paladino (G.), vers 1590.

Pallante (*Simone*), vers 1560.

Paolo de *Ragusio*, vers 1451.

Passero (*Bernardino*), à Rome, en 1582.

Pasti (*Matteo de*) *Véronais*, 1446.

Pastorino, *Siennois*, + 1592.

Paulus. F, 1587.

Petrecini, *Florentin*, vers 1460.

Pier Maria *da* Pescia (*Pier Maria* Serbaldi, dit), à *Rome*, 1499-1522.

Pietro da Fano, vers 1452.

Pietro da Milano, entre 1461 et 1462.

Pietro Paolo Romano, v. Galeotti.

Pisanello (*Vittore* Pisano *dit*), *Véronais*, + 1456.

Poggini (*Domenico*), Florentin, 1552-90.

Poggini (*Gian Paolo*) *Florentin*, en Espagne, + 1582.

Pollajuolo (*Antonio del*), *Florentin*, + 1498.

Pomedello (*Giov. Maria*) *Véronais*, 1519-27.

Pozzi (*Gian Battista*) *Milanais*, fin xvie siècle.

Prato (*Francesco di Girolamo* dal) *Florentin*, + 1562.

Primavera (*Jacopo*), 1575-85.

Raibolini, v. Francia.

Ramelli (*Benedetto*) *Ferrarais*, à Lyon, en 1537.

Ranc ou Rang (*Giorgio* Rancetti), *Florentin*, 1593-1604.

Riccio (*Andrea* Briosco dit), Padouan, + 1532.

Robbia (l'un des della), Florentin, xve siècle.

Romanelli (*Gaspero*), d'*Aquila*, 1560.

Romano (*Gian Cristoforo*), à Naples et Rome, 1507 (P. Valton, *R. N.*, 1885, 316).

Rossi (*Giovan-Antonio*), *Milanais*, 1555-74.

Ruberto (*Gian Francesco*), vers 1484.

Ruspagiari (*Alfonso*) de *Reggio*, vers 1560.

Sangallo (*Francesco da*) *Florentin*, + 1576.

Santacroce (*Girolamo*) *Napolitain*, + 1533.

Savelli. v. Sperandio.

Serbaldi (*Pier Maria*), v. Pier Maria *da* Pescia.

Sperandio de Mantoue (*Sperandio di Bartolommeo de'*
Savelli, dit), + 1528.

Spinelli (*Andrea*), *vénitien*, + 1572.

Spinelli, v. Niccoló Fiorentino.

Talpa (*Bartolo*), 1483-95.

Teperelli (*Francesco-Mario*), vers 1515.

Torre (*Giulio* della) *Véronais*, 1504-1540.

Tosati (*Annibale*), *Padouan*, en 1590.

Trezzo (*Jàcopo* Nizzola *dit* Jacopo da) *Milanais*, + à
Madrid, 1589.

Valerio Vicentino, V. Belli.

Vellano (*Bartolommeo*) *Padouan*, + 1492.

Vetri (*Domenico de'*), V. Dom. di Polo.

Vittoria (*Alessandro*), de *Trente*, + à Venise, 1608.

Zacchi (*Giovànni*) *Volterran*, 1536.

Zanetto, *v.* Bugatto.

Zoagli (*Pellegrino da*) *Génois*, 1537-40.

Initiales qui se trouvent sur les médailles dont on ne
connaît pas les auteurs :

AN, vers 1450 ; AN.GO, 1568; ANIB, vers 1550 ; A.LVD.D,
1570; ANT, *Vénitien*, vers 1465 ; A.P.F, XVIe ? ; A.R, 1573 ;
A.A.R, 1560 ; A.P, 1590-95 ; A.P.F, à Florence, 1489 ;
A.V, 1475 ; A.V, 1548 ; B.G, 1580 ; C.S, 1585 ; D, 1576 ;
D.M, vers 1575 ; D.P.I, 1490; D.P.S ; D.S, 1585 ; F.V, 1560 ;
FED.COC, 1574 ; F.L.TO, ? ; F.M.F, 1592; F.N, 1591;
F.S, 1588 ; G.N, vers 1570; G.P.F, 1590; G.R.F, ? ;
G.T.F, *Vénitien* ; I.AVG, 1575 ; I.A.V.F, 1555 ; I.BO, 1556 ;
IAC.VRB, vers 1554 ; IO.BA.BO.F, 1580 ; IO.F, 1536 ; IO.F.
CAR, 1594 ; L.C, XVe siècle ; L.L.P, 1575 ; L : N.F, vers
1550 ; MART.SA.OP, 1590; M.B.R.F, 1574 ; M.M.B ou MO.B,
1586-90 ; M.D, 1588 ; P, 1515; R.C, 1556 ; R T, 1579; R.F
ou G.R.F, 1580; S, 1560 ; SI.P.F, vers 1495; TIM.REF.
MANT.F, vers 1562; T.R, vers 1485 ; T.R, 1585; V.D, ? ;
V.G.L.F.F.

Médailleurs : à l'aigle, *Florence*, fin du XVe siècle ; —
à l'Amour captif, vers 1510 — aux empereurs romains, *Flo-*

rence, fin du xve siècle ; — à l'Espérance, à *Flor.*, 1489-92 : — à la Fortune, 1595 ; — au Φ (ɪ et o liés), à *Venise*, vers 1510 ; au ᴛʀ (en monogramme), vers 1538 ; avec ʜɴ (liés ou non), 1569 ; au ᴡ, *Flor.*, 1490 ; — au signe de Mars ♂ ; — à la tenaille, à *Flor.*, en 1468 ; médailleur véni tien de 1523.

Le signe de Mars (en 1534) a été aussi attribué à Benvenuto Cellini.

Artistes indiqués par M. Gaetano Milanesi comme pouvant être les auteurs de médailles signées d'initiales (Armand, *op. cit.*, t. III, p. 319).

Aliprandi (*Timoteo degli*), ᴛɪᴍ.ʀᴇꜰ.ᴍᴀɴᴛ.

Anichini (*Luigi*) *de Ferrare*, ʟ : ɴꜰ.

Annizati (*Antonio di Desiderio*) *de Ferrare*, ᴀɴɴ.

Aquilio (*Fabio di Marco di Antonio*), ꜰᴀ.ᴍᴀɴᴛ.ᴀQᴠ.

Augustello (*Giovanni Maria*), *Piémontais*, ɪ.ᴀᴠɢ.

Balla (*Michele*) *de Rome*, ᴍ.ʙ.ʀ.ꜰ.-ᴍ.ʙ.-ᴄᴀᴠᴀʟ.ᴍɪ.ʙ.

Bonasone (*Giulio*), ɪ.ʙᴏ.

Bonini (*Giov. Battista*) *de Côme*, ɪᴏ.ʙᴀ.ʙᴏ.ꜰ.

Cagnoli (*Coreto*) *de Padoue*, ᴄ.ᴄ.

Campagnola (*Domenico*) *de Padoue*, ᴅ.ᴘ.ɪ.

Caravaggio (*Giov. Francesco*', *Milanais*, ɪᴏꜰ.ᴄᴀʀ.

Casellesi (*Raffaello*), *Florentin*, ʀ.ᴄ.

Clot (*Johannes*), ɪɪᴄ ?

Coccapani (*Regolo*), ʀ.ᴄ.

Cocchi (*Francesco*) *de Galese*, ꜰ.ᴄᴏ.

Coccola ou Cocciola (*Federigo*), *d'Amelia*, ꜰᴇᴅ.ᴄᴏᴄ.

Corbolini (*Lorenzo*), *de Rome*, ʟ.ᴄ.

Fioravanti (*Aristotele*), *Bolonais*, ᴀ.ʙᴏ.

Jacopo Urbinate *ou* Orvietano, ɪᴀᴄ.ᴠʀʙ.

Lautizio Perugino, ʟ.ᴘ.

Leoni (*Ledovico*), *de Padoue*, ʟ.ʟ.ᴘ,

Lupicini (*Vincenzo di Giovanni*) *Florentin*, ᴠ.ɢ.ʟ.ꜰ.ꜰ.

Martino Bergamasco, ᴍᴏ.ʙ.

Martino *da* Savona, ᴍᴀʀᴛ.sᴀ.ᴏᴘ.

Mochi (*Francesco*), *Florentin*, ꜰ.ᴍ.ꜰ.

Nazaro (*Orazio*), *de Crémone*, ʜ.ɴ.

Novellino (*Francesco*), F.N.

Pagani (Leonardo), L.P.

Piazza (Alberto) de Lodi dit Toccagni, A.T.

Pieri (*Andrea di Leonardo di Paolo*) *dit il* Ricciò, *Florentin*, A.P.F.

Pollajuolo (*Antonio del*), A.P.F.

Romanelli (*Gaspero*) *d'Aquila*, G.R.F.

Salvestro dell' Avacchia, *Florentin*, S.D.A.

Sanquirico (Paolo), PAVLVS.

Santini (*Domenico*) *Florentin*, D.S.

Scaccera (*Giovan Antonio*), *de Modène*, S.M.

Segala (*Francesco*), *de Padoue*, F.S.

Selvatico (*Paolo*) *de Modène*, PAVLVS.

Servi (*Costantino de'*), *peintre florentin*, C.S.

Signoretti (*Niccoló*), *de Reggio*, S.

Sperandio *di* Giovanni, *peintre florentin*, ISPERO.IN. DEO.

Tassini (Paolo di Clemente), *Florentin*, C.P.

Todeschini (*Girolamo*), G.T.F.

Zacchi (*Giovanni*), *de Volterra*, Φ.

MÉDAILLES ALLEMANDES

L'Allemagne emprunta aux artistes italiens l'art de couler des médailles, sous le règne de l'empereur Maximilien, et grâce à un certain Peter Fischer qui était allé étudier en Italie. Les artistes allemands donnèrent aux médailles un caractère tout particulier d'originalité, et apportèrent dans leur travail les qualités de finesse exquise que l'on remarque dans leurs sculptures sur bois ou sur pierre lithographique. Il est même certain que beaucoup de ces médaillons en buis, dont le Louvre possède une remarquable collection, ont servi de modèles pour des médailles. En effet, les médailles allemandes sont presque toujours sorties des mains des orfèvres qui avaient coutume d'exécuter de délicats modèles en bois pour les travaux qu'ils voulaient faire. A l'aide de ces modèles en bois ou en pierre, on exécutait des moules en sable dans lesquels on coulait le métal. La médaille était ensuite ciselée par l'artiste (Friedlaender et Sallet, *Das Koenigliche Münzkabinet*, 1877, p. 305).

Des modèles en bois ont été faits par Hans Schwarz (depuis 1518), Frédéric Hagenauer (1526-44), et d'autres artistes de Nuremberg et Augsbourg. La plus récente pièce de ce genre est datée de 1545.

Les modèles en pierre commencent avec la médaille au monogr. de Durer (1514).

Les médailleurs MG, Pierre Flötner, HLB, DJ, et la plupart des artistes de Nuremberg ont exécuté de ces pièces ; les dernières sont celles de HP (1575) et de SB (1581).

Le plus ancien modèle en cire paraît être la médaille d'André Iᵉʳ Imhof, par Valentin Maler (1569). On possède aussi deux modèles en os du XVIIᵉ siècle.

Les premières médailles allemandes coulées ont été ensuite ciselées avec soin. Assez souvent aussi on les a émaillées, procédé d'ornementation qu'on a appliqué à quelques jetons en France.

D'abord, les artistes coulent leurs médailles d'un seul jet. A Nuremberg, vers le milieu du XVIᵉ siècle, on affectionne de couler en deux moitiés, si minces qu'on a souvent considéré ces médailles comme des *repoussés*. Un autre genre de médaille, peu heureux, consiste à fixer sur une plaque d'arg. la tête et l'écusson du ℞ coulés séparément (J. B. Braun travaille presque toujours ainsi).

Un grand nombre de médailles allemandes sont frappées, et c'est probablement pour les nécessités de leur fabrication que l'on inventa ces puissantes machines dont l'outillage fut copié par les autres peuples de l'Europe.

Les dernières médailles coulées paraissent être les mauvais produits du Nurembergeois A. R. Werner (1742).

Les médailleurs allemands affectionnent de placer sur leurs pièces des têtes de face.

Les orfèvres d'Augsbourg et de Nuremberg exécutèrent un grand nombre de portraits, mais ces médailles sont souvent anonymes. A l'exception de C. Kold et de quelques autres qui signent leurs produits, on ne sait quelles pièces on pourrait attribuer aux plus fameux médailleurs de Nuremberg, tels que Hans Masslitzer, Wenzel et Albrecht Jamitzer, ou à Johann Schwarz, d'Augsbourg. Nous devons dire cependant que l'on vient d'attribuer des médailles à Wenceslas Jamitzer (*Z. f. N.*, 1888, 131).

On attribuait autrefois à Heinrich Reitz, orfèvre de Leipzig, différentes médailles d'une ciselure remarquablement fine, parmi lesquelles il faut citer celles de Charles-Quint. M. Picqué croit que l'auteur de ces médailles, qui signe H. R., est plutôt Hans Reinhard de Leipzig (*Rev. belge*, 1872, 512).

L'atelier de Nuremberg paraît avoir dû une certaine supériorité à l'influence d'Albert Dürer et de Burgmair dont les conseils dirigèrent les médailleurs.

Albert Dürer lui-même est l'auteur de médailles remarquables, parmi lesquelles il faut citer celles de sa femme, de son père, de Michel Wohlgemuth.

On sait qu'il ne faut pas attribuer au grand artiste toutes les œuvres marquées de son monogramme (V. Sallet, *Z. f. N.*, II, 1874, 362 ; cf. Picqué, *Rev. belge*, 1878).

Une médaille de l'électeur de Brandebourg: Joachim Ier, fut faite en 1519 d'après un dessin de Dürer (*Z. f. N.*, 1875, 394).

Au xvie siècle, les médailles signées d'initiales deviennent plus communes. Parmi les artistes les plus connus de cette époque il faut citer Tobias Wolff, orfèvre de Breslau (*Z. f. N.*, 1880, 199 ; 1881, 70 et 193, pl. III ; 1882, 175, pl. IV ; 1883).

Au xviie siècle, on trouve Gottfried Leigebe (1630-83) qui travailla à Nuremberg et fut appelé à Berlin, en 1668, par le Grand Electeur. Il fit plusieurs médailles de ce prince dont l'une, de 1680, est signée : GOTTF.LEYGEBE (Friedlaender, *Z. f. N.*, 1882, 202, pl. VI ; E. Friedlaender, *Z. f. N.*, 1885, 33).

Le médailleur Stephan de Laune qui travailla à Nuremberg en 1574 est peut-être le même que le graveur Etienne Delaune de la m. au moulin de Paris, en 1552 (cf. Mariette, *Abécédaire*, 1854, III, 80).

On ne sait si le médailleur de la Cour de Wurtemberg

qui signe F.BRIOT (de 1585 à 1609) est le même que le fameux potier d'étain, François Briot.

Nous donnons une liste de médailleurs des XVIe et XVIIe siècles ; quant à ceux du XVIIIe dont l'art est moins intéressant, leur nombre est considérable. On en trouvera une série importante dans Hoffmeister (*Hessischen Münzen*, t. II, p. 522-62).

LISTE DE MÉDAILLEURS DES XVIᵉ ET XVIIᵉ SIÈCLES

Nuremberg

Peter Vischer le Jeune, 1507-11.
Albert Dürer, 1508-14.
Hans Krug le Vieux.
VC vers 1519.
Hans Schwarz, 1518, H.S.
Ludwig Krug, L.K, 1522-32.
Georg Bos.
L, 1535. — M.G. 1543. — M.P, 1534.
Peter Flötner, 1538.

H $\frac{+}{\times}$ B,1540-55. — J.D liés, 1546-57. — G. 1548-53.
S.P. 1555. — M.S. 1551-70. — H.K. 1567.
Jakob Hoffmann.
Æ 1567. — H.P (en monogr.). $\overline{)X(}$ 4 (monogr.)1584.—CI.
Stephan de Laune. 1574, STEPHANVS.F.
Valentin Maler, 1568-93, VM liés.
M. Carl, 1584-1607, M C.
Hans Betzoldt.
Heinrich Knopf, 1601-11.
MH, 1603.
Christian Maler, 1605-29, CM.
4, 1608. — L D, 1611. — B D, 1614.
Hieronymus Berckhausen, 1619.
Caspar Enderlein, C.E, + 1633.
Georg Holderman, 1610-1629, G.HOLD.
Georg Pfründt, 1650-59, G.P.

Johann Bartholomaeus Braun, 1636-66.
Anna Maria Braun, née Pfründt, *cires.*
Gottfried Leygebe, 1664-75, ɢ et ʟ liés.
Georg Daniel Roetenbeck, 1668-72, ɢ ᴅ ʀ liés.
Caspar Hieronymus Güllen.
Caspar Gottlieb Eisler, ᴄ.ɢ.ᴇɪsʟᴇʀ.
Volck.

Augsbourg

Hans Dollinger, 1522-27, HD (en monogr.).
Frédéric Hagenauer, 1526-32. 1537-46, ꜰʜ liés.
1519-41, *sculpteur sur bois inconnu.*
Lorenz Rosenbaum, 1545, ʟʀ liés.
S.W, 1572.

Autriche

Nꜰ, 1536-48. — M.F, 1554. — Sᴬ Fr., 1591-93.
Peter Harterpeck, 1604.

Suisse

Jakob Stampfer, 1531-66, I—S.
J.M., 1561.

Hesse

Jean Georges Bandel, médailleur du landgrave de Hesse, Louis VI, 1666, ɪ.ɢ.ʙ.
Jean de Fornenbergk, graveur des m: du landgrave Charles, 1682, ɪ.ᴠ.ꜰ.

Saxe

Hans Reinhard le père, 1535-47, ʜ ʀ.
G W, 1535-45. — OE, 1530-35.
Hieronymus Magdeburger, 1530-35.
Ludwig Neifahrer, 1542, ʟ.ɴ, ʟᴠ.ɴᴇ.
Hans Reinhard le fils, 1582-88, ʜ ʀ liés.
Tobias Wolff, 1568-1600, ᴛ.ᴡ liés.
1632 (*sculpteur sur ivoire*).

Francfort

H G, 1573-80. — D K (?) 1634-36.

Bavière

H, F et R liés, 1554.
S.B, 1571-81.
V P (en monogr.), 1603-12.
Paul Zeggin, 1624-53, P.Z.

Palatinat

C D L C, 1591-1601. — A M, 1649.

Provinces Rhénanes

H.R.H, 1560-80.
I D B, 1602-23

Brandebourg

Konrad Schreck, 1566. — CA, 1586.
Heinrich Rapusch ? H.R, 1579.
Jacob Gladehals, 1597.
David Psolimar, 1634.

Wurtemberg

F. Briot, 1585-1609, F.B et F.BRIOT.
C.E.C. — I G, 1627.
Franz Guichard, 1610-1634, F.G.
Johann Christoph Muller, J.C.M.

Bohême

Médailles de 1618-19.

Silésie

Médailles de 1579.
D. Vogt, 1663, D.VOGT, DV.F.

Danemark

Jakob Binck, 1541-50.
Nicolaus Schwabe, 1596-1628, NIC.SC.F.

Incertains

1521 signe confus, — H G, 1521. — H C, 1523. — L D, 1545. — L, R, J liés, 1556-59. — H et W liés, 1561-62. — *Sculpteur sur ivoire* de 1684.

MÉDAILLES FRANÇAISES

L'art du médailleur peut être considéré comme sorti de l'Italie du xvᵉ siècle. Et cependant la France offre vers la moitié du même siècle une série de médailles à relief peu sensible que leurs types et leur mode de fabrication rapprochent des monnaies en usage à cette époque.

Lorsque la Guyenne eût été définitivement reprise aux Anglais, le roi fit frapper des médailles, dès 1451. On en connaît huit variétés dont voici la description :

1. Ecu de France couronné entre deux branches de rosier (emblème de Charles VII). Comme légende, un quatrain chronogrammatique en deux lignes circulaires, séparées par un K couronné :

> qVant.Ie.fV.faIt.sans.dIferanCe :
> aV.prVdent.roI.aMI.de.dIeV :
> on.obeIssoIt.partoVt.en.franCe :
> fors.a.CaLaIs.qVI.est.fort.LIeV :

℞ Croix fleuronnée dans une rosace entourée de quatre listels portant DESIRE : SVIS. Quatrain dont les deux lignes sont séparées par un K.

DOR.FIN.SVIS.EXTRAIT.DE.DVCAS.
BT.FV.FAIT.PESANT.VIII.CARAS :
EN.LAN.QVE.VERRAS.MOI TOVRNANT :
LES.LETTRES.DE.NOMBRE.PRENANT.

Les lettres numérales de l'avers donnent effectivement 1451. (Poids, or, 219 gr. *Cab. Fr.*),

2. Autre avec l'écu dans une rosace.

℞ Croix fleuronnée dans une rosace ; la légende diffère par : PESANT.TROIS.CARAS.
(Poids 30 gr. 40 ; *arg.*, 13 gr. 08, *Cab. Fr.*).

3. Type du nᵒ 1 ; légende en trois lignes concentriques :

GLORIA : PAX : TIBI : SIT : REX : KAROLE : LAVS : QVE :
[PERHENIVS (*sic*) :
REGNVM : FRANCORVM : TANTO : DISCRIMINE : LABENS :
HOSTILI : RABIE : VICTA : VIRTVTE : REFORMANS :
CHRISTI : CONSILIO : LEGIS : ET : AVXILIO :

℞ Croix fleurdelisée dans un quadrilobe ; légende en trois lignes :

HORA : NONA : DOMINVS : IHS ; EXPIRAVIT :
HELI : CLAMANS : ANIMAM : PATRI : COMMENDAVIT :
LATVS : EIVS : LANCEA : MILES : PERFORAVIT :
TERRA : TVC : CONTREMVIT : ET : SOL : OBSCVRAVIT :
ADORAMVS : TE : XPC.
5ᵉ strophe *Horæ Canonicæ Salvatoris.*

(*Arg.*, 106 gr. 50 et 30 gr. 70 ; Cuivre, 84 gr. 50 et 16 gr. *Cab. Fr.*).

4. Droit du n° 3. ℞ K couronné sur champ fleurdelisée, légende de trois lignes :

GALLIA : PERDITA : NVNC : TIBI . REDDITA : LAVDE : FRVATVR :
HOSTES : IAM : DVBITENT : CVM : TOTA : TIBI : FAMVLETVR :
CVI : VIS : INEST : TANTA : QVE : EOS . NON : SVSCIPIT : VLTRA :
MILICIA : LATA : CLARESCVNT : LILIA : TRINA.

(*Or*, 53 gr. 92 et 117 gr., *Cab. Fr. et Coll. Fillon*).

5. Le roi armé de pied en cap, à cheval ; légende de deux
lignes :

FERRO . PACEM . QVESITAM . IVSTITIA : MAGNA : CONSERVAS :
XPO : DEVOTVS : MILITES DISCIPLINA : COHERCENS :
IN . EVU(*m*) REGNES : HOS INSIGNES PERAGENS . ACT9
TEMPORA DE LICTERIS HIC ET . RETRO . RESPICE ͡ SCIES.

Les lettres numérales du dernier vers donnent 1455.

℞ Le roi en majesté assis de face comme sur les sceaux ;
légende en deux lignes :

REGNA ⦂ PATRIS ⦂ POSSIDENS ⦂ IN ⦂ PACE ⦂ *que* ⦂
                                    [LILIA ⦂ TENENS :
HOSTIBVS ⦂ FVGATIS ⦂ REX ⦂ VIVAS ⦂ SEPTIME ⦂ RE-
                                    [GNANS
KAROLE ⦂ FEROX ⦂ REBELLIBVS ⦂ SVBDITIS ⦂ EQVVS ⦂
ERGA ⦂ TVOS ⦂ IVSTVS ⦂ IN ⦂ HOSTES ⦂ FORTIS ⦂ ET VERAX.

(*Or*, 112 gr. 72 ; *Arg.*, 61 gr. 78 ; *Cuivre*, 43 gr. *Cab. Fr.*)

6. Type du n° 1 ; lég. du n° 5 en trois lignes.

℞ K couronné comme le n° 4 ; lég. du n° 5 en trois
lignes.

(*Or*, 30 gr. 22 ; *Arg.*, 40, 02, *Cab. F.*).

7. Le roi à cheval ; légende du n° 5 avec la variante suivante : ᴀCᴛVs.ᴛᴇMᴘᴏʀᴀ.ᴅᴇ.LIᴛᴛᴇʀIs ʜIC ᴇᴛ ʀᴇᴛʀᴏ ʀᴇs-ᴘIᴄᴇ.sᴄIᴇs. Les lettres numérales donnent 1460.

℞ Croix et légende comme au n° 3.
(Or, 60 gr. 25, Cab. Fr.).

8. Le roi à cheval et légende Ferro pacem, etc., comme au n· 7. ℞. Ecu avec Gloria, etc , comme au n° 3.
(Or, 33 gr. 47, Cab. Fr.) Vallet de Viriville, Ann. Soc. Num., 1867, pl. XII-XVI.

Une autre médaille commémorative en or fut faite à l'occasion de l'établissement de l'ordre de Saint Michel ; elle ressemble à une monnaie.

A la même époque, Louis XI faisait exécuter sa médaille par l'Italien Francesco Laurana qui résidait à la cour du roi René, à Aix. Le roi de France est représenté en buste avec sa coiffure favorite, le chapel; autour, la légende : ᴅIVVs.ʟᴏᴅᴏVICVs.ʀᴇx.ꜰʀᴀɴᴄᴏʀVᴍ. Au ℞, la Concorde assise et ᴄᴏɴᴄᴏʀᴅIᴀ,ᴀVGVsᴛᴀ.

A cette époque, on voit s'établir en France divers artistes italiens. C'est probablement un Italien qui, travaillant à la cour de Bourgogne, entre 1467 et 1477, y fit les médailles de Charles le Téméraire, d'Antoine, bâtard de Bourgogne et du capitaine Jacopo Galeota (R. N., 1887, 76). C'est un Italien établi à Lyon, Nicolo Spinelli, qui exécuta en 1494 des médailles de Charles VIII, de J. Dumas, de Matharon, de Salignac, de Beraud Stuart et d'Antoine de Gimel (Ann. Soc. Num., 1884, 81). Lyon devint un grand centre pour les médailleurs. Nous voyons Louis Lepère, le même Nicolo Spinelli (Nicolas de Florence ?) et Jean Lepère exécuter une médaille qui offre le buste de Charles VIII sur champ fleurdelisé et celui d'Anne de Bretagne sur champ de lis et d'hermines. Les égendes sont :

☩ ʀ.ᴘ.ʟVGᴅVɴᴇɴ.ᴀɴɴᴀ.ʀᴇGɴᴀɴᴛᴇ ᴄᴏɴꜰʟᴀVIᴛ. ℞ ☩ ꜰᴇ-ʟIx.ꜰᴏʀᴛVɴᴀ.ᴅIV.ᴇxᴘʟᴏʀᴀᴛVᴍ.ᴀᴄᴛVʟIᴛ. 1493.

Cette médaille, de peu de relief, d'un style original, fut
offerte par la ville à Anne de Bretagne lors de sa première entrée à Lyon, le 15 mars 1494 (n. s.), lorsque la reine
était régente en l'absence de son mari, alors en Italie (N.
Rondot. *La médaille d'Anne de Bretagne*, 1885 ; cf.BB.N,
ms 5524, f° 170). Quelques années plus tard, après leur
mariage, Louis XII et Anne de Bretagne vinrent à Lyon
(15 mars 1500). Voulant qu'un souvenir fût offert à la
reine, les consuls de la ville chargèrent Nicolas Léclerc et
Jehan de Saint-Priest, maîtres tailleurs d'images, et Jehan
Lepère, maître *dorier* et orfèvre, de faire une médaille
d'or avec les portraits de Louis XII et d'Anne de Bretagne,
dans *une semence de fleur de ly et armynes* et sur chaque
face il devait y avoir *ung lion dedans le circuit de
l'escripture laquelle escripture sera devisée et à eulx
baillée.* Le mot *devisée* (si on lui donne le sens de *mis en
devises*) paraît fournir la clef de la forme inusitée des légendes, qui ont du reste été expliquées récemment. Elles
forment deux quatrains de vers syllabiques assonancés :

+ FELICE.LVDOVICO
REGNANTE.DVODECIMO
CESARE.ALTERO
GAVDET.OMNIS.NACIO.

Rʃ + LVGDVNensi RE.PVBLICA
GAVDENTE.BIS.ANNA
REGNANTE BENIGNE
SIC FVI CONFLATA.

(Frœhner, *Ann. Soc. Num.*, 1889, p. 39).

Suivant les exemples de Lyon, Bourg en Bresse offrit à
Philibert le Beau, duc de Savoie, et à son épouse, Marguerite d'Autriche, à l'occasion de leur entrée dans la ville, le
2 août 1502, une médaille en or exécutée par l'orfèvre
Jean Marende. Cette médaille n'est connue qu'en arg. et
en bronze (N. Rondot, *Jean Marende et la médaille de
Philibert le Beau*, 1883). Un exemplaire en arg. à Turin
est émaillé (*Num. Chron.*, 1883, p. 288, Art. de Whitcombe Greene).
Cette médaille présente les bustes affrontés du duc et
de la duchesse, disposition empruntée peut-être à la mé-

daille qui fut coulée à Gand ou à Bruges à l'occasion du
mariage de Maximilien d'Autriche et de Marie de Bourgogne (1477).

Les médailles dont nous venons de parler étaient coulées. Mais sous Louis XII, nous trouvons une pièce frappée. A l'occasion de l'entrée solennelle du roi à Tours en
1498, le maire et les échevins lui offrirent 60 *gettoirs* ou
pièces de plaisir en or que l'on peut considérer comme
des médailles. Le modèle en avait été fait par le célèbre
sculpteur Michel Colombe ; la pile et le trousseau furent
gravés par l'orfèvre Jean Chapillon. Ces pièces portent :
LVDOVIC'.XII.FRANCORV.REX.MEDIOLANI.DVX, buste du roi ;
ɼ Tour. VICTOR.TRIVMPHATOR.SEMPER.AVGVSTVS, porc-épic
sous une couronne ; au-dessous, trois tours (poids 27 gr.)
(*R. N.*. 1856, 130; Giraudet, *Mém. Soc. Arch. Touraine*,
1885, p. 62).

Louis XII fit faire à la monnaie de Paris le 25 novembre 1501, cent pièces d'or pesant chacune 11 onces et
d'autres plus petites pour en faire présent « *au seigneur
Philippes Archeduc d'Austriche et prince d'Espaigne et à
aulcuns gentils hommes quy lacompaignoient venant
vers ledict Sr Roy pour traicter de paix entre led. Sr Roy,
les Roys d'Espaigne et des Romains et icelluy Sr Archeduc.* Ces p. devaient être aux types suivants : LVDOVICVS.
DEI.GRA.FRANCORVM.REX, cavalier armé ; ɼ XPC.VINCIT.
XPC.REGNAT, croix fleuronnée dans un quadrilobe (BB.N.,
ms n° 5524, f° 181).

En 1502, le roi fit *forger non pour avoir cours ains
pour plaisir* 500 pièces d'or pour en faire présent à
Philippe de Ravastin, lieutenant-général de l'armée de
mer, et à plusieurs capitaines et gentilshommes qui l'a-
vaient accompagné dans l'expédition contre les Turcs et
infidèles. Ces p. devaient porter : + LVDOVICVS : D : G :
REX : FRAN : ET : HIER : Buste couronné du roi ; ɼ : PAR-
CENDO : ET . DEBELLANDO, femme assise sur une armure,
tenant une flèche et une plume (ms 5524, f° 183).

C'est à Benvenuto Cellini que François Ier, ami des
artistes italiens, demanda sa médaille. Cette p., qui est
inférieure aux belles médailles italiennes de l'époque,

porte le buste du roi lauré et, au ℞, un cavalier foulant aux pieds la Fortune, FORTVNAM. VIRTVTE. DEVICIT et la signature BENVENV. F.

En 1538, on fait le paiement à Benedetto Ramelli, Ferrarais établi à Lyon, d'une médaille en or de François Ier. Un autre Italien travailla aussi beaucoup en France. C'est Jacques Primavera, dont les médaillons signés et d'un style excellent, représentent : Catherine de Médicis, le duc d'Alençon, Charles de Lorraine, César de Bellegarde, le duc de Béthune, Elisabeth d'Angleterre, Ronsard, Christophe de Thou, Antoine de Baïf, Philippe Desportes, Jean Dorat, Hélène Nisselys, Charles de Balzac d'Entragues, etc. (A. Chabouillet, *Mém. Soc. Arch. Orléanais*, 1876, 197-258).

Les médailles françaises du XVIe siècle, soit coulées, soit frappées, sont presque toutes anonymes. On sait que Guillaume Martin grava des médailles d'or du poids de 10 écus soleil avec l'effigie du roi et au ℞ un croissant couronné, et que ces médailles devaient être données à trente capitaines allemands (1558). Le même artiste fut chargé, en 1564, de graver des coins pour la frappe de p. de 10 écus d'or destinés *aux grands seigneurs d'Espagne, à la venue de Bayonne*, c'est-à-dire pour l'entrevue qui eut lieu entre Charles IX, Catherine de Médicis, Isabelle de France, épouse de Philippe II, et le duc d'Albe, en 1565 (Barre, *Graveurs...* p. 33). Ces exemples montrent que les documents feront probablement connaître peu à peu les noms des médailleurs français du XVIe siècle.

Jacques Gauvain, dit le Picart, un orfèvre de Lyon, fit, dans la première moitié du XVIe siècle, de nombreuses médailles de la famille royale et des personnages de la Cour (N. Rondot, *J. Gauvain*, etc., 1887).

On attribue à Germain Pilon une série de grands médaillons de Henri, Catherine de Médicis, Charles IX, Elisabeth d'Autriche et Henri III. (Sur les médaillons des Valois, voy. A. de Montaiglon. *Nouvelles Archives Art français*, 1872, 194). Les attributions deviennent plus certaines à partir des médaillons de Guillaume Dupré de Sissonne, statuaire et graveur, qui fournit une série d'œuvres datées de 1595 à 1643 (*Bull. Soc. Académique de Laon*, 1872, p. 75). Dupré fit les médailles de nombreux personnages étrangers. (A. Chabouillet, *Nouvelles Archives Art français*, 1880-81, p. 182.)

Cet artiste, dont le style dénote une grande souplesse, réussit tellement bien dans la fonte des médailles, que les p. semblaient souvent frappées plutôt que coulées. On cite surtout le médaillon où l'artiste a représenté Henri IV et Marie de Médicis ; la médaille de Louis XIII avec la Justice au ℞.

A la même époque, travaillait Nicolas Briot, dont la valeur artistique n'est certainement pas égale à celle de G. Dupré. Abraham Dupré donna aussi quelques belles médailles.

Le plus grand médailleur qui vient ensuite est Jean Warin, que l'on croit né à Liège, vers 1599, d'un père originaire de Reims (*Ann. Soc. Num.*, 1888, p. 84 ; *R. N.*, 1889, 255). A partir de cette époque, les médailles furent toujours frappées à la *Monnaie des médailles* (voy. l'*Introduction*, page 4). Les pièces sont presque toutes signées. Enfin, à l'aide des divers documents (*Inventaire des poinçons en 1697*, Arch. Nat. KK, 960, etc.). On peut arriver à reconstituer l'histoire de la Monnaie des Médailles. Ainsi, les *Comptes des bâtiments du roi* (1664-1680; J. Guiffrey, 1881) sont remplis de mentions de paiements pour des médailles ou des jetons. Notons seulement : en 1673, à *Vuarrin*, 1,000 l. pour les médailles de l'histoire du roi ; en 1674, à Bizot, 6,000 l. pour les coins des médailles de l'histoire de France.

Pendant que Jean Warin travaillait à Paris, un de ses parents, Claude Warin, maître graveur à la monnaie de Lyon, acquérait une grande réputation pour ses portraits médaillons, que l'on avait attribués jusqu'ici à Jean, parce que la plupart sont signés simplement WARIN ou VARIN (N. Rondot, *R. N.*, 1888, 121). Du reste, Lyon était toujours un grand centre pour les médailleurs. On y voit travailler Philippe Lalyame (1599-1626, P.LALYAME.F), Jacques Mimerel (1649-69, MIMEREL.F), Hendricy (1614-62, M.H), Jean Guillermin, à qui l'on commanda, en 1646, une médaille pour la pose de la première pierre de l'Hôtel de Ville de Lyon, Nicolas Bidau (1622-29, BIDAV), etc. (N. Rondot, *Revue du Lyonnais*, 1887, II, 237 ; 1888, I, 172).

A la même époque appartiennent : Jean Richier de St-Mihiel (I.R.F), mort en 1625, dont on connaît des mé-daillons de plomb (*R. N.*, 1885, 183 et 481); Jacob Richier, 1608-41 (*Rev. lyonnaise*, 1885).

De 1619 à 1621, on trouve, comme médailleurs travaillant à Paris, Jean Boquet et Bernard de la Pallue (*Nouv. Archives Art français*, 1872, 194).

En 1634, Jacques de Bie, calcographe, publia un grand nombre de médailles avec explications, mais il faut dire que beaucoup sont inventées.

Pendant le ministère Colbert, on entreprit de constituer une histoire des principaux événements du règne de Louis XIV par les médailles.

Louvois, devenu surintendant des bâtiments, continua cette entreprise.

M. de Pontchartrain reçut, en 1691, avec le départe-ment de la Maison du roi, le département des Académies, et eut une grande influence sur le développement de la *Petite Académie*, qui devint l'*Académie royale des Inscriptions et Médailles*, chargée primitivement de tra-vailler aux inscriptions et devises de médailles. L'inspec-tion de cette compagnie fut confiée à l'abbé Bignon.

Après Jean Warin, l'orfèvre Claude Ballin, puis le savant abbé Bizot furent directeurs de la monnaie des médailles. En 1696, Nicolas Petit fut le premier titulaire de la charge de *directeur du balancier des médailles*. Nicolas de Launay lui succéda en 1697. En 1706, le nombre des poinçons et carrés déposés dans la galerie du Louvre dépasse 4000. Jusqu'en 1698, les médailles de la suite de Louis XIV atteignaient les modules de 30, 32 et 36 lignes. C'est alors que l'abbé Bignon décida le gra-veur Mauger à graver 200 médailles au prix de 150 livres chacune, qui furent exécutées de 1699 à 1701, en rédui-sant le module à 18 lignes. D'autres furent exécutées par d'autres artistes, si bien que la suite de 18 lignes com-prend 350 numéros. Jules-Robert de Cotte succéda à De

Launay dans la charge de directeur de la m. des médailles, en 1727, et la laissa à son fils en 1767. Sous son administration, les grands médailleurs furent les Roettiers et les deux Duvivier.

Sous Napoléon Ier, les principaux graveurs en médailles sont : Andrieu, Brenet, Droz, Gayrard, Galle, Jaley, George, Jouannin, Vincenzo Cocchi, Depaulis et Domard. On trouve aussi dans les comptes le nom des dessinateurs qui fournissaient les modèles des médailles exécutées par les graveurs : Prudhon, Chaudet, Meynier, Fragonard, Heim, Guersant, Bergeret, Zix.

Au xviiⁱᵉ siècle, un des graveurs les plus féconds est Ferdinand de Saint-Urbain, qui fit une suite de médailles des ducs et duchesses de Lorraine, et qui grava des monnaies du pape Innocent XII. Les médailles de cet artiste sont généralement signées : s. v : (Lepage, *Mém. Soc. Arch. lorraine*, 1866, 289).

La Révolution de 1789 produisit un grand nombre de médailles de toutes sortes. La série la plus curieuse semble être celle de la prise de la Bastille. Il faut citer le cliché d'une médaille que fit faire Palloy, chargé de la démolition de la Bastille. En voici la description :

Ce plomb scellait les anneaux qui enchainoient les victimes du despotisme retrace lepoque de la liberté conquise l'an premier (sic). *La forteresse assiégée par la foule ; au-dessus, Siege de la Bastille* ; à l'exergue, *Dedie aux electeurs de 1789 par Palloy, patriote lors de la Rendition* (reddition) *de son c(o)mpte a la nation* ℞. Papier sur lequel était inscrit le nom de l'électeur ; signé de *Liesse et Palloy* (Hennin, *Num. Rev. fr.*, p. 18).

Plus tard, à partir de 1796, on trouve la série des médailles de Bonaparte dont beaucoup portent : *Heros Buonaparte.* Le premier empire produisit également un grand nombre de médailles.

La révolution de 1848 fournit une série de monuments numismatiques où les faits sont relatés, pour ainsi dire, jour par jour. Tous les métaux sont employés. Sous le second Empire, à côté des médailles officielles souvent d'un art remarquable, on trouve une grande quantité de médailles industrielles relatives à tous les événements du règne, et qui sont, en général, dépourvues de toute valeur artistique.

Pendant la guerre de 1870-71, les divers événements et personnages ont été le sujet de nombreuses médailles de tous modules, en tous métaux.

Les pièces servant de *laissez-passer* aux monnayers peuvent être considérées comme des médailles. Ces curieuses p. portent toujours d'un côté les instruments de monnayage. On en connaît pour les villes suivantes : Rouen, Lyon, Grenoble, Chambéry, Trévoux, Crémieux, Tarascon, Avignon, Châlons-s-Marne, etc. (cf. *Introduction*, p. 10).

On peut classer encore parmi les médailles des pièces d'une nature particulière.

D'après la coutume de Paris, le jour des épousailles, le mari donnait à sa femme treize pièces d'or ou d'arg. En remettant le *treizain* (quelquefois trois deniers seulement, les dix autres étant réservés au prêtre), le fiancé disait à sa future : « *Cum his petiis te arrho in nomine Sanctissimæ Trinitatis et duodecim Apostolorum, in communicationem bonorum spiritualium et temporalium* (D. de Vert, *Cérém. de l'Eglise*, I, 220). On possède d'assez nombreuses pièces se rapportant à cette cérémonie ; elles portent généralement une *bonne foi*, un cœur, une croix, deux ou trois lis; etc., avec les légendes : *denier tournois pour épouser, denier pour épouser*, etc. Certaines de ces pièces ne sont frappées que d'un seul côté.

Une curieuse p. du musée de Rouen, frappée en piéfort de billon, porte les légendes suivantes : + CELVI.QVI. DAMER.VO.PRIE dans un cercle de grènetis entouré d'une couronne de roses ; au centre, une rose épanouie; ℞ + RETRAIRE.NB.OD.PEVT.MIE, croix fleurdelisée coupant la lég., cantonnée de 4 lis couronnés. Il faut citer encore une grande médaille d'or qui sort peut-être des mains d'un orfèvre allemand, comme les trois belles médailles de Charlemagne, de Philippe de Valois et de Louis XII (*Trésor*, pl. I, 1 et 3 ; pl. IV, 6). Cette pièce de fiançailles porte : + IVNGIMVS.OPTATAS.SVB.AMICO.FOEDERE,DEXTRAS, jeune homme portant un chapel de roses, appuyant la main gauche sur un évangéliaire et serrant dans la droite la m. droite d'une jeune femme placée à sa g. avec une couronne sur la tête ℞ + SICVT.SOL.ORIENS.DEI.SIC. MVLIER.BONA.DOMVS.EIVS.ORNAMENTVM. Au centre d'un chapel de roses, en 4 lignes, VXOR.CASTA.EST.ROSA. SVAVIS (E. Hucher, *Mélanges de Num.*, 1874, p. 65). La médaille de mariage dont l'usage existe encore aujourd'hui, est par conséquent, un souvenir des vieilles coutumes.

Au siècle dernier, on fit aussi des calendriers métalliques en forme de médailles qui portent l'indication des mois, des jours et des fêtes, avec des dispositions diverses.

Nous allons parler maintenant des graveurs des monnaies que l'on ne peut guère séparer des médailleurs puisque les artistes sont presque toujours graveurs et médailleurs.

Les graveurs de m. étaient généralement des orfèvres que l'on appelait tailleurs *fieffés* ou *héréditaires* parce que leur charge se transmettait par voie d'hérédité. Lorsqu'il fallait changer les types de la m., les généraux maîtres des m. envoyaient des modèles dessinés sur parchemin. Ce système devint insuffisant lorsqu'on eut placé l'effigie du roi sur les monnaies.

François Ier, qui avait reconnu l'insuffisance des tailleurs particuliers, appela en France le Véronais Matteo del Nassaro qui fit, entre autres travaux, un essai en or pour les testons du roi (Hoffmann, n° 34 ; cf. J. Guiffrey, *Nouvelles Archives de l'Art français*, 1879, 69).

La réforme n'eut pas encore lieu à cette époque, mais Henri II créa, en 1547, l'office de *graveur général*, en faveur de Marc Béchot, qui était probablement l'élève de Matteo. Le graveur général fut chargé de fournir des poinçons et des matrices aux tailleurs particuliers, et ceux-ci reçurent l'ordre de ne fabriquer de coins qu'avec les matrices fournies par le graveur général (Edit de Fontainebleau, sur le *Reiglement des monnoyes et officiers d'icelles*, 3 mars 1554).

Déjà, Martin Legault et Claude Lemay avaient fourni des poinçons de reproduction et des coins à plusieurs monnaies de province.

L'imperfection des procédés, la mauvaise qualité des aciers, et peut-être aussi le mauvais vouloir des tailleurs particuliers, furent cause que le résultat ne répondit pas à l'attente. On crut remédier aux défauts du système en créant la charge de *contrôleur général des Effigies*, dont Germain Pilon fut le premier titulaire (Lettres patentes de Charles IX, données à Saint-Germain-en-Laye, le 29 octobre 1572). Germain Pilon fut chargé de fournir un modèle en cire au tailleur général et de veiller à ce que l'effigie du roi fut bien représentée sur toutes les monnaies. Il fut accepté par la Cour des M. le 3 août 1573. Les m. n'en continuèrent pas moins à être défectueuses.

En 1590, Danfrie s'étant retiré à Tours où siégeait la Cour des Comptes faisant fonction de Cour des M., les membres de la véritable Cour des M., presque tous ligueurs, firent concourir Philippe Regnault, Nicolas Roussel et Pierre Mérigot pour la gravure du *franc* d'arg. de Charles X.

Le contrôleur général, chargé de fournir les modèles en cire aux concurrents et de juger leurs œuvres, se prononça pour Philippe Regnault. La perfection de la p. était telle qu'on accusât Pilon d'avoir retouché l'œuvre du graveur.

Guillaume Dupré, qui fut aussi contrôleur des effigies, n'eut pas sur les m. une influence plus grande que Pilon. Les graveurs particuliers, privés de leurs offices par la loi de 1791, furent définitivement supprimés en 1794, lorsqu'on ferma les ateliers monétaires de province. Le graveur général resta seul chargé de fournir les coins nécessaires à la fabrication de la m. (Arrêté du 10 prairial an XI et ordonnance du 26 décembre 1827).

En 1791, on ouvrit un concours pour la gravure des m. ; on possède les épreuves des projets faits par les divers artistes qui y prirent part : Andrieu, Dupré, Droz, Duvivier, Gatteaux, Vasselon.

En 1848, eut lieu un autre concours pour la gravure des m. de la République ; trente et un graveurs y prirent part : Allard, Barre, Boivin, Borrel, Bouchon, Bouvet, Bovy, Catel, Caunois, Dantzell, Desbœuf, Dieudonné, Domard, Farochon, Fauque, Gayrard, Leclerc, Malbet, Ma-

gniadas, Merley, Marrel, Montagny, Moullé, Oudiné,
Pillard, Pingret, Reynaud, Rogat, Tournier, Vauthier-
Galle, Vivier.

Les coins de ces artistes ont presque tous fourni un
certain nombre d'essais en étain, après avoir servi à frapper un très petit nombre d'exemplaires en or, arg. et cuivre.
Les prix furent accordés à Merley (*or*), Oudiné (*arg.*) et
Domard (*cuivre*).

GRAVEURS GÉNÉRAUX DES MONNAIES DE FRANCE

1547. Marc Béchot.

1557. Claude de Hery.

1582. Philippe Danfrie l'Ancien.

1599. Philippe Danfrie.

1605. Nicolas Briot, mort à Londres en 1646.

1625. Pierre Regnier faisant fonction de gr. gal.

1630. Jean Darmand dit l'Orphelin. Il grava, en 1648,
      une monnaie de Christine de Suède.

1646. Jean Warin.

1672. François Warin. Un arrêt du 22 novembre 1681
      supprima l'office qui fut remboursé à F. Warin.
      La charge fut ensuite donnée par commission
      à :

1682. Joseph Roettiers Ier, fut d'abord graveur de la
      Monnaie de Londres, avec ses frères Jean et
      Philippe.

1704. Norbert Roettiers II.

1727. Joseph-Charles Roettiers III.

1753. Charles-Norbert Roettiers IV ; à sa mort, en 1772,
      son père Joseph-Charles reprit la charge.

1774. Pierre-Simon-Benjamin Duvivier.

1791. Augustin Dupré.

1803. Pierre-Joseph Tiolier.

1816. Nicolas-Pierre Tiolier.

1843. Jacques-Jean Barre.

1855. Albert Barre.

GRAVEURS PARTICULIERS DE LA VIEILLE MONNAIE
DITE ORDINAIRE *ou* AU MARTEAU

1265. Henry Plartrard.

1521. Martin Legault.

1527. Claude Lemay ; nombreux jetons.

1550. Jehan Beaucousin, père ; jetons divers.

1579. Jehan Beaucousin fils.

1626. Pierre Regnier.

1629. Jacques Cottard.

1637. Pierre Blaru ; il grava, en 1624, des jetons au type des anciennes m. de Chio, pour Abraham Martineau.

1656. Jean-Baptiste Dufour.

1673. Pierre Rousseau.

1679. Antoine Aury.

1694. Joseph Roettiers Ier.

1703. Georges Roettiers.

1748. Joseph-Charles Roettiers de la Bretèche.

1759. Charles-Norbert Roettiers IV.

1772. Laurent Léonard, remplissant temporairement la charge par commission de la Cour.

1774. François Bernier.

GRAVEURS PARTICULIERS DE LA NOUVELLE MONNAIE
DITE DES ETUVES *ou* AU MOULIN

1552. Jehan Erondelle.

»   Estienne Delaune.

1553. Guyot Brucher ; jetons divers.

1557. Antoine Brucher ; il grava des jetons, et en 1565 des coins monétaires pour la république de Lucques.

1568. Alexandre Olivier.

1607. Pierre Regnier.

1628-36-72. Jean Warin (v. *Grav. génér.*).

1672. François Warin. L'office fut supprimé en 1672.

CONTRÔLEURS GÉNÉRAUX DES EFFIGIES DES MONNAIES

1572-90. Germain Pilon.

1593. Gervais Pilon.

1596. Philippe Danfrie le Jeune.

1604. Jean Pilon avec G. Dupré.

1604. Guillaume Dupré ; seul en 1617.

1639. Abraham Dupré.

1648-72. Jean Warin.

GRAVEURS ET MÉDAILLEURS DES XVᵉ ET XVIᵉ SIÈCLES

1402-05. Jehan de Langres ; coins de jetons.

1405. André de Walli, coins de jetons.

1415-18. Guiot Dehanin, jetons.

1426. Jehan Thomas, à Toulouse, jetons.

1434. Jehan Blancpain. (Des jetons portent *Vive Blan-
     pain.*)

1447. *Anequin, alemant,* orfèvre, jetons.

1445. Hannequin, orfèvre à Aix.

1488-1508. Nicolas de Russauge, tailleur à la m. de
     Paris, coins de jetons.

1492-1511. Philippot Cottin, coins de jetons.

1506-15. Guillaume Ballay, jetons.

1511. Guillaume Denery, jetons.

1512. Guillaume de Chefdeville, jetons.

1513. Poncelet Barbe, jetons.

1514-23. Guillaume Demay, jetons et méreaux.

1519-26. Jean Esmery, jetons et méreaux.

1520. Martin Le Gaule, jetons.

1531. Pierre Potart ou Polard, jetons.

1532. François Demoy.

1526-32. Josué Ballay, jetons divers.

1531. François Lallemant, jeton de Martin Brice.

1531-37. Germain Guiton, Pierre Picard, Rolland Daniel,
     Simon de la Vanelle.

1531-53. Nicolas Esmery, jetons divers.

1536-56. Guillaume Ferret, jetons.

1539-50. Jehan Lemay.

1551. Adam Pasquier.

1558. Pierre Hanyn ou Havyn, *jetons* pour l'avocat Pe-
tremol et pour la confrérie Notre-Dame à *Saint-
Estienne-des-Grès.*

1550. Pierre Milan.

1553. Jehan Acheson, tailleur de la m. d'Ecosse, autorisé
par la Cour des m. à graver des coins aux armes de la reine d'Ecosse.

1556. Jacques Béguin, *jetons.*

1560. Jehan de Monceau.

1565. Jehan Adam, *jeton* du Conseil du roi.

1560. Pasquier Feuret, *jetons.*

1534-68. Jehan Cousin, l'Aîné, *jetons.*

1568. Bonaventure Cousin, *jetons.*

1558-90. Guillaume Martin.

1571. Nicolas de Villiers, *jetons.*

1569-88. Pierre Mérigot, *jetons.*

1558. Etienne Mérigot, *jetons.*

MÉDAILLEURS AYANT TRAVAILLÉ A LA MONNAIE DES MÉDAILLES

PENDANT LES XVIIe ET XVIII° SIÈCLES

Arondeau. — Médailles de Louis XIV.

Aury (Pierre). — Médaille en 1688 du château de Versailles ; en 1692, du passage du Rhin.

Aury (Antoine). — Jetons pour l'Artillerie en 1682 et 1683
et jeton pour la ville de Paris.

Bernard (Thomas). — Nombreux jetons et médailles de
1683 à 1711, signés T.BERNARD.F, *ou* TB.

Carlsten, graveur de Stockholm qui fit en 1687 six carrés pour la série de l'histoire du roi.

Chéron (Charles-Jean-François). — Nombreuses médailles de 1675 à 1698. Il fit les jetons présentés par la ville
de Paris aux *Etrennes* en 1678 ; F.CHERON.

Clérion (Jean-Jacques). — Fit des médailles de 1674 à
1678.

De la Haye (Nicolas). — Médailles de 1684 à 1695. DE.
LA.HAYE *ou* DELAHAIE.F.

Dollin (J.). — Médailles avec sujets militaires de 1714 à 1725, D *ou* J.D,

Dufour. — Médailles de 1672 à 1684. Il fit aussi des jetons parmi lesquels ceux de Paris pour les *Etrennes* de 1673. DVFOVR.

Duvivier (Jean). — Nombreuses médailles de 1714 à 1761. DVVIVIER.F *ou* D.V.

Duvivier (Pierre-Simon-Benjamin). — Médailles de 1750 à 1801. B.DVVIVIER *ou* DVV *ou* D.V.F. Quatre-vingts médailles pour le règne de Louis XVI.

Faltz (Raimond). — Né à Stockholm, fit plusieurs médailles pour la suite de l'histoire du roi, en 1686. R.FALTZ *ou* R.F.

Ferme ou *Le Ferme.* — Médailles et jetons de 1677 à 1680.

Germain (P.). — Méd. de l'histoire du roi de 1678 à 1679. Jetons de l'extraordinaire des Guerres, 1682, et des Bâtiments, 1688 (*R. N.*, 1887, 81 et *Bull. de numismatique*, t. VI, p. 141).

Hardy (J.). — Médailles vers 1684. J.HARDY.F.

Hérard (Gérard-Léonard). — Médailles et jetons divers avant 1675. G.HERARD.

Hupierre ou *Hurpière.* — Médailles de 1688 à 1698, pour l'histoire du roi ; jetons pour la Marine en 1698 et 1699. HVPIERRE.F.

Josse. — Médaille de Louis XIV avec L.J.

Le Blanc (Jean). — Nombreuses médailles de 1715 à 1749. J.LE.BLANC.F *ou* J.B.

Le Breton (Hercule). — Médailles de 1685 à 1712. BRETON *ou* H.B. Jetons de la Chambre aux deniers en 1698, de l'Ordinaire des Guerres, de Paris et du *prévôt Claude Bosc* en 1699.

Loir (L.). — Médailles et jetons de Louis XIV.

Mauger (Jean). — Méd. de 1685 à 1722. Ce graveur dont on connaît assez bien la biographie fit des médailles de 18 lignes pour la suite historique de Louis XIV. Il fit également plusieurs médailles de 30 lignes et divers jetons MAVGER.F.

Meissonier. — Médaille en 1716. M.M ?

Meybusch (Antoine). —Après avoir travaillé en Suède, fit en France quelques médailles de 1684 à 1687.

Molart. — Médailles de 1681 à 1714, MOLART.F.

Nilis (J.). —Médailles et jetons nombreux de Louis XIV, J.NILIS ou N.

Roettiers (les). — Charles Norbert signe C.N.R.

Roussel (H.). — Médailles de 1692 à 1706, H.ROVSSEL.F.

Rück. — Médailles de 1715 à 1736.

Warin (Jean). — Médailles de Louis XIII et Louis XIV.

Warin (François). — Fils de Jean (1638-99), médailles, F. WARIN (*R. N.*, 1888, 128).

Winslow. — 1736 à 1743.

MÉDAILLES DES PAYS-BAS, etc.

Parmi les médailleurs des Pays-Bas on pourrait peut-être citer Quentin Metsys, dont on possède le portrait en médaillon ovale. Vient ensuite l'écrivain Jean Second (+ 1536). Le médailleur Michel Mercator travailla pour Henri VIII d'Angleterre (*Rev. belge*, 1850, 113). Etienne Van Hollant (Stephanus Hollandicus) signe STE.H des médailles de 1552 et 1562. Vers la même époque les médailleurs italiens Leone Leoni, Jacopo da Trezzo et Jean-Paul Poggini séjournèrent à Bruxelles. Ils y firent des médailles de Philippe II et de Marie Tudor. J. da Trezzo grava aussi les coins des jetons de présence du bureau des finances, de 1555 à 1559. Jacques Zagar, connu seulement par des médailles signées de son nom en 1554, 1556, 1574. Jacques Jonghelinck, graveur de sceaux, fit aussi des médailles, de Philippe II. C. Fremy fait une médaille en 1567 ; vers la même époque travaillo lo médailleur qui signe ALEXANDER P. F. Viennent ensuite : Julien Jannini ou Giannini (IVLIAN.G.F) ; Conrad Bloc (CONR. BLOC.F), de 1577 à 1602 ; l'orfèvre Godefroid Van Gelre de 1589 à 1597 ; Jean de Montfort dont les médailles sont ciselées avec plus d'art que celles de Conrad Bloc (MONT-FORT.F), première moitié du XVIIᵉ siècle ; Adrien Waterloos (monogr. AWA) de 1622 à 1668, nombreuses médailles d'un style large ; Jérôme du Quesnoy ; Denis Waterloos, associé à son oncle Adrien, dans la charge de graveur de sceaux et cachets du roi, en 1651 ; Jean Warin ; Gérard-Léonard Hérard ; les Roettiers, qui travaillèrent en Angleterre (Jean, Joseph et Philippe) ; Jean van Hattem (+ 1691), graveur général des m. des Pays-Bas ; les Harrewyn, graveurs en taille-douce, à l'eau-forte et en médailles (Jean, I.H, jusqu'en 1723 ; François et Jean-Baptiste).

En 1753, le gouvernement des Pays-Bas, trouvant que l'art de la gravure en médailles était en décadence, envoya Jean-Baptiste Harrewyn et J. Baptiste-Chrysogone Marquardt étudier à Vienne, chez Mathias Donner, graveur renommé de l'époque. Ces deux artistes firent des médailles. Il reste à citer Norbert Heylbroeck, graveur en taille-douce qui fit quelques médailles ; Pierre-Joseph Jacoby, graveur des princes-évêques de Liège ; son élève, Léonard Jéhotte ; enfin Théodore van Berckel, né en 1739, qui remplaça en 1776 Jacques Roettiers en qualité de graveur général des m. des Pays-Bas. Il releva l'art de la gravure et fit un grand nombre de médailles et jetons d'un style remarquable (cf. *Rev. belge*, 1881, 480).

Chaque pays possède des séries de médailles, mais on ne peut leur consacrer des chapitres spéciaux.

En Angleterre, à côté de médailles relatives à des personnages, on trouve aussi des médailles commémoratives. Ainsi la médaille de Charles Ier frappée par les Hollandais à la suite de la permission à eux accordée de pêcher dans les mers anglaises (*Num. Chron.*, 1866, 320) ; celles de la reine Élisabeth, en 1589, en souvenir de la destruction de l'Armada (*N. C.*, 1867, 45). Parmi les médailles d'Écosse, beaucoup de celles de Marie Stuart ont été frappées en France. Une médaille véritablement écossaise est celle qui fut faite à Edimbourg, le 18 juin 1663, pour le couronnement de Charles II

Le *médailler de Pologne* de Raczynski renferme un nombre considérable de médailles des XVIe et XVIIe siècle, relatives à l'histoire de Pologne et on y trouve des médailles de Henri III de France.

JETONS ET MÉREAUX

FRANCE

———

Jetons. — Dans l'antiquité, on se servait déjà de jetons pour calculer. C'est qu'en effet les lettres grecques et
les chiffres romains n'étaient pas d'un emploi assez com-
mode. Le moyen-âge se servit de ces chiffres pendant
longtemps. Mais on sentit le besoin d'un système pratique
pour les opérations arithmétiques et on employa le *comp-
toir* appelé *abaque* par les anciens. Cet appareil de compte
était composé d'une tablette divisée en lignes horizon-
tales et verticales sur lesquelles on faisait mouvoir les jetons qui prenaient des valeurs différentes suivant qu'ils
passaient de la colonne des unités dans celle des dizaines
et ainsi de suite.

Les chiffres dits arabes ont commencé à devenir très
usités vers la fin du XVᵉ siècle. Les dates des monnaies
de Flandre et de Brabant sont souvent notées par des
chiffres arabes à partir de 1474.

Mais quoique l'on eût déjà commencé à faire les opérations numériques en se servant de nouveaux chiffres (*Re-
chenbuch* de Jacques Köbel, 1549), on ne laissa pas de con-
tinuer à se servir des jetons et en 1608, on imprimait encore l'*Arithmétique de Jean Trenchant, avec l'art de calculer aux jetons.* On connaît la scène du *Malade imagi-
naire* où celui-ci règle, au moyen de jetons, le mémoire
de son apothicaire. Enfin de nos jours, on se sert couram-
ment de jetons pour compter au jeu.

Le mot *jeton* vient du verbe *jetter* qui signifiait compter. La forme du mot varie beaucoup car on trouve : *jec-*

toir, getoir, gictoer, getouer, gecteur, gecton, getlon, etc. Au moyen âge on appela aussi les jetons des *méreaux à compte* et un jeton porte même la légende *Meriau a qte.*

Aucun des jetons que l'on connaît ne paraît remonter plus haut que le règne de Louis IX. On en trouve pour tous les règnes postérieurs. Les rois et les seigneurs en faisaient frapper à des types particuliers, et les gens qui ne pouvaient en faire fabriquer se servaient de ceux qui portaient des types banaux. Le métal usité est généralement le laiton ou cuivre jaune, le cuivre rouge et l'argent. Le plomb et l'or ont été employés très rarement.

Le receveur du comté de Flandre se servait des jetons d'argent dès 1337 ; mais cependant les pièces de ce métal sont très rares avant le XVᵉ siècle. MM. Rouyer et Hucher donnent comme le plus ancien jeton d'argent daté, celui de Clarin le Paumier, maître à la Chambre des comptes de Paris, de 1345 à 1346.

Charles le Téméraire faisait ses comptes avec des jetons d'or (De Laborde, *Glossaire,* 329). Les annales de Tours désignent sous le nom de *gettoirs* des pièces de plaisir en or offertes par le maire et les échevins de Tours à Louis XII, le jour de l'entrée solennelle du roi dans cette ville (Voy. *Médailles françaises,* p. 385). Les jetons, usités dans les administrations royales, le furent aussi dans les maisons seigneuriales. C'est ainsi que les ducs de Bourgogne eurent des jetons pour leurs chambres des comptes de Dijon, Lille et Bruxelles pour les gens de leur monnaie et du bureau de leurs finances.

Les jetons devinrent d'un usage si courant que, dans beaucoup de comptes annuels, on voit figurer diverses sommes pour acquisitions de jetons qui étaient distribués aux officiers ou personnages attachés aux administrations. Bientôt cette gratification devint un droit pour ceux qui la recevait au renouvellement de chaque année. Du reste les jetons d'étrennes ont dû être donnés de bonne heure. Les rois de France eux-mêmes recevaient des jetons d'or au jour de l'an. Sully en offrait au roi et à la reine (*Mémoires de Sully ; Critiques* d'Arnault, t. I, 146). Les princes de la maison royale recevaient des jetons d'or offerts par les échevins de Paris (*Mercure Galant*, janvier 1680).

Beaucoup de jetons du moyen-âge montrent du reste, par leurs légendes, qu'ils étaient offerts en cadeaux : *Par amours sui dounés*, etc.

Dans l'appendice du règlement de 1354, les monnayeurs du serment de France, lors de leur réception doivent distribuer un certain nombre de jetons d'arg., à chaque membre de la compagnie. Au xviie siècle, on trouve le jeton suivant dont la légende est bien précise : *Estrenne de l'année 1653* dans une couronne (autres avec *dat prcemque coronas*).

Le plus souvent, la dépense des jetons donnés en étrennes était à la charge du fisc. Au dix-huitième siècle, on remplaça assez souvent le don de jetons par un droit payable en argent monnayé.

Les types que l'on trouve sur les jetons du moyen âge sont : la croix avec des formes et des ornementations très diverses ; des armoiries ; des types monétaires (comme le gros tournois, la masse, la couronne, le royal. les blancs); des têtes humaines ; des hommes sauvages ; des animaux ; les monogrammes du Christ et de la Vierge. Les véritables portraits ne paraissent guère qu'au xve siècle ; ceux de Maximilien d'Autriche et de Philippe le Beau sont les premiers.

Les légendes font allusion à l'emploi des jetons dans les comptes ou dans les jeux, à l'usage de les offrir en cadeaux, à leur ressemblance avec les monnaies, aux types. On trouve également des souhaits, des proverbes, sentences morales, pensées et invocations religieuses, cris de guerre, devises personnelles, politiques ou plaisantes.

Piganiol de la Force raconte que l'on fit des jetons à l'*Ave Maria* pour les béguines, sous Louis XI (*Descr. de Paris*, 1765, t IV, 281).

On trouve un assez grand nombre de jetons dont les légendes avertissent que les pièces, malgré leurs types. ne sont pas des monnaies. L'avertissement n'était pas superflu, car on a démontré récemment que le *vol aux jetons* était pratiqué au Moyen Age (Rouyer, *Rev. belge*, 1884).

On peut former des séries intéressantes avec les jetons ayant rapport à des évènements historiques. Par exemple, nous citerons sous Louis XIV : L'entrée de Marie-Thérèse à Paris, l'entrée du légat, la prise de Carthagène, celles de Rhoda, Namur, Montmédy, Dôle, Besançon, le siège de Leucate, la bataille de Seneffe, l'incendie de la flotte hollandaise à Tabago, le traité avec les Suisses, la Flandre subjuguée, le passage du Rhin, Strasbourg remis à l'obéissance, les jetons du roi de Pologne qui se retira en France, en novembre 1669, etc. Il ne faut pas toujours considérer comme réelle la date qui accompagne sur les jetons la mention d'un évènement, car cette date est celle de l'émission du jeton. Ainsi on trouve *Traiect. capt.* 1674, alors qu'Utrecht avait été prise en 1672.

Nous ne pouvons songer à énumérer tous les jetons de famille qui parurent depuis le XVIe siècle. Il nous suffira de dire que ces pièces peuvent être classées en deux séries : la première comprenant les jetons frappés pour un personnage seul ; la seconde, les jetons *de mariage*. Dans ce dernier cas, l'un des écussons armoriés, qui figurent sur le plus grand nombre de jetons, est généralement *parti* des armes du mari et de la femme. L'autre écusson, celui du mari, présente seulement les armes de ce dernier,

, Beaucoup de ces jetons de famille portent l'indication de fonctions ou de charges remplies par le personnage. Il est probable que, dans la majeure partie des cas, il ne faut tenir aucun compte de ces titres pour le classement. Cependant, quelques-uns de ces jetons ont pu être frappés pour le besoin de la charge indiquée.

Les jetons avec *Marché a moy La Violette* (Suisse, tambour et barbier) ou avec *o Thoma réveille-toi* (femme qui secoue un homme endormi sous un arbre) paraissent rentrer dans la catégorie des jetons relatifs à des évènements d'actualité, comme le jeton avec *Unicus est specie,* deux forgerons frappant sur l'enclume une tête de femme ℞ *Omne ferens malum,* âne portant des têtes de femme et un singe. Cette curieuse pièce fut frappée à l'occasion d'un almanach rédigé par le curé Pierre Janvier, de Meaux, en 1660 (A. Lefebvre, *R. N.*, 1866; cf. *Intermédiaire des chercheurs*, 25 oct. 1888). L'esprit satirique se montre du reste sur les jetons aussi fréquemment que sur les médailles (cf. *Rev. belge*, 1883, 389; *R. N.*, 1840, 361; 1851, pl. II-IV).

On trouve souvent des jetons contremarqués; ainsi, un jeton du conseil du roi porte RACINE; un jeton du trésor royal, une levrette en creux; des j. de prévôts des marchands portent des lettres en contremarque, etc. Ces signes sont probablement la marque de possesseurs ultérieurs. Certains jetons sont gravés en creux.

Il n'est pas rare de rencontrer des jetons présentant des anomalies. Ainsi les deux faces portent souvent une date différente; des jetons de particuliers portent des ℞ de jetons du roi ou des administrations, etc. Ces associations curieuses proviennent de ce qu'on voulait éviter une dépense, en employant des coins ayant déjà servi pour des frappes antérieures.

La plupart des jetons, depuis Louis XIV surtout, présentent des initiales, généralement placées sous le buste, qui sont celles d'un nom de graveur. Avant cette époque, ces marques sont des exceptions. Il faut citer cependant les lettres N B liées qui indiquent le nom de Nicolas Briot sur divers jetons de Henri IV et des villes de Nevers, Paris, Orléans, Rouen, Metz, avec la date 1608, sur les jetons de sacre de Louis XIII, etc. On verra des initiales qui se trouvent sur les jetons dans le chapitre consacré aux graveurs (V. *Médailles françaises*, p. 396).

Sur un jeton de la chambre aux deniers, on trouve à l'exergue, L 1615 F. Ces initiales appartiennent à Louis Fleureteau, maître de cette chambre de 1611 à 1618. D'autres avec P 1618 F et G 1621 F rappellent Pierre et Gabriel Fleureteau.

Si l'atelier de Nuremberg fournissait déjà beaucoup de jetons vers le XVe siècle, il est certain qu'à cette même époque, Tournai était un grand centre de fabrication. Voici les principaux types à relever sur les produits de cet atelier : Trois cercles disposés en triangle, tour et chevron, portail ou châtel, écusson aux tours ou aux roses, briquet, monogramme du Christ, fleur de lis, écu à 3, 4,

5 ou 6 lis, écu carré à 4 lis, champ semé de lis, couronne, écu de France-Dauphiné, buste de face ou de profil, la Vierge, un homme sauvage, types monétaires du royal ou de la chaise, grande lettre gothique, écu au lion, agnel, dauphin, rose, croix des deux côtés. Outre des légendes analogues à celles dont nous donnons la liste, on trouve souvent des noms de fabricants ; en voici quelques-uns : *Jehan Gorgart à Tournai ; Durart a nelier de lai ; Pierar Durart ma fait* ou *les a fes* ou *ce fi ; Bien.ail.ri. me fist ; Mikiel Pollet la fet ;.. Baltasar ? Jaspar* (cf. A. Pinchart, *Bull. Académie royale de Belgique*, 1882, 559). Il faut citer parmi les jetons frappés à Tournai ceux portant le nom de Perkin Werbecque, le faux Richard IV d'Angleterre, pour lequel des partisans émirent également un gros d'argent en 1494 (Longpérier, *Œuvres*, V, 170).

M. Rouyer a établi récemment que, sous Louis XIII, une fabrique, établie à Sedan, avait émis une grande quantité de jetons d'apparence française. Cette attribution est fondée sur des jetons portant : *Daniel Coffin à Sedan* et *F.A. Sedan*. Ces jetons, d'un travail souvent assez grossier, présentent généralement des astérisques entre les mots des légendes (*R. N.*, 1887, pl. XII).

Deux arrêts de la Cour des Monnaies, datés du 18 février et du 10 mars 1672, qui défendent de fabriquer des jetons ailleurs qu'au balancier du Louvre, contiennent aussi des dispositions sévères contre l'introduction des jetons de fabrique étrangère.

Un édit de juin 1672 porte création d'un directeur du balancier du Louvre et d'un contrôleur et garde de la fabrication des jetons.

La France n'en continua pas moins à être inondée des contrefaçons venant surtout de Nuremberg. Ce fait s'explique facilement, car les jetons français, de fabrique plus soignée, étaient naturellement d'un prix plus élevé.

Voici quel était le prix de la main-d'œuvre pour les médailles et jetons fabriqués par la Monnaie des médailles vers 1725 : Médailles d'or, 40 l. le marc ; méd. d'argent, 16 l ; jetons d'or, 20 l.; d'argent ronds ordinaires, 4 l.10; *id.* pour le jeu, 12 l.; *id.* octogones, de 8 à 16 l.; jetons

de cuivre, matière comprise, ronds, 2 l. 10 ; octogones, de
3 à 4 l. (*Arch. Nat.*, K. 903, n° 92).

Méreaux. — Les méreaux, soit en plomb, soit en cuivre,
sont depuis une haute époque des signes représentatifs
de sommes acquittées ou à toucher. Dans les marchés
et les foires, on remettait des méreaux aux marchands
qui avaient acquitté le droit d'étalage.

Les méreaux ecclésiastiques furent d'un usage fréquent
aux xve et xvie siècles.

Avant les bénéfices réguliers, il y avait, dans les chapitres, diverses espèces de revenus, soit quotidiens
(rétribution du service ordinaire), soit spéciaux aux anniversaires, obits, etc.

Les actes des fondations stipulaient que les présents
seuls auraient part aux distributions ; c'est pourquoi on
distribuait des méreaux aux chanoines, à leur entrée dans
le chœur. De là vint l'appellation de *distributiones in
plumbo*, que les chapelains donnèrent à cette cérémonie,
à Châlons, Arras, Amiens, etc.

A Meaux, les méreaux étaient appelés *horæ* ; on en
donnait d'abord d'une seule espèce, mais plus tard, il y
en eut jusqu'à 7 espèces, qui devaient être payées à la fin
de chaque jour ou de chaque semaine.

A Saint-Omer, les amendes encourues par les chanoines
étaient fixées en argent courant et celles des clercs
escotiers en méreaux. Les Escotiers recevaient 4 ou 5 méreaux, selon les époques, et ils en donnaient quotidienne-
ment, au receveur de la maison qu'ils habitaient, deux
pour le dîner et un pour le souper.

Au xve siècle, à Tournai, on se servait, à la cathédrale,
d'un méreau appelé *merellus episcopi* (*Rev. belge*,
1870, 347).

A la collégiale du Mans, en 1535, les chanoines présents aux cérémonies avaient droit à une somme variant
de 1 à 12 deniers ; mais comme il n'était pas fait usage
de méreaux, il fallait pointer sur les registres.

Pour les méreaux de la Sainte-Chapelle, sous Charles VI,
sous François Ier, chacun venait chez le trésorier pour
le remboursement des méreaux.

Les méreaux payés de la *main à la main* avaient pris aussi le nom de *manuel* (1634, ℞, VI.DE).

A Montbrison, on distribuait des méreaux pour matines, pour les Grand'Messes et pour les Vêpres.

A Saint-Omer, on faisait également des distributions à différents moments des offices.

On trouve des indications de prières sur les méreaux : *Orate deum pro vivis*, ou *pro Defuntis ; moneta anniversariorum, requiescant in pace.*

Il y avait trois sortes d'obits ou anniversaires, les solennels, les grands et les petits : *obit*, ℞ *solenel.*

Les fondations faisaient quelquefois l'objet d'un office particulier : *Pour la fondation de*, champ : 1557, 11. D. (tournois), ℞ *Mᶜ Jehan Bariot, S O.*, Sainte Opportune debout (patronne de l'église dans laquelle la fondation était faite).

Suivant un ancien tarif de Vienne, cité par Duby, la *demi-livre* était pour le bas-chœur, et la *palette* est évaluée à un demi-liard. La *demi-livre* des prêtres est un *chapelain*, et il en avait huit pour faire *cinq liards*. La *livre entière* était une *tête ;* les quatre faisaient *5 liards ;* la *demi-livre* pour les chanoines chevaliers, quartiniers et coadjuteurs était un *chanoine à pied*, dont les huit font *sept liards.* La livre entière, pour les mêmes, était un *chanoine à cheval*, dont les quatre marcs font *sept liards.*

Dans un autre *règlement pour les boursiers*, on voit que : un *sou d'église* vaut 9 deniers ; *6 deniers d'église* font *3 petites palettes ; cinq sous d'église* valent trois sous 9 deniers tournois ; trois *sous d'église* font neuf liards ; un *florin d'église* vaut dix-huit sous.

Villon, dans ses vers, parle des méreaux comme d'une menue monnaie. C'est qu'en effet certains eurent cours dans les transactions, par exemple les méreaux du chapitre de Saint-Jean de Perpignan, ainsi que ceux de Termonde, de Maubeuge et du Puy.

A Saint-Omer, on donnait des méreaux aux ouvriers et étrangers pour recevoir de la boisson dans les cabarets affectés à cela par le chapitre. Ces pièces avaient remplacé les méreaux frappés par le chapitre au xvᵉ siècle, sous le nom de *meralli foraneorum*.

Cependant, en général, quoique beaucoup de méreaux d'église portent le mot *moneta*, ils n'avaient de valeur qu'au chapitre ; leur falsification ou changement de destination était puni avec la plus grande sévérité.

En 1557, les généraux de la Cour des monnaies, Aimery et de Riberolles, passant à Tours, défendirent aux chanoines de laisser cours, dans la cité, à des *jetons de plomb* distribués pour le paiement des prêtres et choristes, sous peine d'être poursuivis comme faux monnayeurs.

A Autun, on procéda de même et on saisit les piles et les trousseaux.

Nous avons multiplié les exemples pour mieux montrer ce qu'est le méreau : c'est un morceau de métal auquel on attache une valeur représentative. Un fait achève de lui donner ce caractère : c'est la valeur monétaire donnée abusivement à certains méreaux.

Ainsi, la différence est nettement tranchée entre le méreau et le jeton tel qu'il a été compris à l'origine. Plus tard, on a créé l'appellation de *jeton de présence*, qui ne paraît pas avoir une valeur très différente du terme *méreau*. Qu'on lise le passage que nous consacrons aux jetons de présence des doyens de la Faculté de médecine, et qu'on le compare à ce que nous venons de dire sur le méreau : on reconnaîtra que l'emploi du signe est analogue (cf. p. 429).

Aujourd'hui encore, dans les sociétés financières et autres, les administrateurs assistant aux séances du conseil reçoivent des jetons de présence qui leur sont ensuite remboursés pour une somme variable. C'est exactement le système du méreau.

Par conséquent, il faut faire deux divisions nettement tranchées : d'une part, les *jetons* ; de l'autre, les *méreaux* et *jetons de présence*.

En pratique, la division est moins facile à observer, car, à partir du xvᵖ siècle, la forme adoptée pour les deux classes de monuments est la même.

Pour établir la classification logique et réelle, il faudrait connaître l'histoire de chaque pièce, et on ne la connaît que pour quelques-unes seulement. Ainsi, la pièce du président Perrault, avec le nom du prince de Condé, n'est pas autre chose qu'un méreau d'obit, quoiqu'il ait l'apparence d'un jeton ordinaire (*Mercure galant*, avril 1681 ; v. notre atlas, nº 640).

Nous sommes persuadé que parmi les pièces classées comme jetons, il y en a beaucoup qui le seraient plus logiquement comme méreaux. Mais ce travail ne pourra être fait que progressivement. En attendant, nous avons groupé, dans un petit catalogue, un certain nombre de méreaux ecclésiastiques. Nous y avons joint plusieurs pièces des églises de Paris, classées ordinairement parmi les jetons, et que nous considérons comme des jetons de présence ou méreaux.

LÉGENDES DE JETONS DU MOYEN AGE

Amours a vous jou sui. — Amés Dieu et loés le. — Aultre n'arai. — Au geter saurai — se le conte est vrai. —Ave Maria gracia plena.— Ave Mari Stella dei Mater.— Autem, trasiens. — Au mieulx contes.

Barat, tu seras baraté (trompeur, tu seras trompé). — Beneoit soit qui me donna. — Beneoit soit qui me tenra (tiendra). — Bien ait qui me porte. — Bien ait qui me tient. — Bien ait qui m'a nobris (nombré). — Bete sui noumée cauvagen.

Cest la malle beste (*Mélanges Numism.*, I, 473). — Che sont les gtons de la Kabr. — Comptes justement. — Comptés loiaument. — Contes seurement. — Corone suis d'or varmel (c.-à-d. d'or faux). — Corone sui merau de laton. — Croix de par Deix sui nommé.

Dieu men doint ; tres bon compte. — De laton sui a. — Diex vous gart, rois beaussire. — Dives avarus nulius est casus. — Dieu nous doint pais.

En triumphant —Ecce Agnus Dei qui tollit peccata mundi.

Gardés de faillir pour Deix ! — Gettés, entendés au

compte — et guardés-vous de mescompte. — Gettes bien vo comptes. — Gettes bien, paies bien.

Honores mutant mores.

Icy comptés et gectés bien, car la fin fera vostre compte. — Ihs, son gré soit fait ci.

Jamais plus. — Je l'ai emprins. J'endure tout pour vous cedii. — Jetons de laton — faus sui comme limon. — Je me recoumande à Dieu. — Je ne suis pas vrai agneil d'or. — Je ne sui pas de fin d'or. — Je ne sui pas d'argent. — Je suis de laton bel *ou* bon. — Je suis faus et (de) mauvès(e) na(ture). — Je suis de laton mériau à conte. — Je ne seré hui dounés, més demain.—Joie sans fin.—Juste Deus judex. — Jettes seurement jettes. — Jet li bien me gardera.—Jetes encore uns lot—Je suis du roi de Angletere. — Jetes bin a pot.

Karolus Dei gra Francora rex.

La fin couronne — le temps se passe. — Le noble et fier pois(son) ou dal(phin). — Le grase de sen don estaint — Ki son don donne et puis le plaint. — Loenge à Dieu avant tout euvre. — Le Soudan de Babilone (*R. N.*, 1847, 308 ; *Bulletin de Numism.*, 1883, Rouyer).

Melior est sapiensia. — Merci de numeroier. — Mémore de boire. — Merci de mi mercier. — Monjoie Saint-Denis. — Monjoie sans blame, vive Bourgogne. — Misit Dns manum suam. — Monsegnur le roi Karle.

O dives, fac bene don vivis. — Oi, voi, tés, se tu veus vivre an pés. — On ne doit mie trop doloir ce de coi on fait sen voloir. — O mater Dei memento mei ave.

Par amours sui dounés — bien doi estre gardés. — Pater noster qui es in celis.

Qui trop en soi cuidiensche, deceus en est à la fie.

Qui dautrui deul a lie courage, souvent est près de son doumage (*R. N.*, 1889, 417).

Rira, Rira, rira, ra, ra, ra.

Sarasin sui vraie (*Bull. de Numism.*, 1883, Rouyer). — Salve sancta facies. — Salvator seculi or'. — Sancta Dei genitrix re. — Sans mal penser — Sans nul mal penser.— Sarazin sui vraie. — Le bien avient. — Se ceans esbattre vous voles — docement vous i maintenés. — Soies cotent dou. — Spe.viam.Dei vivi miser. — Surement gecte, mon anfant.

Toudis en bien — Toudis douse tarte mouse.

Virgo mater, ecclesie eterne porta. — Vive le roi Kl ou Fip. — Vive le Roi. — Vive le Roi et ses amis. — Vive le Roi et le Dofin. — Vive le Roi, vive Bourgongne. — Vive le gentil duc de Bourgogne. — Vive amant, vive amours. — Vive les lés, joie aux amans. — Vive blan pain. — Vive le roi Henr. Angl., amen, amen. — Volgue la galler de France.

Plus tard, les légendes sont souvent des devises latines, tirées en grand nombre de Virgile et des autres auteurs latins, ou composées de manière à être en rapport avec les événements. Le Mercure de France donne l'explication d'un grand nombre de ces légendes, souvent très obscures pour ceux qui ignorent le sens allégorique de la phrase rapportée à des événements contemporains.

ROIS, REINES, PRINCES ET PRINCESSES

Rois. — Depuis Henri II, on trouve des jetons royaux qui ne paraissent pas appartenir à des administrations spéciales.

Reines. — On possède des jetons de : Blanche de Castille, Marie de Brabant, Jeanne de Navarre, Clémence de Hongrie, Jeanne, comtesse de Bourgogne, Jeanne d'Evreux, Jeanne de Bourgogne (f. de Phil. VI), Blanche de Navarre, Jeanne d'Auvergne, *Ysabel de Baviere*, Marie d'Anjou, Anne de Bretagne (presque toutes les attributions précédentes reposent sur des armoiries). Catherine de Médicis, Marie Stuart, Louise de Lorraine, Marguerite de Valois, Marie de Médicis, Anne d'Autriche, Marie-Thérèse, Marie Leczinska, Marie-Antoinette.

Princes, etc. — Parmi les personnages de la famille royale, il faut citer : François d'Alençon, Gaston, Mademoiselle, Philippe, Anne-Marie de Bavière, Marie-Adelaïde, Philippe régent, Marie-Thérèse, Maria-Josepha de Saxe, ducs d'Anjou, comtes de Provence, d'Artois, etc.

MAISON DU ROI

Les *anciens offices* de l'hôtel du roi sont les suivants : Panneterie, Echansonnerie, Cuisine, Fruiterie, Ecurie, Fourrière. On trouve, en effet, dans les *Comptes de l'Hôtel des rois de France* (Douët d'Arcq, 1865) des paiements de *gestouers, gictouers*, faits à des clercs de panneterie, d'eschansonnerie, de cuisine, de fruicterie, d'escuirie, de fourrière, etc., en 1380, 1383, 1401 et 1450.

On peut attribuer à la Cuisine et à l'Ecurie des jetons portant divers animaux.

Une pièce avec *le sui de la Fourr.*, indique l'office de la Fourrière.

Chambre aux deniers. — Office datant de Philippe le Bel, destiné à payer les dépenses de l'hôtel et dirigé par un *maître* auquel on adjoignit ensuite un *contrôleur.*

Getoirs de la Canbre, ℟. *A deniers le roi l'hi*, etc. — Au XVIᵉ siècle, on trouve l'écusson de France, puis celui de Navarre, remplacés en 1664 par l'effigie royale. On possède des jetons de plusieurs maîtres de la chambre aux deniers, parmi lesquels ceux de Pierre de Berne et Pierre de Rochefort (cf. p. 404).

Grands officiers. — Le *grand aumônier ;* le *grand maître de l'hôtel* ayant sous ses ordres les *maîtres d'hôtel*, le *grand chambellan* qui dirigeait les * comédiens du roi* (Comédie française et * Comédie italienne). Sous les ordres du *grand chambellan*, étaient les *chambellans ordinaires*, les *premiers gentilshommes de la chambre du roi*, les *premiers valets de chambre*, les *pages de la chambre*, les Huissiers *de la chambre*, les * Peintres du roi*, les *Médecins*, les * *24 violons de la chambre*, les * Paumiers.*

— Le * *grand écuyer* ayant les * *écuyers* sous ses ordres.

—Le * *grand veneur* commandant au * *grand louvetier.* Il y a aussi des jetons pour le *bailliage et la capitaine-*

rie des chasses (**en la Varenne du Louvre**), créés au XVIIe siècle ; la *chasse royales* (sic) 1671.

— Le *grand maître des cérémonies* ayant sous lui le * *Maître des cérémonies.*

— * *Bâtiments du roi.* — Le * *surintendant* ou *directeur-général des bâtiments de la couronne*, remplissait les fonctions d'un ministre des Beaux-Arts. Le plus ancien jeton des bâtiments porte : *Ie sui des œuvres*, écu ; ℞. *Du pales le roy*, façade du Palais (P. de Justice). Sous Louis XIII, on voit paraître des jetons des Bâtiments qui deviennent annuels depuis 1662. Dans cette catégorie, il faut classer les p. avec : *Orangerie de Versailles*, 1687 ; *Trianon*, 1689 ; *Sacellum Meud*(on) 1703. Il y eut aussi un * *trésorier général des bâtiments.*

— * *Argenterie.* — Cet office, avec les * *menus plaisirs et affaires de la chambre* et la *garde-robe*, était dirigé par les premiers gentilshommes de la chambre. Il y avait un secrétaire particulier dit * *secrétaire de la chambre.*

Les *Comptes de l'argenterie des rois de France* (Douët d'Arcq, 1874, p. 266), font mention de *gecloirs* de cette administration en 1387.

Garde-meuble. — Conservation du mobilier.

Maison militaire.—Ce service était composé de *gardes-françaises*, *suisses*, *gardes de la porte*, *gardes du corps* et *gendarmes*. On a des jetons de quelques officiers de ces différents corps.

Prévôté de l'hôtel. — Le *grand prévôt* chargé de la police.

* *Trésorerie générale de la maison du roi*, qui fournit plusieurs jetons sous Louis XVI (cf. F. Mazerolle, *Jetons de la maison du roi*, Ann. Soc. Num., 1888, 350).

MAISONS DIVERSES

Dès le règne de Philippe V, l'hôtel de la reine était assimilé à celui du roi, et une ordonnance de 1411 parle des officiers de la reine dans les mêmes termes que de ceux du roi. Il est probable que les jetons portant le nom ou les armoiries des reines de France ont été frappés pour le service de leur hôtel. De nombreux jetons de Marie Leczinska' portent *Maison de la reine*; on en a de Marie-Antoinette. En 1663, il y eut un jeton de la *Trésorerie de la reine*.

Le dauphin, la dauphine, les enfants et filles de France avaient une maison analogue. On a ainsi des jetons de la *Maison de Madame la dauphine*, de *Monsieur*, de *Mons*er *le comte d'Artois*, etc.

CHANCELLERIE

La *Grande chancellerie*, qui accompagnait toujours le roi, expédiait les lettres après les avoir revêtues du grand sceau. Le chancelier ou garde des sceaux pouvait être remplacé par un maître des requêtes à la *Petite chancellerie* qui était établie près du parlement de Paris. Les *Secrétaires du roi* étaient des officiers de la *Grande chancellerie*, dont le nombre a varié.

On connaît des jetons des secrétaires du roi depuis le XVIe siècle ; ceux de Louis XV portent une ruche d'abeilles. La Chancellerie offre aussi une série de jetons sur lesquels paraît souvent la boîte des sceaux. Jetons de divers chanceliers et gardes de sceaux. Louis Phelypeaux, comte de Saint Florentin, s'intitule *chancelier de la reine*, en 1768.

CONSEILS

Le *Grand conseil* ou *Conseil du roi* était composé de seigneurs, évêques et magistrats, que le roi consultait sur diverses questions de politique, d'administration, de justice et de finance. En 1497, le chancelier Guy de Rochefort institua un tribunal permanent, chargé des affaires judiciaires, qui garda le nom de *Grand conseil* et le *Conseil du roi* devint le conseil d'Etat Les jetons avec *Magno consilio* appartiennent au grand conseil et ceux avec *Nil nisi consilio* au conseil du roi. On a des jet. des *Huissiers* ordres *du Roy en son Grand Conseil*, 1651 ; des *Avocats au Conseil ;* des *Conseillers du roi*, 1720 ; des *Substituts au Conseil*, 1755.

PARLEMENT

Le Parlement était chargé de rendre la justice et d'enregistrer les lois.

On a des jetons des *Procureurs de la cour*, de divers conseillers et présidents.

Maîtres des Requêtes. — Ces fonctionnaires, sous Louis XIV, siégeaient alternativement pendant trois mois au conseil du roi comme rapporteurs ; ils rendaient alternativement la justice pendant trois mois au tribunal appelé les *Requêtes de l'hôtel*, où ils connaissaient en première instance des causes des princes, officiers de la couronne, commensaux de la maison du roi, des procédures relatives aux sceaux et des privilèges des libraires et auteurs. On a des jetons particuliers de divers maîtres des requêtes et ceux des *Maîtres des requestes de l'hôtel du roy, quartier d'octobre 1657* ou *juillet 1701*, des *Conseillers et maîtres des requêtes*.

TRÉSOR ROYAL, FINANCES

Sous Charles VII, les trésoriers de France constituaient *la Chambre du trésor*. En 1523, François Ier établit un trésor central nommé *Epargne*, et le *Trésorier de l'épargne* fut le véritable trésorier de France. Son administration était surveillée par deux *contrôleurs généraux*.

On a des jetons de la *Camera Thesauri* de 1555, du *Trésor royal*, sous Louis XIV et L. XV. Sous Louis XVI on trouve la *Trésorerie générale des dépenses diverses* qui appartient probablement à la maison du roi.

On peut classer au trésor royal des jetons se rapportant à divers impôts :

La Foraine de Dijon, 1552 ; *Pour les officies du roy de la foraine en Bourg. et adjac.*

Les cinq grosses fermes de France (créées par Colbert pour la facilité du commerce intérieur et composées des provinces suivantes : Ile-de-France, Normandie, Picardie, Champagne, Bourgogne, Bresse et Bugey, Bourbonnais, Poitou, Aunis, Anjou, Maine et Touraine).

Fermes du roy unies.— *Trésorerie générale des fermes*, s. Louis XIII. — *Fermes des aides*, 1639. — *Revenus casuels*, L. XIV. — *Gabelles.* — *Adventitiorum fructuum calculi*, 1684. — *Parties casuelles* (deniers provenant des offices qui se vendaient ; trésorier spécial), jet. de Louis XIII et L. XIV.

Droits aliénés.— *Aliénations du domaine*, 1676, 1678. — *Domaine du roy*, 1675. — *Chambre souveraine des francs-fiefs*, 1657 (Droit payé par le roturier qui acquérait un fief). — *Chambre d. francs-fiefs n. acquets et Am^ts.* — *Deniers revenans bons*, 1658,

Jetons de divers contrôleurs généraux et secrétaires d'Etat aux finances.

CHAMBRE DES COMPTES

La Ch. des C. chargée de surveiller la gestion de tous les financiers du royaume, date du XIV⁰ siècle. Les *maitres*, laïques et ecclésiastiques prononçaient les jugements ; les *correcteurs* revisaient les comptes ; les *clercs* (*auditeurs* depuis 1551) étaient chargés des rapports.

Gitoers de la Cambre ꝛ Des Comptes le Roy. Ce sont les getoers de la camb ꝛ des contes du roi nostre s.

Sous Louis XII : *Charles de Oanlers maistre des contes.*

Sous François Ier : *Correcte(ur) de la Chambre des compt. Camera computorum Regiorum.*

Sous Henri II : mêmes légendes ; π et croissants.

Sous François II : *Pro gentibus computorum.*

Sous Charles IX paraît la légende *Subducendis Rationibus* que l'on trouve également sur presque tous les jetons de Henri III et Henri IV.

Les *Procureurs des comptes* ont des jetons. pour 1706, 1708 et 1764.

Les clercs des procureurs de la, Chambre des comptes de Paris formaient une association sous le nom de *haut et souverain empire de Galilée*, en opposition au *royaume de la Basoche* créé par les clercs des procureurs du parlement. On a un jeton du XVIIIe siècle des *chevaliers de l'empire de Galilée*.

Au XVIe siècle, on créa des *Chambres des comptes* dans les provinces, cours souveraines chargées de juger les comptes des officiers comptables. Chaque année, elles envoyaient à Paris les doubles des comptes de leurs provinces pour la vérification.

On a des jetons des Chambres des comptes de Normandie, de Bretagne, de Bourgogne.

COUR ET HOTEL DES MONNAIES

La C. des m. jugeait tous les procès relatifs aux m. Sur les plus anciens jetons on lit : *Ce sont les getoers de la cam.* ℞ *Au moestres des monnaies.* Depuis Henri II jusqu'à Louis XIV, des jetons portent *Curia monetarum Franciae*. On a des jetons d'André Hac, greffier, et de divers conseillers ; des j. frappés pour la communauté de ces derniers portent *Ex.S.C. XV. vir.mon.Fr*. On attribue aux ouvriers des m. des j. avec deux mains sortant d'une tige de lis et répandent des p. de monnaie.

On a des jetons des ouvriers et monnayers de la monnaie de Paris, comme ceux de Jean Vambourg, 1652, Jean Grancerf, 1643, etc. (R. N., 1846, pl. XVIII). Sous Louis XV, jet. avec *Monnoye*, 1723.

ADMINISTRATION MILITAIRE

Les jetons de cette catégorie appartiennent aux services suivants :

Ordinaire des guerres, depuis Louis XIV. (Paparel, trésorier, 1681). *Ext^re des guerres et cavalerye legere*. Louis XIII et L. XIV.

Extraordinaire dee guerres (fonds provenant d'impôt spéciaux), depuis Louis XIV.

Ligues de Suisses et Grisons, armoiries (Le colonel général des Suisses et Grisons, créé en 1571, avait sous ses ordres tous les Suisses au service de la France, à l'exception de la compagnie des Cent Suisses de la Garde).

Artillerie, depuis Louis XIV ; les *Grands-Maîtres*, depuis Henri III ; *Ecole d'Artillerie*, 1729.

Marine, les *Amiraux* depuis Henri III.

Galères, depuis Louis XIV ; les *généraux des Galères*, sous L. XIV et L. XV.

Les maréchaux de France, depuis le XVIᵉ siècle.

Connétablie Marechaussee de France, sous L. XIV (juridiction des contestations et délits militaires).

Mareschal de bataille (sous les ordres du général en chef, de 1614 à 1672) *Estienne du Verdier*, 1651.

On a frappé un jeton sous Louis XIV pour le *Controolle general des guerres*.

ADMINISTRATIONS DIVERSES

Eaux et Forêts de Fr. siège g. de la t. de marb. de Paris, 1713 (les trois juridictions de la table de marbre du palais de justice étaient celles des Eaux et Forêts, de l'Amirauté et de la Connétablie).

Les *Ponts et Chaussées*, sous L. XIV.

Les Colonies Françaises : *col. franc. de l'Am.*, sous Louis XV (G. M. Parsons, *The colonial jetons of Louis XV*, *American Journal of Numismatics*, 1884.)

Les ordres du Saint-Esprit (créé en 1578) et de Saint Louis (1693) ; l'ordre des *Chevaliers de Saint-Lazare* réunis à ceux du *Mont-Carmel* (en 1608), dont on a divers jetons.

LA PRÉVÔTÉ DE PARIS

La Prévôté de Paris, qui avait son siège au Châtelet, connaissait des procès relatifs aux dots, servitudes, inventaires, appositions de scellés, contestations entre notaires, procureurs, etc. Le présidial jugeait en appel. La juridic-

tion du Châtelet se composait au xviii⁰ siècle d'un lieutenant civil, d'un lieutenant général de police, d'un lieutenant criminel, d'un lieutenant de robe courte, de deux
lieutenants particuliers, de plusieurs conseillers et d'un
juge appelé auditeur. On possède de nombreux jetons de
la prévôté :

La police du Chastellet de Paris, 1604. — Moreau, lieutenant civil, 1634 ; Isaac Lafemas, 1655. La communauté
des Procureurs, les Procureurs, 1604, 1710, 1718, 1738,
1756, 1766. — Léon Potier, duc de Gesvres, prévôt de
Paris, 1687. — Jérôme d'Argouges, prévôt, 1718. — Lieutenants de police ; Posuel de Vernaux, René Voyer d'Ar-
genson, 1713 ; Ch. de Machaut, 1719 ; Ravot Dombreval,
1725 : Jean-Louis Durand, 1765. Commissaires du Châtelet : Daminois, 1747 ; Girard, 1772 ; Mouricault, 1779 ;
Gallyot, 1722 ; Chenon, 1789 ; — *Huissiers à cheval au
Chᵗᵉᵗ*, 1761 ; *Les chevaliers servans à cheval au Chastellet de Paris*, 1635 ; *Compᶜ de M. le lieutᵗ criminˡ de robe
courte*, 1724 ; *Greffiers du Châtelet* ℞ main tenant une
plume ; etc.

C'est sans grande certitude que l'on classe quelquefois
aux exempts de police les jetons suivants : Louis XIII,
℞ *Serviat vigilantia regna*, couronne entourée d'yeux et
d'oreilles. — Louis XIV. ℞ *Adsertori securitatis publicae*
dans une couronne.

HÔTEL DE VILLE

On a des jetons pour l'hôtel sous L. XIV et de divers
quarteniers (qui s'occupaient des élections municipales).

François Iᵉʳ établit en 1522, les rentes sur l'hôtel de
ville. C'est à cette institution que se rapportent les jetons
suivants :

Payeurs des rentes, 1692, 1709, 1717 ; *Controlleurs des
rentes*, 1658 à 1711 ; *Sindics généraux des rentes de
l'hôtel de ville de Paris*, 1706, 1707.

PRÉVÔTS DES MARCHANDS

À Paris et à Lyon, le chef de l'administration municipale était le *prévôt des marchands*. Ce personnage était nommé *maire* dans la plupart des villes. Le prévôt, assisté de quatre échevins, s'occupait de la police municipale (navigation, monuments, prix des denrées, impôt de la capitation, etc.) et jouait un rôle important dans les cérémonies publiques. Le dernier prévôt fut M. de Flesselles, et Bailly qui le remplaça prit le nom de *maire* (D'Affry de la Monnoye, *les Jetons de l'Echevinage parisien*, 1878).

M. L. d. Nully, 1585.

N. Hector, 1586 à 1588.

Mart. Langlois, 1595, 1598.

Me. d. Bragelongne, 1603.

Fr. Miron, 1606.

Jacques Sanguin, 1607 à 1612.

Gaston de Grieu, 1613, 1614.

R. Miron, 1615, 1616.

Anthoine Bouchet, 1617, 1618.

H. de Mesmes, 1619 à 1622.

N. de Bailleul, 1623 à 1628.

Christophe Sanguin, 1629 à 1632.

M. Moreau, 1633 à 1637.

Oudart le Féron, 1638 à 1641.

Marc le Boulanger, 1642 à 1644.

Jehan Scaron, 1645, 1646.

Hierosme le Féron, 1647 à 1649.

Ant. le Febvre, 1651 à 1654.

Alexandre de Sève, 1655 à 1662.

Voysin, 1663 à 1668.

Le Péletier, 1669 à 1676.

Aug. Rob. de Pomereu, 1677 à 1684.

Le Pt de Fourcy, 1685 à 1692.

Claude Bosc, 1693 à 1700.

Ch. Boucher d'Orsai, 1701 à 1707.

Jérôme Bignon, 1709.

Charles Trudaine, 1716 à 1718.

P. A. de Castagnère, 1721.

Nicolas Lambert.

Mich. Est. Turgot, 1730 à 1740.

Fel. Aubery, 1740, 1742.

Louis Bazile de Bernage, 1743 à 1754.

Elie Camus de Pontcarré, 1758 à 1763.

Arm. Jer. Bignon, 1766 à 1771.

J. B. Fr. de la Michodière, 1773 à 1777.

Ant. le Febvre de Caumartin, 1778 à 1782.

L. Le Péletier, 1784 à 1788.

ECHEVINS

Les échevins, dont l'institution est d'origine germanique, étaient à Paris au nombre de quatre. La charge durait deux ans, mais on élisait deux échevins chaque année de manière qu'il y en eût toujours deux anciens et deux nouveaux. Les appels de leurs jugements étaient portés au parlement.

J. Le Conte, 1580.

Jeh. de Loynes.

Hector Gedoyn.

P. le Goix.

J. Le Breton, 1587.

L. de Saintyon, 1586, 1588.

P. Lugolly, 1586.

N. Roland, s.d. et 1588.

Ch. Boucher.

J. Le Conte, 1595.

C. de Choilly, 1603.

N. Poussepin, 1613.

Lo. Damours, 1620.

G. Lamy, 1621.

Pierre Goujon, 1622, 1623.

Jeh. Le Prestre, 1621.

Cl. Galland, 1640.

Seb. Cramoisy, 1643.

Hᵉ Claude de Bourges, 1645.

Jean Gaigny, 1646 à 1648.

Michel Guillois, 1652.

N. Phelippes, 1652.

A. le Vieux, 1654.

Julien Gervais, 1655.

Vincent Héron, 1656.

Julien Gervais, 1656.

Claude de Santeul, 1656.

V. Héron et C. Santeul.

Jean Rousseau, 1656.

J. Rousseau et C. Santeul.

Claude Santeul, 1657.

Ant. de la Porte, 1657.

Jean de Faverolles, 1657, 1659.

Jean le Vieux, 1660.

Claude Prevost, 1661, 1666.

P. de la Mouche, 1662.

Hélissant, 1661, 1665.

De Mouhers, 1663.

Jean Gaigny, 1664.

Laurens de Faverolles, 1666.

De Laballe, 1665 et s. d.

François le Fouyn, 1667.

N. Picques, 1670.

Henry de Santeul, 1671.

Philippe Levesque.

Michel Gamare, 1682, 1683.

Estienne Perichon, 1708.

RECEVEURS DES PAUVRES

Le *Grand Bureau* des Pauvres, créé en 1544, pour donner des secours aux indigents, avait un receveur choisi parmi les bourgeois les plus riches ; il prêtait serment devant le parlement. La charge, d'abord annuelle, fut ensuite gardée pendant 2 ans. Les hôpitaux de la Trinité et des petites maisons dépendaient de l'administration du Grand Bureau.

Jehan de Bray, 1559.
Sans nom avec CHARITAS.
  PARISI, 1584.
S. nom (Le Vieulx), 1624.
Ph. de Chailliou, 1624.
P. Parfait, 1624.
P. de la Court, s. d.
J. Garnier, s. d
J. de Bourges, s. d.
J. de Faverolles, s. d.
G. Perichon, s. d.
C. Maillet, s d.
J. Chuppin, s. d.
C. Simonet, 1642.

P. Héliot, 1644.
R. Lescot, 1647, 1648.
D. Beguin, 1654.
J. Bachelier, s. d. et 1655.
Christophe Maillet, 1655.
N. de Faverolles, s. d.
L. Pocquelin, s. d.
E. de Faverolles, s. d.
Louis Bellavoine, 1662.
J. Levieulx, 1664.
R. Ballard, 1664.
G. Gellain. 1666.
B. Chauvin, 1668.
Ac. de Harlay, 1672.

LES MARCHANDS

Les fruitiers de Paris désignaient les lots de marchandises qu'ils achetaient aux halles au moyen de marques arbitraires qui étaient souvent employées par des personnes différentes. Une ordonnance de police du 11 avril 1698 ordonna que les maîtres fruitiers mettraient sur leurs paniers une marque de cuivre portant les deux premières lettres de leur nom. Une note du 9 mars 1703 prévint les acheteurs de se munir, pour le lotissement, de pièces de cuivre de la largeur d'une pièce de 18 sous, un peu plus épaisse, avec le nom du maître et l'année (Delamare, *Traité de la Po-*

lice, 1722, II, 289). On connaît des jetons qui satisfont à ces dispositions ; ils sont tantôt frappés, tantôt gravés au burin, tantôt marquées au moyen de poinçons (D'Affry de la monnoye, *Introduction à l'étude des jetons*, XV).

Plusieurs de ces jetons gravés au burin portent un lis et au ℞ des dates et noms divers ; d'autres ont d'un côté, la tête du roi. Il y a aussi des jetons appartenant à des marchands autres que ceux de denrées alimentaires, et c'est probablement la majorité. Voici quelques-uns des plus intéressants :

A la Teste noir, couronnée, Tête, 1707. ℞ ✳ *Gadeau marchand rue St-Honoré*, Chiffre (*Rev. belge*, 1872, 206). — *Dufour salle neuve du Palais. A la couronne*, couronne, 1720. ℞ chiffre. — *Au Magazin-royal rue St Martain*, miroir. ℞ *Pierre Bizet, marchand miroitier*, 1708. — *Theveneau Laine A la bonne Foy*, 1720, Bonne foi ℞ Ecu armorié. — *M. Linard* m^d *miroitier, au miroir Dauphin*, miroir. ℞ Arbre, 1710. — *Courteau au deux Anges*, 1709, Deux anges. ℞ Chiffre. Des jetons des corporations des Traiteurs-pâtissiers et des vitriers-peintres sur verre portent assez souvent au ℞ des noms gravés en creux (cf. Preux, *Ann. Soc. fr. Num.*, 1867, 259). Un petit jeton avec la tête de L. XIII et au ℞ un porc et *Pour la conduite des porcs, 1636*, appartient peut-être au service des halles.

CORPORATIONS DE PARIS

En 1691, les six corps des marchands comprenaient : 1º les drapiers ; 2º les apothicaires, épiciers ; 3º les merciers, joailliers ; 4º les pelletiers, fourreurs ; 5º les orfèvres ; 6º les bonnetiers (Pour plus de détails, v. Hurtaut et Magny, *Dictionn. de Paris ;* Chéruel, *Dict. des Institutions*, etc. ; *Magasin pittoresque*, 1859 et 1860, nombreux jetons décrits et gravés).

Agents de change et banque à Paris, sous Louis XIV, L. XV, L. XVI, Bonaparte, Charles X, L.-Philippe et Napoléon III.

Ajusteurs. — *De la Monnoye de Paris*, 1767.

Apothicaires-Epiciers. — M^{ds} —, 1710.

Apothicaires. — Jetons avec les bustes de Louis XIV, L. XV, L. XVI.

Arbalétriers ? — *Pour de deux arcs viser au lieu.* Faisceau de flèches. Chiffre de Henri II.

Arquebusiers. — *Jetton des chevaliers de l'Arquebuze de Paris*, 1795.

Assurances. — *Chambre, Compagnies*, etc., depuis Louis XIV.

Avocats. — *..aux conseils du roi*, 1660, 1762, et sous Louis XVIII ; *..au parlement*, 1771.

Avoués. — Depuis Napoléon Ier.

Banques. — *Caisse d'escompte établie en* 1776 ; caisses de commerce.

Barbiers. — *Communauté des barbiers-perruquiers de Paris*, 1719.

Bâtiments. — *Experts et greffiers des bâtiments*, 1690 ; *experts des B.* R̃ Louis XV (Etaient chargés de faire les rapports, visites, prisées, etc. On comptait 30 architectes experts bourgeois et 30 experts entrepreneurs).

Bibliophiles. — Depuis 1820.

Bois. — *Commiss. contrôl. des bois à bâtir*, 1732. Jetons de Jean Rouvet et J. Sallonier, inventeurs des flottages en 1549 et 1550 ; *approvisionnements de Paris*, 1818, etc.

Bouchers. — Depuis Napoléon.

Boulangers. — *Communauté des maîtres-b. de la ville de Paris*, depuis Louis XV.

Bonnetiers. — *Les* m^{ds} —, 1746, 1758.

Bourreliers. — *Communauté des Maîtres-bourreliers*, 1403. sous Louis XV.

Brodeurs. — *Marchands b. chasubliers*, 1704.

Brasseurs. — Communauté, chambre syndicale, etc.

Carriers. — *Chambre des marchands —*, 1840.

Charbonniers. — *Officiers porteurs de charbon* 1732, 1760 ; chambre syndicale, etc.

Charcutiers. — Sous Louis XVIII.

Charpentiers. — *Art de la charpenterie*, 1773 ; etc.

Charrons. — *Communauté des maîtres* — 1755, 1787.

Chasubliers. — V. Brodeurs.

Chirurgiens. — Depuis Louis XIV.

Commissaires-Priseurs. — *Huissiers* —, Louis XV.
Commissaire-expert du gouvernement, 1831.

Contrôleurs. — *Controlleurs des rentes*, 1707.

Cordonniers. — Agnel ℞ soulier. xvᵉ siècle.

— *François Naze*, soulier ℞ 1787, 25 s(ous).

— *Communauté des* mᵈˢ *cordonniers de Paris*, sous Louis XVI. — Manufacture des Invalides.

Corroyeurs. — Mᵗˢ *corroyeurs porteurs de la châsse de Saint Merry*, sous Louis XV et L. XVI. — *Soc. des ouvriers-corroyeurs*, 1848.

Courtiers. — De commerce et de la Bourse.

Crieurs. — *Officiers-jurés-crieurs.* Louis XV et XVI.

Distillateurs. — *Communauté des d..* Mᵈˢ *d'eau-de-vie.* Sous Louis XV et L. XVI.

Doreurs. — Sᵗᵉ Cristofle, etc.

Drapiers. — *Manufacture Paignon*, 1644; *Les marchands drapiers, 1ᵉʳ des six corps*; autres de 1698. 1699, 1706, Louis XV et L. XVI, etc.

Ebénistes. — *Communauté des maistres menuisiers et ébénistes.*

Epiciers, v. apothicaires.

Fabricants. — ..*d'étoffes d'or, argent et soye d'établissement royal à Paris*, Louis XV.

Fayenciers. — Mᵈˢ Verriers Fayanciers, Emailleurs, Patenotriers, 1767.

Ferblantiers. — *Talliandiers, Ferblantiers*, 1746.

Fleuristes. — *Communauté des* mᵈᵉˢ *de modes, Plumasières, Fleuristes, créée en* 1776, 1777.

Fourbisseurs. — Communauté des — sous Louis XIV, L. XV et L. XVI.

Gantiers Parfumeurs. — S. Louis XIV.

Graveurs. — *L'Art de gravure ciselure*, 1757.

Graveurs. — *Commun*ᵗᵉ *de l'Art de gravure.* Ecu surmonté d'un soleil; dessous C. Mavelot. f. ℞ *Arte atque metallo, communauté des graveurs à Paris pour les* *sceaux et cachets, médailles et jettons, experts pour les vérifications et ruptures des scellez,* 1718, en 12 lignes.

Horlogers. — *Horlogers de Paris* sous Louis XV et Louis XVI.

Huissiers. — Chambre, communauté, etc.

Imprimeurs. — *Bibliopolae et typographi Paris*[s]. 1723. etc.

Juges-consuls. — *Les juges et consuls des marchands à Paris,* 1697 ; jusqu'à Louis XVI.

Lingères. — *Communauté des marchandes l.* 1713, 1719.

Maçons. — *Art de la maçonnerie,* sous Louis XV et L. XVI ; *entrepreneurs de la maçonnerie,* etc.

Marchands. — *Les six corps des M.* depuis Louis XIV. On considère généralement comme un jeton des six corps des marchands la pièce suivante : *Stat mutuis viribus,* 1608. Sept figures soutenant un globe. ℞ *Societatis bene unitae,* 1608 L'inventaire des poinçons de 1697, considère ce jeton comme frappé à Paris pour une assemblée du clergé (KK 960, n° 441).

Menuisiers, v. Ebénistes.

Merciers. — Armoiries : 3 vaisseaux ; 1638, 1641, 1643, 1655, 1682 ; *les marchands merciers,* 1704.

Messagers. — *Messageries impériales,* 1809.

Mesureurs de grains. — *Jurez, mesureurs et visiteurs de grains.*

Mesureurs de planches. — 1704.

Modistes. — *Communauté des m*[des] *de modes,* 1776-1777.

Monnayeurs. — *M. de la monnoye de Paris,* 1767 ; ℞ *Ajusteurs,* etc., 1167.

Mouleurs. — *Commiss. mouleurs de bois,* 1711

Musiciens. — *Soc. des Enfants d'Apollon,* 1777.

Notaires. — *Conseillers du roy et notaires,* depuis Louis XIV.

Nourrices. — Maison centrale des N., 1831, etc.

Opticiens. — *Communauté des m*[ds] *miroitiers et opticiens,* 1770.

Orfèvres. — *Aurifices parisienses,* 1700.

Papetiers. — *Controlleurs du papier*, 1730.

Passeurs d'eau. — *Officiers passeurs d'eau*, sous Louis XVI.

Patenotriers. — *Marchands verriers, émailleurs, pate-notriers*, sous Louis XV.

Pâtissiers. — *Maîtres, traiteurs, rotisseurs, pâtissiers*, sous Louis XVI.

Perruquiers, v. barbiers.

Pharmaciens. — *Rouvière*, 1706; *Baron*, 1732; *Marti-nency*, 1748; collège de pharmacie, 1778, 1796, etc.

Planchéeurs. — *Officiers planchéeurs, metteurs à port*, sous Louis XV.

Poissonniers. — *MM. les vendeurs de poissons de mer*, sous Louis XIV.

Porteurs. — *Porteurs de grains,* 1703 ; *port de le colle; mine de bled*, etc.; *aulx porteurs de sel a Paris, VI-1600' communauté de jurez manouards porteurs de sel au grenir a sel de Paris*, 1710.

Privilégiés du roy, suivant la cour, 1779. ℞. Buste de Louis XVI.

Selliers. — *Communauté des maîtres selliers*, 1751, N. M. C. N.

Syndics. — *Privilégiés du roy suivant la cour, sindic generaux*, 1776, 1779.

Tailleurs. — *Marchands maîtres tailleurs.*

Taillandiers, v. ferblantiers.

Tapissiers. — *La communauté des marchands tapis-siers de Paris*, 1776, 1786.

Teinturiers. — *Marchands teinturiers de bon teint.*

Toile. — *Jurés aulneurs et visiteurs de toile;* Louis XV.

Traiteurs, v. *pâtissiers.* — *Communauté des mait. traiteurs*, 1757, 1771, etc.

Typographes, v. imprimeurs.

Vins (marchands de). — *Confrairie des marchands de vin*, 1654, 1662, 1668, 1682, 1691. — *Boutevillain, Prevel, Gueudin et Bardin*, 1689. — Inspecteurs des vins, 1733.

Vins. — *Les gardes marchands de vins.*

Vins. — *Juré rouleur de vin*, ℞, *cha(r)geur de vin*, 1691. — *Commis courtiers de vins*, 1763.

Vins. — *Commerce de vin de la ville de Paris*, 1811, etc.

Il y avait vingt-cinq cabaretiers privilégiés, suivant la cour et donnant à manger ; leur charge valait environ 12,000 livres par an (*État de la France, pour* 1712, t. Ier, p. 659). C'est probablement à leur communauté qu'appartient le jeton de Louis XIV avec *XXV. Meri Regii ganymedes*, ℞. Le Christ et deux pèlerins au milieu des vignes, *Emmaüs (Rev. belge,* 1865, 128).

Vitriers. — *Communauté des maîtres vitriers-peintres sur verre de Paris*, 1715.

Volailles (marchands de). — *Jurez vendeurs cont(rôleurs) de volaille*, 1709, et sous Louis XV.

Il faut citer encore des sociétés plus modernes, en assez grand nombre, par exemple : les architectes, les assurances, les bateaux-omnibus et bateaux-lavoirs, les bijoutiers, les cafés, cercles, concerts, les carriers, chapeliers, chimistes, chocolatiers, les chemins de fer, les dentistes, les porteurs d'eau, les équarrisseurs, les fumistes, les expositions, le personnel des halles, les horticulteurs. instituteurs, lampistes, mécaniciens, quincailliers, raffineurs, receveurs des finances, serruriers, tisserands, les théâtres, etc.

CORPS SCIENTIFIQUES

Académie française. — Depuis Louis XIV.

Académie des inscriptions et belles-lettres. — Depuis Louis XV.

Académie des sciences. — Depuis Louis XV.

Académie royale de peinture et de sculpture. — Sous Louis XVI.

Académie royale de la marine. — Sous Louis XV et Louis XVI.

Société des antiquaires de France.

Université. — Jetons au type de Charlemagne, 1657, 1677, 1699, 1747.

Collège de pharmacie. — Confrérie des chirurgiens,

*Ecole royale de chirurgie, Société de chirurgie, Acadé-
mie royale de chirurgie.*

Faculté de médecine, 1628, 1635.

Les doyens étaient élus tous les deux ans. Le doyen
n'était pas professeur, mais chef de la Faculté, et était
chargé de tout ce qui concernait l'administration.

Dans toutes les réunions de la Faculté, aux messes,
aux funérailles, il était alloué aux docteurs régents des
jetons de présence, dont on trouve la première indication
dans les commentaires, le 13 décembre 1398. En 1638, on
décida que les jetons seraient frappés sur un module
uniforme, et c'est Philippe Harduin de Saint-Jacques,
doyen de 1636 à 1638, qui fit frapper le premier jeton.
Les dépenses occasionnées par les jetons s'élevaient de 500
à 1,000 livres par an. A la Saint Luc, on donnait un jeton
à chaque docteur régent, 2 au doyen, 2 à l'ancien de la
Compagnie, 1 au curé, 1 à chaque appariteur ; de même
pour les enterrements. Chaque jeton était compté pour
1 livre 15 sous. On en distribuait encore aux assemblées
dites *Prima mensis*, aux examinateurs des mémoires.
(*Magasin pittoresque*, 1857 et 1858 ; *Revue belge*, 1884, 275;
Dr A. Chéreau, dans l'*Union médicale*, 4 et 6 mars 1873 ;
Dr A. Corlieu, *Les jetons des doyens de l'ancienne Faculté de médecine de Paris*, 1887.)

ÉTATS PROVINCIAUX

Certaines provinces conservèrent, jusqu'en 1789, le droit
de s'assembler pour s'occuper de leurs affaires, et voter
les contributions qu'elles s'imposaient pour les besoins de
l'Etat. On possède un nombre considérable des jetons des
Etats : d'Artois (Louis XIV, Louis XV et Louis XVI),
d'Auxonne (1583, 1605), de Bretagne (depuis Louis XIV),
de Cambrai, de la Flandre Wallonne, du Languedoc
(*Comitia Occitaniæ*), de Lille, de Bourgogne.

On peut ranger à la suite les jetons des élus de ces
Etats dont la Bourgogne offre une nombreuse série. On connaît un jeton de la *Chamb. des Elus gnaux de Bourg.*,1696

JETONS DE VILLES ET PROVINCES PAR ORDRE ALPHABÉTIQUE

Alençon. — *Généralité d'Alençon.*

Alost. — Jetons du comté, 1641.

Amiens. — Louis XIII et Louis XIV. — *Conseil d'A-miens,* sous Henri IV.—*Hostel de la monnaie d'Amiens,* 1680. — *Chambre de Commerce de la Picardie,* 1761. — Notaires, etc.

Anchin. — *Jeton de l'abbaye d'Anchin,* armoiries ; Chambre des comptes, 1612.

Angers. — J. des maires depuis la fin du xvie siècle ; j. de Stanislas Xavier, duc d'Anjou.

Angoulême. — *Ville d'Angoulême;* champ, 45. Sans ℞. (Fer).

Anvers. — Magistrats, 1649, 1652, 1673. — Monnaie, etc.

Arras. — La Chambre échevinale, 1582, 1585 ; jetons relatifs à la prise d'Arras en 1640 (*R. N.*, 1861, 378 ; *Rev. belge,* 1877, 134).

Auxerre. — E. *Piretouy, receveur des tailles,* 1649; conseillers du roi notaires, 1748.

Auxonne. — La ville, les maires, xviie siècle.

Bapaume. — ℞. Ville fortifiée ; exergue : *Bappaume.*

Bar-le-Duc. — *Ject. de la chambre de ville de Bar,* dates diverses. ℞ *Plus penser que dire,* trois pensées, etc.; Ch. des comptes des duchés ; confirmation des privilèges.

Bayonne. — Jetons de la ville (*Nunquam Polluta*); Chambre de commerce.

Beaune. — Vierge portant Jesus qui tient un ceps de vigne) ; maires de 1635 à 1776 ; la ville.

Beauvais. — Maires, notaires.

Bergues. — Villes et territoires, sous Louis XIV.

Besançon. — Jetons avec les armoiries des gouverneurs et au ℞ celles de la ville, aigle tenant deux colonnes ou au-dessus de deux tours (Fouray de Boisselet, *Recueil des jetons de la Franche-Comté,* 1873).

Béthune. — Réunion à la France, 1713, plomb.

Blois. — *Pour la maison commune*, Henri II à Gaston, frère de Louis XIII ; les Etats ; la Chambre des comptes ; Pierre Boucherat, échevin, 1775.

Bordeaux. — Les jurats de la ville, 1653 ; avec le nom de la ville, sous Louis XV et Louis XVI ; ouvriers des ports, etc.

Bouillon. — *Godefroid III, duc de Bouillon*, buste, ℞. *Cour souveraine de Bouillon*, 1788.

Bourges. — Jetons du xvᵉ siècle, avec les trois moutons et la leg. *Summa imperii apud Bituriges ;* avec les noms d'Henri II et IV, et Louis XIII ; Milet et Bigot, maires ; Chambre des comptes ; archevêques, nombreuse série avec leur buste.

Bourgogne. — *Karolus dux et comes Bur.*; *Vive Bourgogne, vive ; Vive le duc, vive ; Aue Maria gracia.* armoiries de Philippe le Hardi, etc.

Bretagne. — Trésorier des Etats, 1594 ; pour les gens des comptes (Quilfistre, G. de Beaune, Boulomer, au ℞) ; *Impôts et billots de B.*, 1641.

Briare. — *Canal de Briare*, 1742.

Calais. — Louis XIV (*Guérison du roi à Calais*, 1658).

Cambrai. — J. de Catherine de Médicis, protectrice ; Max. de Bergues, évêque, 1561 ; de Berlaimont, cardinal Dubois, 1725 ; Charles de Saint-Albin, 1726-27, etc.

Caen. — P. de Rozévignan, M. de Chamboy, G. de Caen, 1656. Jet. de *Pierre Lemarchand, seigneur de Saint-Manvieu et de Rosel*, frappés à l'occasion d'un prix fondé au Palinod de Caen, en 1627 (Gervais, *Musée Soc. Ant. Norm.*, 1864, p. 120).

Casale. — Jetons du siège, Louis XIII.

Châlon. — *M. de Neuchèze, évêque*, 1643. — *Atelier de Châlon.* ℞. Cavalier.

Châlons. — Louis XV, ℞. *Hôtel de Ville de Chaalons.*

Chartres. — Jet. des maires et de la ville, xviiᵉ siècle ; Louis XVI.

Clermont-Ferrand. — *Bochard de Saron*, évêque, 1693 ; *Jean-Baptiste Massillon*, évêque, 1719.

Cluny. — *Henr. Oswald., card. ab. Arvernia.* Buste. ℞. *Consilii prudentiâ ordo vigebit Cluniac.* 1745 ; armoiries. Louis, cardinal de Guise, archev. de Réims, abbé de Cluny, 1618.

Compiègne. — Prix général, 1729.

Courtrai. — Jetons des rois d'Espagne; territoire de C , sous Louis XIV, 1669, 1671 (*Rev. belge*, 1889, pl. VI).

Cysoing. — J. de l'abbaye, 1661.

Dauphiné. — Jetons de la Chambre des comptes (*Rev. belge*, 1881).

Dieppe. — *Les prieur et juges consuls de Dieppe,* 1758.

Dijon. — J. pour les gens des comptes ; les maires *vicomtes majeurs*, depuis Jean de Sauls (1426); *Senat, Divion*, 1673; *Pro parlemento Divionensi*, 1645 ; *les officiers de la monnoye, 1487; les ouvriers et monnoyers,* 1586 ; *monnoye de Dijon*, 1593 ; *Calculi pro conventu Sancti Benigni*, 1567 ; deux lances. (Amanton, *Recueil de planches de jetons de Dijon, Beaune et Auxonne*).

Dôle. — *Ad usum senatus,* 1623 ; la Chambre des comptes (Domination espagnole).

Dol. — F. de Laval, évèque.

Dunkerque. — La ville sous L. XIV ; la ville et le territoire.

Elbeuf. — *Manufacture d'Elbeuf*, sous Louis XV.

Ferté-sous-Jouarre (La). — Arquebuse, prix provincial, 1766.

Flandre. — Chambre des comptes, bureau des finances, etc.

Fontainebleau. — Mariage de Louis XV et Marie Leczinska.

Furnes. — La ville et le territoire, sous Louis XIV ; jeton des 8 paroisses de la Flandre Occidentale (*Rev. belge*, 1854, 101).

Gorze. — *Charles de Lorraine, abbé de Gorze,* 1612.

Henrichemont. — *Maximilien de Béthune, duc de Sully, prince-souverain d'Henrichemont.*

La Muette. — *Jetton de la Muette*, 1735.

Lille. — Jetons du bureau des finances (Rois d'Espagne) ; *monnoie de Lille.*

Lixheim. — (*R. N.*, 1846, 184 ; 1849, 322).

Lorraine. — *Int*(endance) *de Lorr. Barr. et eveschez ;* j. des ducs et duchesses de Renê à Stanislas.

Lyon. — Sous Louis XIV, avec *Lugdunum devota Ludvico ;* prévôts. des marchands et échevins (du prévôt et des échevins, des quatre échevins seuls, d'un échevin seul), depuis le xviiᵉ siècle ; Camille de Neuville de Villeroi, archevêque ; François de Neuville, duc de Villeroi, gouverneur de Lyon ; collège de médecine ; conseillers notaires ; Chambre de commerce, *commerce de draperie,* 1755 ; *affinages de Lyon.* (Poncet, *Jetons consulaires de Lyon.* Lyon, 1883)

Mantes. — (Ecu parti à un lis et un chêne engagés, jet. de la ville et des maires (J. Loir, *Méreaux. Sceaux, jetons de M.,* 1859).

Marly. — *Menus-plaisirs,* 1750 ; *jeton de Marly,* 1692 ; marquis de la Chaise, capitaine-gouverneur.

Marseille. — *Illumination établie par la municipalité,* 1786.

Meaux. — *Bailliage et présidial,* 1788 ; jetons des xviᵉ et xviiᵉ siècles, avec m couronné (*R. N.,* 1866. pl. V et VI).

Metz. — Jetons des échevins depuis Jacques Praillon (1594) jusqu'à Claude Ph. d'Auburtin, 1709. Mamiel de Marieulles, maître-échevin, fit frapper, pour le baptême d'un fils de M. de Caumartin, intendant de Metz, des jetons, avec des figures allégoriques, des écussons et la date 1754 ; j. de la Cour de Parlement, sous Louis XIII et Louis XIV ; de d'Epernon, gouverneur, 1620.

Montargis. — *Du Mairat de F. Faden,* 1661. — *Grenié à sel, un quart,* 1688.

Montouban. — *Académie,* 1773.

Montmédy. — Vue du fort sur un rocher, 1658.

Moyenvic. — *Prise de la ville,* 1632.

Nancy. — J. de la ville, de la chambre de ville, avec ou sans le nom des ducs (Devise : *Non inultus premor;* écu au chardon).

Nantes. — Maires depuis 1582 ; *commerce de Nantes* ay(ant) *la garde de* Mgʳ *le* Cᵗᵉ *d'Artois* (Visite de ce prince à N. en 1777) ; les notaires, sous Louis XVI (Perthuis et La Nicollière-Teijero, *le Livre doré... de Nantes,* 1873).

Nemours. — *Election de Nemours*, Louis XV et Louis XVI.

Nevers. — La ville, 1592, 1608 ; les comtes et ducs.

Neufchâtel. — *Henri d'Orléans, duc de Longueville et prince de Neufchâtel*, 1656, 57 et 59.

Nuits. — Félix Sonois, maire, 1701 ; élu de 1623.

Orléans. — *Pour la maison commune*, la *maison de ville*, la *chambre des chaussées*, XVI et XVIIe siècles ; les maires, XVIIIe siècle. *La communauté des marchands fréquentant la rivière de Loire* (Vue du fleuve, à Orléans, ℞, le fleuve couché ; dates diverses). « De quatre » en quatre ans des bourses de jetons étaient distri- » buées aux membres de la Cie, à titre de droits de » présence et d'honneur. » (P. Mantellier, *Hist. commun. marchands fréq. la r. de Loire*, 1867, I, 377, II, 313, 345, 404.)

Péronne. — (Femme assise tenant un bouclier et une palme ; dessous, trois P couronnés), 1626.

Pont-à-Mousson. — *Henri de Lorraine, marquis de Pont-à-Mousson*, 1582, 1583, 1584 et 1627.

Reims. — Les arquebusiers, l'Université (jet. avec le nom et la tête de Charles de Lorraine, fondateur en 1547), 1756, les archevêques ; j. du sacre des rois, types de la colombe et de la main tenant l'ampoule (J.-A. Blanchet, *médailles et jetons du sacre des rois de France*, 1889).

Rennes. — Evêques ; maires ; la ville incendiée rebâtie sous Louis XV.

Rethel. — *Signa Fortium*, armoiries, ℞. *Ornis Dios* aigle, 1622.

Riom. — M. de Combe, esr lt général, prévost de la monnoye, 1693.

Rochelle (La). — *Port de la R.*, Louis XIII ; — *Chambre de commerce de la R.*

Rodez. — Evêques, 1619, 1653, 1694.

Rouen. — *Généralité ; marchands passementiers ; les marchandes lingères ; les monnoyeurs, 1787 ; les apothicaires et épiciers ; réunion des marchands ; la ville* depuis François Ier ; jetons avec : *Je suis la paix, fille de la victoire* (frappés à l'époque de la paix des Pyrénées, *Rev. belge*, 1865, 138) ; *chambre des assurances* ; les maires, *Domaine de Normandie*.

Saint-Germain-en-Laye. —*Manufacture de cuirs*, 1755 ; — bon pour un sac de braise.

Salins. — J. de la Saulnerie, de Charles-Quint (1540), et Philippe II (1588).

Saples. — *Manufacture de Saples*, monogramme.

Semur — Borgeois, maire, 1555 ; Guéneau d'Aumont, 1789.

Sens. — *Urbs Antiqua Senon*, j. de la ville, archevêques.

Soissons. — *Loyse de Lorraine, abbesse de Soissons*, 1598.

Toulouse. — Archevêques ; ponts et chaussées.

Tournai. — Les doyens ; les échevins ; les prévôts ; les jurés ; j. de Louis XIV et Marie-Thérèse.

Tours. — Jetons des maires depuis 1566 ; au ℞ *Spei gall. Fiducia; usilum et fortitudo in turribus suis*, etc.; en 1724, l'effigie du roi prend la place des armes du maire.

Trianon. — Jeton de Trianon, 1692.

Troyes. — L'arquebuse; la Fédération, 1790.

Turin. — François, comte de Zichy, évêque de Turin.

Utrecht. — Siège et prise d'Utrecht, 1674 ; — paix d'Utrecht, 1715.

Valenciennes. —*Délivrance de V.*, 1657, etc.; les Etats, 1726, 1758, 1782, 1785.

Vauvilliers. — *Gest du seigneur de Vauvillers*.

Vaucluse. — *Vaucluse, le 22 janvier* 1577, jet. de Christophe de Villeneuve et de Françoise de Grasse (*Trésor*, I, pl. XXII, 5).

Versailles. — *Jeton de V.*, 1692.

Villeneuve. —*Compagnie de l'Arquebuze de Villeneuve de Lyon*, 1770.

Ypres. — J. du territoire, sous Louis XIV.

JETONS ET MÉREAUX DES MINES, USINES ET FORGES

Alais. — *Fonderies et forges d'Alais ; Mines de Trelys,* bons de 1, 2 et 5 francs, 50 et 25 centimes.

Aniche. — *Compagnie des mines à charbon d'Aniche,* 1774.

Anzin. — Monogramme ; *30 s*(ous), ℞. M.D. 1820.

Baigory. — *Mines de Baigory,* 1787.

Bourgogne. — *Mines et forg·s de Bourgogne.*

Braux. — Mines et usines de *Braux, Carnaux, Darne-tal, Fourchambault, Torteron, Villefort* et *Vialas.*

Fresne. — *Mines de Fresne.* Monogramme.

Littry. — Mine de L., valeurs de 10, 12, 15 et 18.

Maromme. — *Les intéressés aux fonderies de Maromme,* près *Rouen,* 1790.

Mont-Cenis. — *Mine du Mont-Cenis,* double L dessous, w (Méreau de Wilkinson, après 1787).

Noyant. — *Compagnie des mines de Fins et de Noyant,* 1785.

Sourède. — *Compagnie royale des mines de France.* ℞ *Cuivre tiré de la mine Saint-François à Sourede en Roussillon,* 1735.

Trévoux. — *Affinage royal de Trévoux,* 1766.

MÉREAUX ET JETONS DE PRÉSENCE DES ÉGLISES

Abbeville. — Chapitre Saint-Wulfranc ; MES. ℞, VE (*Soc. Antiq. France,* 1854, p. 31).

Arras. — *Ecclesie Atrebaten.* Champ : cap., ℞ Bordure formée par trois rats. Champ : III. Autres chiffres ; le nombre de rats correspond avec le chiffre placé dans le champ.

Autun. — St Lazare sortant du tombeau qui porte 1587; devant une main, ℞. S.V L. entre des étoiles et croisettes dans un écusson ; autre ℞ avec croix dans un écusson.

Avignon. — *Cupit. Ecclesie. Avinion.* Ecu à une tour.

2) *Capitulu ecclesie Avenion.* La Vierge et l'Enfant sur un croissant. ℞. *S lve Sancta crux.* Croix.

Bar. — *Ordo nob. S. Huberti Bar,* barbeaux adossés ; étain.

Bayeux. — + *Moneta capituli.* Aigle à deux têtes. ℞ + *Baiocensis,* champ : I.

Beaune. — Chapitre de Notre-Dame ; *chartreux de Beaune* (plomb).

Belley. — Chapitre Saint-Jean ; *S. Joannes Baptista.* Tête ou agnel. ℞ *Ecclesia Belicensis* Dextre bénissante. 2. Agnel, ℞. *Hore* entre deux traits, ou s.ı, saint Jean debout, avec un agneau.

Besançon. — + *Sainct Jehan,* 1619, Saint Jean debout; ℞ Eglise (*plomb*).

Bourg. — *Burci capitulu,* Saint Pierre debout, 1648. ℞ La Vierge dans une gloire ; *plomb.*

Bourges. — 1. Dans une rosace, croix patriarchale accostée des lettres s.v (Saint Ursin, premier chef de l'Eglise d'Aquitaine).

2. *Ecclesia patriarchalis.* Saint Etienne tenant la cathédrale. ℞ + *Sancti Stephani Bituris.* Dans le champ, XX ou XXX.

3. Buste de saint Etienne avec *V. B* ou *Bit,* ℞ IV dans une rosace; X, XV, XXX, etc.

4. *Capella Sti Salvatoris.* trois lis dans une rosace. ℞ *Palacii Bituris,* chiffres divers.

Cambrai. — Au XVIᵉ siècle, le chapitre de Cambrai émit une certaine quantité de méreaux qui reçurent, sous le nom de *monnaie jaune,* une certaine valeur représentative locale. Les grands méreaux se nommaient blancs et valaient 6 deniers.

1. + *Moneta capituli.* Tête d'évêque de face. ℞ + *Ave Maria gratia plena — cameracu.* Croix. (XIIIᵉ siècle).

2. Type analogue. ℞ *Cameracensis.* Croix cantonnée d'un aigle.

3. + *Capitulum cameracence,* 1562. Champ : VI sous une couronne. ℞ + *Salve regina misericors.* Vierge tenant l'Enfant. Autre avec + *Maria virgo, c. u.,* 1560 (plusieurs variétés de chiffres).

— *Collégiale de St-Géry.* — + *Me fecit,* 1514, dragon ; ℞ S. *Gaugericus,* évêque mitré ; *cuivre.*

2. + *Capitulum Sancti.* dragon ; ℞ *Gaugerici,* 1536 ; St Géry, debout, crossé et mitré.

3. + *Capitulum Sancti,* 1538 ; III, dessous dragon ; ℞ *Sancti Gaugerici.* le saint debout (dates diverses).

4. *Sancte Gaugerice.* St Géry debout ; ℞ *Ora pro nobis,* 1550, dans le champ, IIII ; *plomb.*

5. *S. Gery,* 1543. ℞ Ecu, *plomb.*

6. St Géry, foulant aux pieds le dragon, s.o : ℞ S. *Geri,* au-dessus et au-dessous, 16-44 ; *plomb* (Robert, *Cambrai,* 215).

Clermont-Ferrand. — *Saint* + *Genes.* Le saint debout, en habits pontificaux ℞ *même lég.,* châsse ; dessous, 1656. (Variété de forme hexagonale).

Cluny. — Crosse et croix ou pioche en sautoir ; ℞ Croix, ou lis avec lambel ou épée et clef. *Cistercium totius ordinis mater.* Ecu au bandé de Bourgogne. ℞ St André.

Dijon. — *Merellus Capelle,* chapelle, ℞ *Ducum Burgundie Divione,* dans le champ. I ; autre de 1579, avec Henri III debout et écu à une palme ; autre avec saint Jean l'évangéliste.

Douai. — 1. + *Vicariatus.* croix. ℞ ⊥ *Amati Duacensis,* champ : IIII entre 3 lis et 3 étoiles.

2. *Sanct' Amatus,* champ D et P (initiales de Douai et de *Prime* (office), bractéate.

3. *Sancte Amate ora p. nobis.* Buste mitré du saint. ℞ *Distrib* utio) *Ordina*(ria) *Cano*(nicorum) 1569. Ecu du chapitre (coupé d'or et d'azur à trois lis de l'un en l'autre). — Chapitre de Saint-Pierre de Douai ? — Deux clefs en sautoir, ℞ Croix cantonnée de c.p.s.p ou un c orné. ou deux c liés par un cordon. Plombs avec deux clefs, ℞ *Sancte Petre, ora pro nobis,* chiffres.

Dreux. — S. *Stephanus de Drocis,* St Etienne lapidé, à genoux. ℞ D I, bordure échiquetée (Dreux porte échiqueté d'or et d'azur).

Evreux. — Buste de la Vierge avec l'Enfant (armes du chapitre) entre deux lis, sur un croissant ; dessous, E. ℞ *Chap. Evr.* et chiffres divers. D'autres portant *Chap.*

Evr. et chiffres (2 d., etc.), ne sont frappés que d'un seul côté.

Issoudun. — *Sancti Vicarii,* croix, ℞ *Cirici Exolduni,* chiffres.

1. *Moneta Sancti.* Saint Cyr amenant à Charlemagne le sanglier qu'il vit en rêve. ℞ *Cirici Exolduni.* Champ XV entre fleurons (autres chiffres).

Langeac (H^{te} Loire, *Collégiale*). — Méreaux aux types du coq, du lion, du lièvre frappés dans l'atelier royal de Saint-Pourçain, en cuivre, étain ou plomb, 1375 (*R. N.,* 1885, 179).

Langres. — 1. *Sanctus mammes.* Le saint debout, couronné et soutenant ses entrailles ; à ses pieds un lion. ℞ *Capitulum Lingonen.* Croix.

2. *Capitulum lingonen.* ℞ gant.

3. *Cap. ling.* ℞ croix.

Le Mans ? — 1. Evêque debout. ℞ Champ semé de lis et trois clefs.

2. Personnage tenant un livre et une plume. ℞ monogrammes de Jésus-Christ et de Marie.

On sait par des documents de 1577 et 1579 que le chapitre du Mans se servait de méreaux.

Limoges. — 1. + *Gerlo.ep.Lem.* Buste mitré. ℞ *Sanctus Stephanus.* Eglise (méreau d'argent).

2. Evêque bénissant ; les lettres s.l. (saint Loup). ℞ Saint Michel terrassant le démon.

3. Tête nimbé entre s t (Stephanus) ; dessous, le mot *Lemov.* ℞ Ecu sur une crosse, à 5 lis, posés 3 et 2 (Armoiries du chapitre de Saint-Etienne).

4. *S : stepe : ora : pro : nobis.* Buste entre deux lis. ℞ du précédent.

5. *Scutum ecclesiæ Lemovicen.* Ecusson. ℞ Armoires de Mont-Bas ; avec les dates 1559 et 1582.

Lisieux (Abbaye de Saint-Désir). — *Ave maria gracia plena,* la Vierge et l'enfant, 1600. ℞ *S. Eutrope.S. Désir* un évêque et un archevêque. *Arg* gravé en creux (*Mém. Soc. Antiq. Normandie.* 1851, p. 584).

Mâcon. — Chapitre Saint Vincent.

Maintenon. — *S. Nicolae ora.p.no.* Saint Nicolas debout ℞ *Fondat^rs de Ceans*. Armes des Cottereau-Turin, fondateurs de la collégiale de S.-N. de M.

Marchiennes. — *Marchiennes*, 1615. Escarboucle des armoiries de l'abbaye. ℞ Armes de l'abbé Jean du Joncquoy (*Rev. belge*, 1870, 503).

Maubeuge (Abbesses). — *Beata Aldegundis virgo*, s.al. La sainte debout. ℞ *Ora pro nobis Deum*, croix. *Plomb* (*Rev. belge*, 1847, 384; 1886, 463).

Meaux. — *Ave maria gratia plen.* La Vierge. ℞ S. *Stephanus. Meld'nsis;* champ : *Ave;* autres avec m et chiffres divers (*R. N.*, 1840).

Mèze ? — *R. Meze.* ℞ 1645, pomme de pin montée sur un support.

Metz. — S. *Barthelemy*, 1639. Le saint à mi-corps 2o. S. *Estienne.* Le Saint à mi-corps (dates diverses). Méreaux d'obit avec le nom de Saint Etienne des deux côtés.

Montbrison. — Chap. Notre-Dame-d'Espérance.

Mont Olympe (près Arches). — ✳ *Mereau du Mont au Limpe*, 3 lis ℞ Lis dans un bastion (Duby, II, 79. Maxe-Werly, *Trav. Acad. Reims*, 1862).

Montfaucon. — ✝ *Au Montefalcone*, croix. ℞ *Avegratia plena.* La Vierge.

Moulins. — *College de Molins* ou *Coll. Molinis*, lis barré. ℞ XII (Plomb).

Nevers. — Plomb avec *Ave regina* donné à l'issue de *Prime.* — Chapitre Saint Cyr.

Nogent-l'-Rotrou. — En 1535, le doyen et le chapitre sont autorisés à faire graver des coins pour frapper des deniers destinés à ceux qui seront présents aux offices (*Mélanges Num.*, 1874, 258).

Paris. — En 1168, on établit, dans l'église de la Madeleine, la plus considérable et la plus ancienne confrérie de Paris appelée *la Grande confrérie Notre-Dame, aux seigneurs prêtres et bourgeois de Paris.* Elle fut composée d'abord de trente-six prêtres et d'autant de laïques. Les femmes y furent admises en 1224, au nombre de cinquante. Depuis cette époque, le roi et la reine en furent membres. On y était admis après élection par quatre confrères, deux prêtres et deux laïques. Les deux principaux officiers de la confrérie, l'*abbé* et le *doyen* étaient soumis à l'élection. La principale fête de la confrérie était l'Assomption et le lundi dans l'octave de cette fête, la confrérie rassemblée à la Madeleine allait en procession dans quelque autre église.

D. L. Confrairie Nre Dame, champ : II, 1559.

℞ *A S^t Es ienne de Grecz*, champ II, 1559.

2. s.e.d.o. 1629 ℞ XII.

3. + *Je suis à læuvre Saincte Opportune* 1621, en 5 lignes. ℞ lis couronné.

4. + *Pour la conception nre dame première ;* entre deux traits, v.ᴅ ; Dessous, 1565. ℞ + *fondée à Paris en l'église St Severin.* Deux saints sous un porche. La confrérie Notre-Dame, à Saint Severin remonte à 1311. C'est la première qui fut établie en France en l'honneur de la très Sainte Vierge sous le titre de Conception Immaculée.

5. Confrérie Saint Charles, *première fondée à Paris.*

6. *Confrairie de S^t. Edme érigé en* 1684. Evêque. ℞ *Mater Dei*, Notre-Dame et Jésus ; exergue : *frapé en* 1786.

Assemblées du clergé. — *Clerus Gallicanus, conventus cleri gallicani*, nombreux jetons depuis le xvie siècle.

Notre-Dame. — *Pra centori Ecclesiae Parisiensis*, 1735. — *Caplum.* ℞ *I Parisien*, 1635, etc.

La Sainte-Chapelle. — *Capella regalis*, croix de la Passion, VI, 1570 ; ℞ *Palacii Parisiensis*, VI sous une couronne. *O crux Ave Spes Unica*, croix ; ℞ *O Bone Jesu*, 1700. Clou dans la couronne d'épines (R. N., 1862, 481)

La Charité. — *Charitas Parisi*, 1584. Vue de la ville ℞ Nef.

St-Esprit-en-Grève. — *Le Saint-Esprit*, descente du Saint Esprit sur les apôtres. ℞ *En grève à Paris*. La Sainte Trinité. *Plomb.*

St-Eustache. — Les marguilliers : le clergé, 1726 ; *confrérie royale et patronage de St Eustache et de Ste Agnès*, 1721 ; *Compagnie du St Sacrement à St Eustache*, 1742 ; *Confrère de la bonne mort ; Fabrique de St Eustache*, le saint à genoux devant un cerf. ℞ *J.J. Poupart, curé*, 1786. s.e, III. cor. ℞ Saint Eustache devant le cerf. x.м. ou xii, cor. ℞ s.e. Saint Eustache voyant ses deux fils ravis par un lion et un loup. s.e., cor ; ℞ *Messes de l'Euvre*, deux cerfs.

Ste-Geneviève. — *Urbis praesidium*, 1702. Sainte G. debout. ℞ Procession.

St-Germain-l'Auxerrois. — *Paroisse royale de St-Germain-Lauxerrois*, 1734 ; *Charité de la paroisse* Saint G. l'Aux. ℞ *Braise.*

St-Gervais.— XII d. 1650 ; les marguilliers, 1715 ; Monsieur Dargenson, marguillier ; les commissaires des Pauvres, 1746.

St-Jacques-l'Hôpital. — Le saint en pèlerin. ℞ *Chanoynes.* Deux bâtons de pèlerins cantonnés de coquilles et d'une aumônière, 1647 (attribué au chapitre de l'abbaye du Mt-St-Michel par E. Renault, *Mém. Soc. Ant. Normandie*, 1851, 483).

St-Jean-de-Latran. — *Les chevaliers comtes de* —, Armoiries.

St-Jean-en-Grève. — + *Obitus Simplici Ecclie pa.* Dans le champ, sept étoiles. ℞ *S. Iehan* entre deux traits.

St-Laurent. — Commissaire des pauvres de la paroisse.

St-Louis-du-Louvre. — *VI deniers*, 1641.

Ste-Madeleine-en-la-Cité. — Louis XVI. ℞ *Sainte M. Madeleine en la cité*, M. pleurant devant ses bijoux.

St-Martin-des-champs. — *Distributio pro beneficiatis ;* champ, II. ℞ *De Campellis*, Saint Martin à cheval.

St-Merry. — *Abbas S. Mederic*, le saint debout. ℞ *Simbol praese.pàrr. s. Mederici Pariss*, 1579., *Les marguilliers de Saint Merry*, 1754 ; *Maîtres corroyeurs porteurs de la châsse de Saint Merry.* ℞ Louis XVI.

St Nicolas. *Sanoto Nicolae*, 1635. ℞ *Humanae vitae conditio*, la nef de Paris.

St-Pierre-de-Chaillot. — Jet. de la fabrique, 1780, etc.

St-Roch. — Louis XV ℞ *Fabrique de St Roch*, 1744.

St-Sauveur. — *Compagnie du St-Sacrement et St nom de Jésus*, 1755. — Les filles du *St-Sacrement.*

St-Sulpice. — *Les commissaires des Pauvres*, 1713 et 1756. ℞ *Les marguilliers..*, 1756.

St-Sévérin. — M. divers.

Méreaux et jetons de présence de beaucoup d'autres églises de Paris.

Perpignan. — Pièces bractéates avec Saint Jean et s.ĸ en contremarque.

Poissy. — *Les Mereauls de lesglise,* la Vierge et l'enfant. ℞ *De Nostre Dame de Poissi,* chiffres I à IIII.

Poitiers. — Chapitre de Sainte Croix.

Pontoise. — 1. ✝ *S. Meloni de Pontisara.* IIII, 1563. 2. *S* *M.* à *Ponthoise* 1586 ℞ *S M.* ꟾHS, le saint.

Pont-de-Vaux. — *Chap. du Pont de Vaulx,* 1670. La Vierge. ℞ *Philippe de Correvod,* Ecu à un chevron (A. Sirand, *Courses Archéologiques dans l'Ain,* III, 1850, pl. XVII).

Provins. — *S. Quiriace de Provins.* Les trois croix du calvaire. ℞ *Q.Enseigna la crois Nre.S.I.* (notre seigneur Jésus); chiffres I à VI. (*Bull. de Numism.,* VI, 99).

Rouen ou Reims. — La Vierge et l'enfant ; chiffre ; ℞ ʀ, date et chiffre. ℞ Chiffre, etc.

Romans. — *St Barnard.* — *Sanctus Barnardus,* le saint debout. ℞ ✝ *Romanensis : E·clesie,* croix fleurdelisée (variétés). — Chapelle Saint Maurice : ✝ *Signu.mi.Cape.Sacti Mauricii,* le saint armé debout. ℞ *In Eccla.S.Barnardi. De Romanis.* Ecu armorié (J. Roman, *Méreaux et jetons ecclésiastiques du Dauphiné, Ann. Soc. fr. Num.,* 1873, 284).

St-Claude. — *Saint* entouré d'une corde bouclée soutenant à chaque bout un sifflet accompagné d'un pompon. ℞ *Claude* disposé de la même façon.

St-Denis. — Eglise Saint-Paul. s.ᴘ, ʀ couronné et croissant ; Saint Paul debout. ℞ s.ᴘ, ʀ couronné dans un croissant, entre deux lis (Longpérier, *Œuvres,* VII, 12).

St-Omer. — *Mo.Ecc.Santi Audomari,* écu chargé de trois pommes de pin. ℞ *Presentibus dabitur,* dates et chiffres divers (xᴠꟾe siècle).

St-Quentin — ✝ *Caput sci Quitini.* Tête du saint. ℞ Cinq annelets.

Savigny (Lyonnais). — ✝ *Signum Savign.* Bras tenant une crosse.

Seclin (Collégiale'. — *S. Piat, II Mera,* grand S; ℞ trois lis; comme légende, 8.s.— Autre avec Saint Piat debout entre deux P; ℞ grand S. — Autres avec s, et au ℞, I (Dancoisne, *Medailles religieuses et méreaux de Seclin,* Lille, 1885).

Sedan.— *Mereau de Sedan,* 1639. ℞ Tour et lis.

Sens. — Saint Etienne : *Orate Deum ;* ℞ M et *Pro.Viviis ;* variétés avec VI.D ou VIII.D ; autres avec *Pro.Defuntis (cuivre et plomb).*

— Sainte Colombe : crosse avec s.c ; croix pattée; *Plomb.*

— Saint Pierre le Vif : s.P liés ; ℞ Deux clefs en sautoir: *cuivre (R. N.,* 1885, 467).

Strasbourg. — *Congrégation de Strasbourg.* ℞ la Vierge.

Therouanne. — M. avec écu à trois mitres ; plombs divers (Deschamps de Pas, *Rev. belge,* 1871-72).

Tournai. — 1. *Eccl. torn,* 1734 et années diverses en contremarque. ℞ L'église Notre-Dame et la Vierge avec l'enfant.

2. La Vierge et l'Enfant. ℞ *Offic.Refecto Eccl. Tornacen,* 1574.

3. *Le Carite,* édifice ; ℞ *De Nostre Dame,* croix.

4. *Ce sont as poures,* croix ; ℞ *De Sain Quentin,* tête du Saint, les épaules percées de deux clous.

5. *Au bacin dou,* bassin ou édifice ; ℞ *Saint Espir,* croix (autres variétés ; *Rev. belge,* 1884, pl. XIV).

6. *As poures de,* lis ; ℞ *Sainte Kateline,* lis.

Tournon. — S. Julianus. Le saint armé debout. ℞ + *De Turnone;* Armoiries de la collégiale de Saint Julien (écu à 3 croisettes.

Tournus. — Abbaye de Saint-Valérien.

Tours. — Eglise. Morin, maire en 1631. — Tête d'animal entre 4 lis ℞ M.c, dessous étoile entre 2 tours ; — autre avec 3 têtes de Maures et 2 tours (Pour les travaux publics).

Trévoux. — Chapitre Saint-Symphorien.

Troyes. — Saint Etienne à genoux, s.E. ℞ Ecu de la ville.

Val-Dieu. — Abbaye.

Valence. — 1. *Sanctus. felix. presbitr.* Le saint debout. ℞ *Insigni : Ecle : Valencie.* Ecu à une croix.

2. *S. Fortunatus : Dyacos.* Le saint debout. ℞ *In : Sacra : Eccle : Valencie.* Ecu à une croix.

Valenciennes. — Eglise Saint-Pierre, 1733 ; Eglise Sainte-Waudrile, 1732.

Verdun. — *Nostre dame de Verdun.* La Vierge et l'Enfant sur une église à quatre clochers. ℞ *Sainct Joseph.* Le saint debout tenant Jésus.

Vienne. — Depuis que la monnaie du Dauphin supprima le privilège des prélats. les jetons et méreaux furent probablement fabriqués dans le vieil atelier monétaire.

1. *Sanctus Mauricius Mar.* Tête entre 15-19. ℞ *Libra. psbiteroru. Vienne,* croix pommetée de saint M.

2. *Sanctus Mauricius M.,* saint M. debout, 1559. ℞ *Libra. Canonicorum Vienne,* Croix pommetée.

3. *Sanctus Mauricius Martir,* le saint à cheval.

4. *Sanctus Severus Vienne,* Saint Sévère debout en chasuble. ℞ *Eius libra ecclesiae,* 1524.

— Saint Pierre de Vienne. ✝ *Lib' Eccl'ie scti. Petri. Vienne,* Saint Pierre assis ℞ ✝ *In hoc signo vinces,* croix feuillue, etc.

— Saint Chef de Vienne. *Santus Theuderius,* buste d'évêque : ℞ ✝ *Libra canonicor. s. Theuder,* croix, 1558.

Villefranche-sur-Snône. — 1. ✝ *Nostre Dame des Mares.* La Vierge et l'Enfant. ℞ *Pour la sousiété de Villefranche,* 1604. Croix.

2. ✝ *Guillaume Hasle,* champ : HA. ℞ *Tierce à Villefranche.* La Vierge.

3. ✝ *Vera (n) Aujard, eslut de Beolios* (Beaujolais). Ecu portant trois trèfles, une étoile et 1604.

4. ✝ *Maitre Jehan Paian.* Armoiries.

5. ✝ *Mre Jeha Veyron pour sesste.* Armoiries. ℞ *Pierre et Anthe Guerrein.* Armoiries.

6. ✝ *Complie à Villefranche.* Champ : C, cornet et clef.

St-Wandrille (Normandie). — Abbaye.

MÉREAUX DES ÉGLISES RÉFORMÉES

L'idée des méreaux protestants, destinés à servir de marques de reconnaissance, se trouve dans les registres du conseil de Genève et appartient à Calvin et à Viret. Elle ne fut adoptée que sur les instances de Calvin dans une lettre de 156! (*Calvini Opera*, XVII, 711).

Ces *merreaux* appelés aussi *marrons* ou *marques* sont presque toujours en plomb. Tout religionnaire admis à la Cène dut en être muni.

Ils étaient quelquefois fabriqués par des potiers d'étain, généralement par les Anciens de l'église.

On a signalé des méreaux de Barbézieux pour 1680, donnés d'abord aux fidèles qui voulaient s'approcher de la Sainte Table.

Dans le Poitou, il n'y eut pas de méreaux protestants avant la révocation de l'Edit de Nantes.

Eglises de l'Agenais, XVIᵉ siècle. — Le Christ en berger, entouré de brebis dans un pâturage. ℞ Bible ouverte sur laquelle on lit : *Ne crains point petit troupu*, Sᵗ *Luc* cᵉ *XII,vᵗ* 32.(Contremarqué d'un B pour l'église des Brians et d'un s pour Sainte-Foy ; de Royan, avec l'erreur *Vᵗ. 82*).

Eglise de la Tremblade (Charente-Inférieure).— Mêmes types, avec T.

E. de Saverdun (Ariège), XVIIIᵉ siècle :

En 4 lignes : *Ne crains point petit.* ℞ sous un fleuron, *troupeau ;* au-dessous, calice entre c.s (Sainte Cène); autre avec E.s. (église Saverdun).

E. de Sᵗ-Savinien (Char.-Inf.) XVIIIᵉ siècle. P.c. (Port-Charente) ; sans ℞.

E. de Sᵗ-Maixent (Deux-Sèvres), XVIIIᵉ siècle. S.M. lis. ℞ Deux cercles.

E. de Melle (Deux-Sèvres), XVIIIᵉ siècle. — Coupe Eucharistique entre deux morceaux de pain de communion ℞ E.D.MLE.

E. de Lamothe-Sᵗᵉ-Heraye (Deux-Sèvres), XVIIIᵉ siècle.

Calice ℞ E.D.L.M.— Autre : Calice, accosté des mots *Priez Dieu.* ℞ *Eglise de la Moth,* 1813.

E. de Ste-Eanne (Deux-Sèvres). xviiie siècle. Calice ; dans le champ, ^R ^G (Rendez grâces à Dieu). ℞ Cercle avec festons et fleur ; en lettres retournées, Ste *Ean...regne* (Sainte Eanne, Dieu règne).

Autre avec E.D.S.E, 1765, au ℞.

E. d'*Aigonnay.* (D.-Sèvres) xviiie siècle. — *Ea* ℞ *Ead.*

E. de la *Brossardière* (Poitou), xviiie siècle. — Calice entre deux morceaux de pain ; légende : A. D. P. F : D : L : B : (Assemblée protestante des fidèles de la Brossardière).

E. de *Celles-sur-Belle* (D.-Sèvres), xviiie siècle.— Coupe eucharistique entre deux morceaux de pain ; ℞ E.D C LE. Au centre, cercle pointillé en creux. — Une autre avec calice et au ℞ EGLISE.CELLE, dans le champ DE (de fabrication moderne, sert encore dans l'église de la communion réformée de Celles-sur-Belle).

E. de *Nîmes.* xviie siècle. — Crocodile au pied du palmier entre COL.NEM. ℞ Cœur rayonnant percé de deux épées, sur le tout, croix flamboyante ; lég. : *Christ soleil de justice* (Mal. c. IV, v. 2).

Croix fleuronnée avec s + c. sans ℞ (Sainte-Cène ?)

E. de *Beaussais* (Poitou). — Calice. ℞ E.D.B.S.

E. de *Chey* (Poitou). — Calice accosté des deux morceaux de pain et de 2 < < I (1772) ℞ E.D CHAY.

E. de *Chenay* (Poitou). — Calice, 1772. ℞ E.D.CHENAY en 3 lignes (2 var.) Autre de 1821, avec légende circulaire : *Eglise de Chenay.*

E. de *Cherveux* (Poitou). — Calice ; E P surmontés d'un petit cœur. ℞ c. 1745. Autre avec E.P.c (Eglise protestante de c.)

E. de *Lezay* (Poitou). — Calice accosté de dix étoiles. ℞ *Eglise de Lezay* en trois lignes. Autre avec *Priez Dieu* accostant le calice. ℞ même lég. circulaire.

E de *Lusignan* (Poitou). — Calice, E.L. ℞ Roue à six raies, accostée de E.P ; Dessous, 1762 et double chevron.

E. de *Mouchamps* (Vendée). — Calice accoste des deux fragments de pain et de 1776. ℞ *Eglise de Mouch.*

E. de Mougon (Poitou).— Quatre cercles concentriques. ℞ E.M ; dessous, croix pattée ?

E. de Pamproux (Poitou). — Calice, E.P. ℞ PAMPR. 1761, fleuron.

E. de Pamproux. — Calice accosté de E.P surmontés d'un chevron. ℞ P. 1761, fleuron.

E. de Prailles (Poitou). — Sorte de chandelier, accosté des deux fragments de pain. ℞ E—.D.P.

E. de Sainte-Hermine (Poitou). — Deux cercles concentriques. ℞ S.H, fleuron.

E. de Saint-Sauvant (Poitou). — Calice entre les deux fragments de pain ; Sᵗ.S.R.G.A.DIEV (Saint Sauvant, rendez grâce à Dieu). ℞ fleur à cinq pétales ; S L F I C H T V A P ?

— Autre avec calice et A.P. ℞ S.T.S.V (Saint Sauvant).

E. de Vançais (Poitou). — Calice, A.P. ℞ Disque saillant au centre ; trois disques pareils autour, séparés par les lettres E,D V (Assemblee protestante ; église de Vançais).

Il existe aussi des méreaux avec une barque sur une mer en courroux et la légende : *Sauve-nous, Seigneur, nous périssons* (Mathieu, VIII, vers. 25).

Les églises protestantes d'Angleterre ont employé également de nombreux méreaux pendant ce siècle. Citons, ceux des consistoires d'Edimbourg, d'Arbroath, de Kilmarnock, de Dumbarton, etc.

L'église wallonne d'Amsterdam a donné également des méreaux en 1586. Ils portent son emblème (Deux bras sortant des nues et se serrant les mains sur une ancre) et l'écusson aux armes d'Amsterdam. On en a de l'*Eglise walonne de Delft* (*Rev. belge*, 1869, 67).

JETONS ET MÉREAUX

DE DIVERS PAYS DE L'EUROPE

ANGLETERRE

Les anciens jetons anglais présentent : des croix diversement ornées ; la tête royale de face des esterlins ; l'astre rayonnant dans un croissant ; les armes d'Angleterre, aux trois léopards superposés dans le champ ou sur un écusson ; la rose ; une tête grimaçante ; un lion ; trois couronnes superposées ; une fleur de lis accostée de deux oiseaux.

Les jetons anglais sont généralement de la dimension des esterlins d'Édouard. Beaucoup de ces jetons portent au centre un point gravé en creux (comme sur certaines monnaies des Ptolémées et des Séleucides).

Edouard III. — *Edwardus Rex Regnat,* le roi debout. armé, ℞ *Garde Robe Regis.* Autre avec ✚ *Le-ὄρ-ard-sue,* léopard et le même ℞.

Edouard VI. — Jeton d'or de 1547 avec *Scutum Fidei protegit eum.*

On trouve d'assez nombreux jetons des rois et reines d'Angleterre. Beaucoup sont d'une fabrique négligée.

Au XVIIe siècle, le méreau prend une importance capitale en Angleterre, car les villes et les commerçants des divers comtés en émirent de nombreuses variétés. La fabrication en fut motivée par l'absence de la m. de cuivre et autorisée par Jacques Ier et Charles Ier. Ces jetons sont d'un diamètre moyen de 18 millimètres.

On y trouve des légendes indiquant : par quel magistrat

le méreau est émis ; qu'il est émis pour le besoin du pau-
vre, pour les nécessités du change ; enfin dans quel en-
droit on pouvait le changer si on le désirait.

*For the maior of the town and County of Poole.
This fa·thing will be owned by the maior and aldermen*
(Wotton). *the overseer's halfpenny of Peterborough. The
poor's farthing of Minehead. Necessary change for the
town of Brewton. Peterburg halfpenny, to be changed
by the town bailife.*

✾ *To supply the Poores need,* ℞ ✾ *Is Charity indeed.*
1670. Dans le champ, *The Citty of Lichfield.*

Les méreaux frappés par les commerçants et les bouti-
quiers étaient des farthings, des halfpennies, et plus rarement des pennies. Ces pièces· portaient la marque et les
initiales du marchand et quelquefois de son épouse ; le
nom se trouve aussi en entier.

1. *Thomas Dawson in Leeds will exchaing this peny,*
℞ *Beware of Yᵉ Beare,* ours dans le champ. 2. *Send me
to the mercer of Knoshall,* ℞ *God grant peace,* 1667.

Une des plus curieuses séries est celle des jetons des
cafés et tavernes de Londres, qui portent la représentation de l'enseigne de la maison (*Numismatic chronicle,*
t. VIII, 1845, 97 ; IX, 49 ; X. 63 ; 1862, 69, 307 ; 1863,
55-258 ; 1864, 66, 143 ; 1870. 177 ; 1875, 168 ; 1876, 247 ;
1879, 99 ; 1880, 234. 332 ; 1881, 162 ; 1884, 281, 343 ;
1885, 274 ; le travail de Boyne, t. XX, 5 pl.; cf. Snelling,
A view of the copper coin and coinage of England,
1766).

L'Angleterre a continué à se servir de méreaux analogues pour ses fabriques. La légende de la tranche indi-
quait les comptoirs où l'on pouvait en exiger le remboursement (comparez les assignats métalliques de la Révolution).
Jean Wilkinson avait des méreaux à son effigie, avec un
forgeron au ℞, lorsqu'il vint prendre la direction du Creu-
sot, en 1787.

Des méreaux en plomb trouvés à Londres sont analogues
à ceux trouvés dans la Seine (V. Forgeais) et présentent
des animaux, écussons, lis, oiseaux, un pèlerin, un évêque
assis, etc. (*Num. chron.,* VIII, 116).

PAYS-BAS

Les jetons des Pays-Bas ont fourni matière à des volumes : c'est dire que leur nombre nous interdit toute étude sérieuse. Ils offrent une variété de types, une élégance de gravure et une abondance de devises qui leur donnent un intérêt considérable. Le jeton paraît avoir eu, en Belgique plus souvent qu'en France, une valeur courante ; ainsi, une ordonnance de Maximilien donne cours de m. aux jetons de Termonde.

Les légendes des jetons des Pays-Bas, d'abord gothiques, sont en caractères romains à partir du xvie siècle. Le millésime 1468 paraît sur des jetons de Charles le Téméraire.

Le buste du souverain paraît sous Maximilien et Philippe le Beau. Sous Philippe IV, le module devient plus grand ; au xviiie siècle, l'épaisseur et le relief augmentent. On distribuait des jetons au peuple dans diverses occasions : l'entrée de Philippe II à Bruxelles, celle d'Albert et d'Isabelle à Louvain, le couronnement de Charles VI, en 1712, etc.

On pourra avoir une idée de la variété des jetons des Pays-Bas par une courte énumération des offices, villes, personnages. etc., auxquels se rapportent des jetons :

Chambre des comptes en Brabant, Ch. des comptes à Lille, Bureau des maîtres d'hôtel de Maximilien d'Autriche, Bureau des finances de Charles le Téméraire, maîtres généraux de la monnaie de Flandre, Bureau des finances de l'empereur, maîtres des comptes de Hollande, Chambre des comptes des provinces de Zélande, Frise, Utrecht, Overyssel et Hollande, Chambre des comptes de Gueldre ; bataille de Lépante, reddition de Deventer, Union d'Utrecht, Chambre des comptes transferee à Gand, etc. Les allusions politiques sont innombrables ; l'expédition de François d'Alençon et la révolte des Pays-Bas contre le roi d'Espagne sont illustrées par des séries de jetons. Ces petits monuments étaient fabriqués dans les ateliers d'Anvers, Dordrecht et Middelbourg.

Parmi les jetons des particuliers, qui sont aussi fort nombreux. il faut citer ceux des receveurs-trésoriers de Bruxelles, qui sont souvent sans légende, mais dont les armoiries permettent un classement certain (Cf. *Rev. belge*, 1889. p. 1).

L'usage de donner des jetons à tous les fonctionnaires ayant à rendre ou à contrôler des comptes était général en Belgique. Ces jetons. en or ou en arg., leur tenaient lieu de salaire ou de gratification (*Rev. belge*, 1863. 400).

Les Pays-Bas offre aussi une collection considérable de méreaux ou jetons de présence. Beaucoup de ces monuments ont des dimensions considérables ; ils sont généralement en plomb ou en bronze, aussi souvent coulés que frappés. Parmi ces méreaux, certains étaient destinés a faciliter le payement des droits d'accise comme ceux des brasseries d'Anvers (R. Serrure, *Bull. de Num.*, t. VI, 62).

Il existe de nombreux méreaux de différentes corporations ou *guildes :* archers, arbalétriers, épiciers, menuisiers, etc. Ces p. présentent des types en rapport avec le métier dont ils portent souvent l'indication, et ces types ont la plus grande analogie avec ceux des méreaux de plomb des corporations parisiennes (Voy. p. 466). Dans les Pays-Bas, sur le méreau commun à toute la corporation, on trouve fréquemment le nom gravé en creux du commerçant qui l'employait.

Voici un échantillon de ces interessants monuments :

Amsterdam.Boulangers. BACKERS GHILT, boulanger enfournant du pain ; ℞ Ecu de la ville soutenu par deux lions ; au-dessous, MEYNDERT.HVDDE (nom du boulanger gravé en creux).

Il y avait encore des méreaux pour les hospices, pour les chambres des pauvres, pour les églises, les chapitres, etc. (*Rev. belge*, 1847, 1858, 1859).

Dans les villes néerlandaises, les habitants d'une rue versaient, chaque semaine, une cotisation pour servir à inhumer convenablement tout voisin décédé. Chaque voisin possédait son méreau funéraire, et devait le remettre, à chaque enterrement, au doyen du voisinage, comme marque de présence. Ces méreaux funéraires, dont il existe de nombreuses variétés pour La Haye, portent un arbre, une bière sur une civière ou portée par des hommes, une tête de mort, une église, etc. (Dirks, *Rev. belge*, 1859, 492).

Les villes des Pays-Bas dont on possède des méreaux sont les suivantes : Anvers, Audenarde, Bruges, Bruxelles, Termonde, Diest, Halle, Louvain, Malines, Ypres, Gand, Alkmaar, Breda, Delft Dordrecht, Goes, Gouda, La Haye (S'Gravenhague), Bois-le-Duc, Haarlem, Hoorn Leeuwarden, Leyde, Maestricht, Middelbourg, Rotterdam, Utrecht, Flessingue, etc.

PORTUGAL

Les jetons (contos) ont été souvent confondus avec la m. ; par exemple, le *rodisio* et le *pelicano* ont été pris pour des réaux de cuivre d'Alphonse V et de Jean II.

1. *Conto.pera.contad.* Armes. ℞ *Contos.pera.venda.* Sphère terrestre (Armes du Portugal).

2. *Amor et Obedientia spes publica*, tête de femme ; ℞ *Rainha patria liberdade*, armes de Portugal.

ESPAGNE

1. *Philippus . d . g.Hispaniarum . rex*. Tête du roi. ℞ CIↃ.IↃ.L.X.X.IIII. *In Deo*. Sphère terrestre.

2. Tarragona. Grand T. ℞ + DE.TA.RA.GO.NA. Ecu entre trois besants.

3. Tortosa. — Tour sur trois degrés, *tor*. ℞ Croix.

ITALIE

Un certain nombre de jetons d'une fabrique particulière sont attribués à l'Italie. Ils portent généralement en guise de légendes une série de rosaces ou d'annelets. Les types sont l'aigle italienne. la fleur de lis de Florence, le lion de St-Marc, une femme de type mauresque, des écussons avec armoiries de familles italiennes, enfin des monogrammes dont l'interprétation paraît fort difficile.

François Ier de Carrara, duc de Padoue, 1355-1388.
— FRANCISSCHVS.D'CARARIA. La charrette de Carrare
℞ + SEPTIMVS.DVX.PADVE, heaume entre F-F. Autres avec
écu à la charrette entre F-F. ℞ Charrette entre F-F. (*Cat.
Thomsen*, III, 253).

Novare. — Guirlande, CARITA.DI NOVARA ℞ Sous une
tête d'ange : OSPITALE.MAGGIORE, 1729.

Pavie. — Jean Galeas Visconti, fondateur de la chartreuse de Pavie : + IO.GZ.DVX.MEDIOLANI.P. Son buste,
℞ CARTVSIA PAPIE. (*Rev. belge*, 1890, p. 90).
2. S.CORONE.P.P. Sainte debout avec livre et palme.
℞ Croix dans une couronne.

Parme. — Buste d'un Saint, S.S ; dessous, PA. ℞ Châtel ;
au-dessus, une couronne.

Rome. — Jetons divers des papes.

Savoie. — 1º Ecu à la croix de Savoie, timbré d'un
heaume ; champ, FE-RT. ℞ Croix formée de quatre lacs
d'amour. 2º Autre. ℞ Croix de St Maurice, tréflée, cantonnée de FERT. 3º Autre, ℞ grand K accosté de FE-RT
(peut être attribué à Charles II, 1504-53). 4º Croix de
quatre lis, ℞ Rose et A entre deux lacs d'amour (*Rev.
belge*, 1873, pl. XII et XIII ; V. Promis, *Tessere di prin-
cipi di Casa Savoja*, 1879, 90 jetons).

SUISSE

Le couvent de Beron-Munster payait annuellement au
conseil de Lucerne 40 médailles ou jetons. Un certain
nombre étaient données comme récompense d'école
(Haller, II, p. 402).

Einsiedeln. — Jetons avec la Vierge ℞ St Meinradus.

Bâle. — Armes de Bâle ℞ Armes de Lucerne ?

Berne. — Armes du canton ℞ Un enfant courant,
Monum. elect. consularis, ou *Ad Satisfactionem juvent.*
Jetons appelés *tischlivierer*, distribués, le lundi de
Pâques, aux enfants assis à de petites tables (*tischen*) :
l'ours de Berne ℞ Chapeau sur une perche ou Minerve. —

Jetons des écoles donnés en récompense aux élèves laborieux (considérés aussi comme m.) : *Prœmium diligentiae.*

Zug. — Jeton, armes du canton, 1701.

Steinhaufen (canton Zug). — Méreau de prière d'une église de pèlerinage, etc.

Genève. — Chambre des comptes de Génevois, 1635. — * *Post tenebras lucem,*1536. Ecu de Genève ; au-dessous : *Geneva.* ℞ * *Eterna lux credentium*, soleil et flammes.— Louis de Rye, évêque de G., 1547 (E. Demole, *Jet. inédits de Savoie, de Genève, etc.*, Thonon, 1887).

Vaud. — Jet. de la famille Quisard, avec écusson, et *Vivit post funera virtus.*

BOHÊME

1. *Rait : phening : der : Kammer : Puchal.* Double м couronné ; dessous, 1566. ℞ *In : Kunigreich : Behaimb :* 1566. L'empereur Maximilien II.

2. *Gross.poczelni.Komory.Czieske.* Le lion de Bohême. ℞ *Rait grosch*(en) *der Behmischen Kam*(mer). Double м couronné ; dessous, 1567.— autre avec L couronné, 1662.

3. *Tobias. Schaffer. v. Schaffe*(ndorf) Ecu timbré d'un heaume. ℞ *Anna Maria Schaf.*(er), *g*(eborne) *tuch*(er) *v. Schow*(erau). Ecu timbré d'un heaume. Jeton de la famille Schaffer de Kuttenberg.

HONGRIE

1) Ecu parti, au 1, de Hongrie, au 2, à une croix patriarchale; ℞. Tête humaine au nez camard ; dans un entourage de roses.

2) AVE répété trois fois, roses ; écu parti de Hongrie et Anjou. ℞ Croix patriarchale ; bordure de roses et d'annelets. (Rupp., fig. 425, 426).

3) Ecu de Hongrie à la croix et aux fasces ℞ Ecu à la fasce, d'Autriche (Rupp., 501, 606).

ALLEMAGNE

Maison d'Habsbourg. — *Raitphening e*(iner) *R*(ömisch),
K(aiserlichen), *M*(ajestät) *camer.* Dans une rosace, une
M onciale ₨ *Halt mass in allen dingen* (Garde mesure en
toutes choses), croix de St-André.

BASSE-AUTRICHE

1) Archiduc Ferdinand. — *Raitphennig d*(er) *ostr*(ei-
chischen), *Rat.ca*(mmer). Armes de Hongrie-Bohême ; en
cœur, l'écusson d'Autriche. ₨ Sablier avec tête de mort,
entre deux réchauds. Exergue : *Es wirt als gleich, anno
m. d. xxxi.*

2) *R.ömisch*) *K*(ais) *M*(aj.) *Ertzh. zogn. zu Osterreich) Nider.* Double aigle avec armes de Hongrie-
Bohême. ₨ *Osterreichischn camer. Raitphenin,* 1562. Ecu
d'Autriche, de Haute-Autriche, de Styrie (panthère), est
de Carniole (aigle).

3) *Ainer ersa*(men) *land*(schaft) *ditz.ertz*(herzog-
thums), *ostrreic.* Ecu de Basse-Autriche (à 5 alérions),
surmonté de la couronne ducale ₨ *Und·r,der,ens.her,ve-
rorend.Raitphe.* Ecu d'Autriche entre 15-69.

4) *Gemainer . Stat . Wien . Rechenphening.* Ecu de
Vienne entre 15-71. ₨ *Guete Raitung befurderet,gemeinen.
nuz.* Double aigle d'Autriche.

HAUTE-AUTRICHE, etc.

1. *Erzherzogthumbs: osterreich* Casque couronné. ₨ *Ob
der Enns Rechenphening* 1555. Ecu de la Haute-Autriche
(parti à une aigle simple et à deux paux).

2. *Stat Luncz anno* 1550. Porte de ville avec l'écu
d'Autriche entre les deux entrées. Dans un losangé :
Obsequium amicos veritas odium parit.

3 *Raidtpfening . ainer . lobl*(ichen), *landschaft . des.* Buste lauré et cuirassé de l'empereur Léopold Ier. ℞ *Erzherzogthumbs.osterreich.ob.der.Fnns.* Ecus de l'Autriche et de la Haute-Autriche. — Jeton analogue de Ferdinand III.

4. *Ferdinandus II, roman.impera.* Buste. ℞ *Rechenpfening*, 1633. Ecu à 5 alérions.

5. *Carolus VI. D.g.r.i.s.a.g.h.h.b.r.ar.aust.* (Dei gratia Romanorum imperator, semper Augustus, Germaniæ, Hispaniarum. Hungariæ, Bohemiæ rex, Archidux Austriæ). Buste ℞ *Ertzherzogthumb oesterreich ob der Enns,* armes.

6. *Abaculus ex officina nummaria prov. Styriae pro dominis.ordinarys*, 1589, et autres dates, *etc.* (Dr Alfred Nagl, *Die Rechenpfennige und die operative Arithmetik* Vienne, 1888, 3 pl.).

PROVINCES ET ÉTATS DIVERS DE L'AUTRICHE ET DE L'ALLEMAGNE

Styrie. — Jetons de compte nombreux (Pichler, *Repertorium*).

Carinthie. — *Raitphenning : ainer : lantschaft.* Armes du duché. ℞ *des : Ertzherzogtum : Carnten.* Casque avec panache entre 15-57.

Tyrol. — 1. *Der.hat.salten guetn.muet.* Femme assise sur un guerrier. ℞ *der verlorn, Schuld.rait(en) tuet.* Cœur sous une couronne entre les montants d'une presse.

2. *Recen.pfening.bin ich.genn.* Sur une table, l'exemple de compte 178 : 2 = 89. ℞ *Zaig. an gros ehr und schan.* Un écusson sur lequel on voit des jetons disposés de diverses manières.

Silésie — *Raitpfennig der Camer Buchall*(erei). Aigle à deux têtes. ℞ *Im Furstentumb Schlesien,* F couronnée, 1624 (Dewerdeck, p. 165, fig. 21).

Hesse. — Voy. Hoffmeister, *Hessischen M.,* 1857-80.

Saxe. — Jetons de compte jusqu'en 1650 (V. Götz, *Groschen-Cabinet,* n° 7746 et seq.).

Wurtemberg. — *Der welt handel ibera*(1). Sur une table, exemple de compte ; 736 : 23 = 32. ℞ *Stel.inge-wicht.mas.und.Zal.* Armes de Wurtemberg ; au-dessus, 1561.

Landgraviat d'Alsace. — *Rechen.pfenin. bin.ich. genant.* Ecu en cœur contenant huit besants. ℞ *Zaig.oft. an.gros.cer.u.schan.* Deux écus aux armes d'Autriche et de Haute-Alsace, surmontés d'une couronne et d'un ange.

2. *Brauch.mich.recht.onargelist.got.weist.wol.wer. der.rechner.ist,* en 7 lignes. ℞ *Zaig.oft.an.gros.eer. und sch.* Armes d'Autriche et d'Alsace.

3. — Ecu aux armes de la Haute-Alsace ℞ Cerf debout à gauche.

Nuremberg. — Les premiers produits de ce grand centre de fabrication sont signés de Schultes dès 1553. Puis vient Egidius Kravwinckel, de la famille dont les initiales se trouvent sur des jetons de Charles-Quint.

Sous Henri II, on retrouve Schultes, avec Lazarus Gottlieb, Matheus, Ulrich, Horaves et Johann-Jacob Dietzel. Kilianus Cocuus ou Kochuus fabrique sous Henri III.

Pour le règne d'Henri IV, Hans Krawinckel est le grand fournisseur. Voici un curieux jeton qui proclame la célébrité des produits du fabricant :

Hanns.Kravwinckel.bin ich.bekont. Ecusson avec des jetons disposés sur différentes lignes. ℞ *In Franckreich und auch in Niderlont.* Exemple de compte, 891 : 9 = 99.

Hans Laufer est le principal fabricant sous Louis XIII.

Christian Maler, graveur privilégié de l'empereur, est célébré en 1648.

Lazarus Gottlieb Laufer fut monnayeur à Nuremberg et dans le cercle de Franconie, à partir de 1670.

Sous Louis XIV, nous trouvons encore les innombrables jetons de Wolf, Cornelius, Conrad et Hoger. Sous Louis XV, c'est Joh Fried. Weidinger ; Lauer et Reich le remplacent pour le règne de Louis XVI, et Lauer donne même le jeton du couronnement de l'empereur (23 nov. 1804).

Citons encore parmi les nombreux jetons allemands :

Des méreaux d'églises, couvents, etc. : Schwerta (K.Z.S.)

et Volkersdorf (k.z.v.) en Silésie ; Dantzig ; Dohle en Posen : Magdebourg ; Clèves (*Capitulum. Eccle.Cliven*) ; Wersdorf (Weimar, mér. d'indulgences avec *S. Maria S. Nicolaus in Wersdorf*, *Num. Zeit.*, 1835, p. 38) ; Elchingen (Bavière, avec *S.Maria patrona Elchingensis*) ; Eldern (Bavière, m. de forme ovale, 1745-49) ; Erbendorf, avec *St Faustinus* ; Ettal, *S. Maria patrona Ettalensis* ; Fultenbach (Bavière, avec *S. Bonifacius*) ; Couvent de Gars (Bavière, avec *conventus Garsensis*, 1744, plomb) ; Grafrath ; Gundihausen, avec la Vierge debout ; Baumburg ; Benedictbeuern, avec c.BB, 1764 ; Diessen (Bavière, avec *St. Mechtildis*) ; Abbaye de Roth (Bavière, avec A.R) ; Friedland (pour la Chartreuse) ; Kloster-Neuburg (Autriche ; chaque année, depuis 1456, le jour de Saint Léopold, on distribuait au peuple des jetons avec l'image du saint, dits Léopoldspfennigs ; Appel, *Repert.*, I. p. 247).

C'est à l'abbaye de Metten (diocèse de Passau) qu'on donne les médailles en or, arg. et cuivre, dites de Saint Benoît, qui passaient pour préserver de la foudre. Ces pièces portent :

1° *S nctus Pater Benedictus*, buste du Saint. ℟ Croix portant *Non Draco Sit Mihi Dux — Crux S cra Sit Mihi Lux — Crux Sancti Patris Benedicti.* 2° *V de Retro Satana Nunquam Suade Mihi Vano, Sunt Mala Quæ Libas Ipse Venena Bibas* — IHS ; même ℟. (Duby. *M. des prélats et barons*, 1790, pl. XVI ; Guéranger, *Essai*, etc., 1862 ; D. Piolin, *Recherches sur la méd. de St Benoit*, Rev. *Art Chrétien*, 1880, p. 5-58 ; *Num. Chronicle*, 1863, 128 ; *Mag. Pittoresque*, 1841, 92 ; cf. *Rev. belge*, 1866, p. 481 ; 1882, 640 et 1884, 320).

Des méreaux de mines, fabriques, etc. : Suhl (Saxe) ; brasseries de Torgau ; mines de Bruchhausen (Westphalie), 1605 ; Elberfeld (méreaux de pain) ; Annaberg (Saxe. avec *Hilf. Sanct. Anna, Holzzeichen*, 1646) ; Ilmenau (Weimar, mér. des mines de Georges Höhn, G-H, 1839) ; Simbach, Breitenbach, 1788 ; fabriques de porcelaine de Rauenstein et de Veilsdorf ; Leuchtenburg, marques pour les forçats ; Rudolstadt (Anhalt, m. de brasserie.) ; Ouvriers et brasseurs divers de Bavière (*Num. Zeit.*, 1851, p. 3) ; Hall

(Autriche, jet. de corporation des chirurgiens et barbiers, avec Saint Sébastien, 1734) ; mér. de Lend (Autriche, avec marques diverses, pour avoir des denrées ; *Num. Zeit.*, 1858, 79) ; Linz, mér. des manufactures, de 1550, 1576-77, avec les valeurs 1 et 6 ; mine de Gutenburg, 1694.

Des jetons de villes de : Wartenberg, 1580 ; Culm, 1658 ; Telget (Westphalie, avec *stadt Telgte* et III au ᴙ) ; Andernach ; Bonn, 1566 et 1699 ; Cologne (jetons de présence donnés aux conseillers) ; Buchholz (Saxe ; Böhme, *Kupfer-Kabinet*) ; Leipzig, jet. de laiton avec *Bolet. Civitatis. Lipcensis :* Weimar ; Cobourg, pour la porte et l'octroi ; Zeulenroda ; Ferdinandsbad ; Hedwigsburg ; Hildesheim ; Alzey (Hesse) ; Wimpfen ; Baireuth ; jeton de péage de Wangen (Wurtemberg, avec B.Z, 1737, W dans un écu placé sur le corps d'un aigle ; jet. de présence de Offenburg (Baden, avec *Sign. senat. civ. Offenburg*, 1740); Budweis (Autriche, avec *Insignia Civitatis Budweis*, 1585); Jägerndorf, 1573 ; Wagensberg (Autriche, *Num. Zeit.*, 1857, 26).

Les jetons : des seigneurs de Rosenberg ; princes de Sagan (or, arg. et c.) ; des évêques de Freisingen (Bavière) ; des princes électeurs de Bavière ; des princes Pückler (Silésie ; aigle dans une couronne de chêne, entre *Amor* et *Virtus*) ; *jetton de* Mme *la baronne de Sacken née comtesse de Brühl*, 1756 (autre, 1782) ; les jetons de maîtres des monnaies de Brunswick, de Fürth (xviiie siècle), d'Altona, etc.

PLOMBS, POIDS, etc.

MONNAIES DES ÉVÊQUES DES INNOCENTS

Avant d'étudier cette curieuse numismatique, quelques mots d'explication sont nécessaires.

La fête des Fous, qui autorisait les actions les plus indécentes et les plus impies, se célébrait non seulement dans les églises cathédrales et paroissiales, mais aussi dans les monastères des deux sexes. Cette fête tirait son origine des représentations dramatiques usitées dans la liturgie. C'est ainsi que la fête de l'Ane fut tirée du mystère que l'on appelait la procession des prophètes, et où l'on voyait Balaam monté sur son ânesse.

Les désordres qui se produisirent dans ces fêtes s'expliquent par la coïncidence des saturnales antiques, dont le souvenir s'était conservé, et des réjouissances célébrées à Noël pour la représentation des mystères. De plus, l'église était au moyen âge le centre de la vie de la cité ; on y donnait des fêtes ; elle servait aux assemblées populaires, aux affaires privées et publiques, aux épreuves judiciaires (*ordalies*) ; c'était une sorte de *forum* élevé aux frais des bourgeois et du clergé (Viollet le Duc, *Dict. d'Archit.*, I, 307).

Aussi, quoique l'Eglise réprouvât ces scènes de folies, elle était obligée de les tolérer, et le haut-clergé suivait quelquefois le bas-clergé en prenant part aux réjouissances

A Laon, au XIIIᵉ siècle, on voit, d'après les registres du Chapitre de Notre-Dame que les chapelains, les vicaires et les choristes, réunis dans le chœur de la cathédrale, la

veille de l'Epiphanie, après *Primes*, élisaient un patriarche des Fous. Le chapitre donnait à l'élu et à son cortège du pain, du vin, 8 livres parisis environ pour le
festin, la crosse, la mitre, des travestissements divers et
grotesques, et même des vêtements sacerdotaux déchirés.
On organisait ensuite des processions dans la ville et pendant deux jours, la vie religieuse de l'église était arrêtée.
On faisait des quêtes accompagnées de bouffonneries de
toutes espèces où l'on parodiait les cérémonies de l'Eglise.

Dans certaines localités, le patriarche avait des cardi-
naux. Les personnages de sa suite étaient appelés *con-
sors*. Ils recevaient des monnaies de plomb ou d'étain qui
servaient de jetons de présence, de signes de ralliement,
peut-être aussi dans les jeux de hasard ; enfin c'étaient
des souvenirs de la fête distribués à la foule. Les types
de ces pièces sont assez variés : on trouve des rébus, les
noms du pape, du patriarche, de l'évêque des Innocents,
quelquefois des dates et des noms de villes, comme à Laon.
Les légendes sont tantôt religieuses, tantôt légères. On
faisait même des sceaux pour ces cérémonies, car Rigollot
en a publié un qui porte : *Le scel de levecque de la cyté
de Pinon.*

L'autorité ecclésiastique et le pouvoir royal cherchèrent
à mettre fin à ces saturnales, mais ce fut d'abord en vain,
malgré un décret du concile de Bâle, en 1435, au sujet *de
spectaculis in ecclesiâ non faciendis* (Hardouin, t. VIII,
col. 1199).

Peu à peu, l'autorité ecclésiastique apporta des restric-
tions à la célébration de la fête des Fous, et obtint qu'elle
n'aurait plus lieu dans les églises. Puis, on donna des représentations de mystères, *la Passion de N.-S. J.-Christ*,
la Vengeance de la Passion, le *Jeu de Madame Ste Barbe*,
les *Jeux de la vie de Monseigneur St Denys.*

A Laon, au xvɪᵉ siècle, on substitua à la fête des Fous,
une cérémonie appelée les *Primes folles*, qui avait lieu
la veille de l'Epiphanie.

Dans beaucoup de villes, il y avait une fête des Fous et
une autre des Innocents. Ainsi Reims, avec plusieurs
évêques des Fous, possédait un archevêque des Inno-

cents ; Amiens, un *prince des* Sots, un *pape* et plusieurs évêques des Fous et des Innocents ; Corbie, un *prince* des Sots et un *évêque* des Innocents ; Péronne, un *roi des Ribauds* et un *petit évêque* ; Noyon, un *roi* des Fous et un *évêque* des Innocents ; Senlis, un *pape* des Fous et un *petit évêque* ; Saint-Quentin avait un *roi du chapels*, un *petit évêque* et un *roi des Ribauds* ; les curés de Soissons élisaient un *pape* le jour de Saint Thomas, l'installaient au chœur le jour de Saint Etienne, et ce pape convoquait ses sujets quatre fois par an.

La fête des Innocents établie par les enfants de chœur, tout en ayant à peu près les mêmes procédés que celle des Fous, paraît avoir été moins scandaleuse. La fête commençait pendant l'office de Saint Nicolas, et les enfants de chœur prenaient la place des chanoines, continuaient l'office d'une façon burlesque, et après une procession dans la ville on faisait un banquet auquel le chapitre participait.

L'évêque des Innocents avait également sa monnaie et faisait représenter des mystères. Cette cérémonie fut réglementée peu à peu comme celle des Fous.

A Laon, les habitants se réunissaient après Noël pour élire un *roi des Braies* qui avait un connétable et ses méreaux de plomb. Son cortège faisait une procession avec farces et distributions de vin.

Les religieuses fêtaient, comme les moines, le jour des Innocents, nommaient des abbesses folles, dansaient et chantaient. Malgré la défense du concile de Paris en 1212, cette coutume se perpétua. En 1702, les religieuses de l'Artois et du Cambrésis se divertissaient encore d'une manière analogue (Voir le *Journal des Savants* de 1702).

Du reste toutes les corporations, en général, tiraient au roi la veille de l'Epiphanie. C'est ainsi qu'il y avait un roi des orfèvres, des barbiers, des charpentiers, des vitriers, de la Basoche. La dignité de ce souverain durait toute l'année comme le patriarchat des Fous et l'épiscopat des Innocents. Des monnaies de plomb servaient de signes de présence ou de ralliement le jour de la fête du Saint, patron de la corporation.

Les villes dont les fêtes des Fous et des Innocents sont connues par une suite de documents, sont les suivantes :

Amiens, Laon, Senlis, Noyon, Soissons, Beauvais, Saint-Quentin, Roye, Péronne, Rue, Ham. Corbie, Toul, Metz, Troye s, Besançon, Reims, Viviers, Sens.

Voici des exemples de ces curieuses pièces :

1º *Monnoie frere Jehan Hutin,* un évêque entre deux têtes cornues. ℞ *Maint qui est sans vertus,* rébus composé d'un fort, d'un A sur une haie et d'une scie (*soie* en picard) ; on peut traduire par : *Sois après fort assuré.*

2º *Iohnnes Sigespee.epis.Mica,* 1550, Saint Michel terrassant le démon. ℞ *Seruira de deffence* ; rébus : *Por,* un sac, une épée et deux démons (*Pour Sagespée contre les démons*).

3º *Iustitia et fides cor'obora'tur* 1534. Moine tenant une épée et des balances ; sur une paix, Saint Augustin. ℞ *Moneta nova.Martini epi Inoce'tu.* Croix fleurdelisée.

4º *Moneta nova epi' Innocentum,* croix fleurdelisée. ℞ *Moneta sct'.Martin'.in Burgo,* rébus : un personnage, une laie. une tête de fou, des aulx (Saint Martin du Bourg, église d'Amiens).

Les légendes offrent une grande variété ; en voici un certain nombre :

Sua presens familia ; De bone nonnains non cure de vieilx ab (bés) ; Sancta Maria ora pro nobis ; Sans souci, mal espargne ; Lempereur de le Vendenge ; Contre péché vertu te sauve ; Lotel Dieu ; Et ipsi consolabuntur, 1511 ; Saincte Cristine ; ces par plaisance ; Fides et amor omnia cingunt, 1541 ; Saint Ierome ; Le monde est au vent ; Regnet q. in eternum, 1522 ; Victoire en guerre Dieu nous donne. ou la paix puisse revenir bonne ; Super oia vincit veritas ; C'est ma tres vraie esperance ; Maison de Dieu fondee sur ferme ; In hoc sino cinces 1543 ; Vivant pueri sim-

phonia gi ; Parenté est petite au monde; Lasare veni fora ; Au gré de Dieu et a bon Droit ; Rachel plorans filios suos; Soit bien ou mal ; Sit nomen Dni benedictum ; Rend mͻi ma grue ; Saint Germain ; Rogate que ad pacen sunt ; Un Esaie sera opred un agneau t͵on)du ; Vous vees le teps tel qu'il est : Guerre cause maintz helas ; Trouverez bon compte 1540 ; Faisons ces gros partout courir (dans le champ un rebus qui signifie : ͱour nos marmites entretenir.)

Si͵era pace vigent, concrescunt terranea ; In medio eclesie aperuit os eju ; La pai et sou la main de Dieu ; Sancte Micalel, ora pro nob ; Discordia res perlabuntur ; Considerate lilia agri ; Sit nomen Dnı benedictum, 1515 Karolus Octavu; Ex ore infantiu. pfecisti laudem ; Lun da n)se lautre pleure et le Thierry ; Sine macula sunt anno 1518 ; S. Martin ora pro nobis, 1552 ; Fundatus supra firman petra ; Innocens vous aidera; Frere Pierre le Maire ; Sainct Jehan D'Amien ; Beatus Johannes bonus ; Spero lucem post-tenebras ; Vive les freres, 1558 ; Haurite aquas cum gaudio de puteo ; Sante Augustine ora pro nobis ; Saint Nicolas de Tollentin ; Soir et matin a tousiours ; Pour avoir bruit, 1545 ; Nostre Dame de Boulongne ; Bene vivere et letari ; Vivre après mort ; Pax dominí mancat nobiscum ; Quodcumque ligaveris super terram erit ; La pais vien souven guerre ; Domine conserva nos ; Je ne sais quelle tour tour ; His rotis sursum vehimur ; Moneta S.M 1550 ; Vive les Camus ; Prudence a les bons console ; A domino factu est istud; Qui trop embrace mal estraint ; C'est le plaisir de lhomme, 1525 ; Innocentes et recti addeserunt mi ; Super cardones desedu'papilli ; Pax hoib'bone volutatis, 1582 ; qui porte paix est agrene; Vive Dieu, biau sir ; Contre péché vertu te sauve ; ce roi de mes breics forge ces monnoies ; Le roi des Brai, monoi des Brai (Laon).

Maint qui est sans vertus ; Judica domine nocentes me : Ps͡͡ᵉ.34; Martinus clidé (Chlamidem) : cu' : paupe didiavi ; Quod satis est susficit ; levesque amis tout *en leesse ; Saint Martin lan 1551 ; Sante Martine ora pro nobis ; homo non in solo pane vivi ; Clamavia.d.Do* + Exaudi VC*mes* ; Labora et manducat ; Servira de deffence ; laudate pueri Dnum ; je trope le monde ; il est belle hure ; ou raison fault* (manque) *vertu plus n'y abonde ; Justitia et fides coroboratur, 1534 ; et Claudis eorum adjutor est; lhotel Dieu ; Sante Nicolae de Tollentin, 1563 ; juste mesure est le picquet ; mercenarius fugit, 1555 ; Au gré de Dieu qui les accorde.*

PLOMBS HISTORIÉS, MÉREAUX,
ENSEIGNES DE PÈLERINAGE, etc.

Par leur forme et les empreintes dont ils sont marqués, un grand nombre de petits monuments de plomb rentrent dans le domaine de la numismatique. Du reste, parmi les *plombs historiés*, trouvés en si grande quantité dans la Seine, il y en a beaucoup qui paraissent avoir été des méreaux ou marques en usage dans les diverses corporations. La plupart des attributions, données par Forgeais, reposent uniquement sur les types des plombs ; néanmoins, beaucoup sont assez vraisemblables (cf. p. 452). Nous en citerons quelques-unes :

Boulangers. — Saint Honoré tenant un pain ; ℞ Un boulanger enfournant des pains.

Chandeliers. — Saint Jean au milieu des flammes de la porte Latine ; ℞ Chandelles suspendues à une tringle.

Charpentiers. — Saint Louis et Saint Blaise ; ℞ Compas, truelle, équerre et autres instruments.

Maçons-tailleurs de pierres. — Saint Louis et Saint Blaise ; ℞ truelle, équerre, cognée; marteau brettelé, etc.

Maréchaux-ferrants. — Saint Eloi ; ℞ fer à cheval.

Traiteurs. — La naissance de la Vierge ; ℞ Traiteur tournant deux broches garnies de pièces de viande.

D'autres attributions reposent sur des légendes :

Ceinturonniers. — Saint Jean-Baptiste debout ; ℞ AV. SAINTVRIER.DE.PARIS, ceinturon et boucles.

Chapeliers. — Saint Michel terrassant le démon; ℞ AV. CHAPELIER.DE.PARIS, chaperon.

Cordonniers. — S.CREPIN.S.CREPINien, la Vierge tenant l'enfant Jésus ; ℞ Martyre des Saints Crépin et Crépinien.

Corroyeurs. — Saint Jean-Baptiste debout ; ℞ AVX. CORIES.DE.PARIS, courroie avec sa boucle.

Étuvistes. — ESTUVE.DE.PARIS, Saint Michel terrassant le démon ; ℞ Figure dans une cuve.

Fruitiers. — S.X, Saint Christophe portant Jésus ; ℞ S.L, Saint Léonard délivrant deux prisonniers.

Graineliers. — Saint Nicolas et les trois enfants ℞ AVX.VENDEVR.DE.GRAIN.DE.LA.VILLE.DE.PARIS, 1550, en six lignes.

Merciers. — S.LOVIS : AVX : MERCIES, Saint Louis debout ; ℞ LEN.MIL.CCCC.ET.IX, Ecu de France.

Potiers d'étain. — SANCTE.MATVRIN, le Saint debout ℞ SANCTE.FIACRE, le Saint debout.

Selliers. — AVLX.MES ET.COPAGNOS.SELERS, figure nimbée fabriquant un collier de cheval ; ℞ St ELOY, le Saint tenant des balances.

Tailleurs de robes. — AVLX.TAILLEVRS.DE.ROBES, la Sainte Trinité ; ℞ MIL.V.CET.XXX.IIII, ciseaux de tailleur.

Teinturiers. — Saint Maurice à cheval; ℞ M + VC (1500) AVX.TAINTVRIEZ.DE.DRAS.DE.LEINNE, en quatre lignes.

Vins (Marchands de). — Saint Nicolas debout ; ℞ A.S. JAQVE.DE.LOPITAL, en deux lignes,

Ces plombs, dont quelques-uns portent des dates en lettres gothiques ou en chiffres arabes, appartiennent aux XVᵉ et XVIᵉ siècles. D'autres séries de plomb présentent des types monétaires divers ; l'écu de France, le châtel tournois, des écus armoriés de différentes familles, des croix, des lis : imitations du gros tournois; le peigne champenois ; l'étoile de Déols ; le type chartrain, etc. Ces pièces, à cause de leurs types monétaires ont été considérées comme de menues m. (cf. *R. N.*, 1847, 439 ; *Rev. belge*, 1884, 55 ; 1887, 82).

D'autres plomb, portent des légendes : AQVITE.SVI, *ou* LESCO.LIBERES. Ceux-là se rapportent probablement à certains droits payés par ceux à qui on délivrait le plomb (*R. N,*, 1864, 445).

M. Rouyer (*R. N.*, 1864) a considéré certains plombs comme des marques que les changeurs attachaient aux sacs contenant les m. Ces pièces portent des légendes : IE ✳SVI ✳ LE ✳ LION ✳ CROV ✳ PANT, Lion sous un dais (imitation d'une m. d'or de Philippe le Bon, duc de Bourgogne). 2o FRANCISCVS.DEI.GRATIA.FRANCIÆ.REX, écu aux trois lis. 3o VIVE.LE.ROY.HENRI, Ecu de France.

Il nous reste à parler des enseignes de pèlerinage, souvenirs que remportaient les fidèles qui venaient visiter des lieux saints. Certaines de ces enseignes sont en forme d'ampoule et renfermaient de l'eau bénite.

D'autres étaient certainement fixées aux vêtements (On sait que Louis XI portait des images de plomb à son chapeau).

On possède des enseignes d'un assez grand nombre de pèlerinages; citons :

Notre Dame de Vauvert, S.BEATE.MARIE.DE.VALLE. VIRIDI, la Vierge et l'enfant.

Notre Dame de Boulogne. — La Vierge dans une barque.

Notre Dame de Chartres. — La Vierge assise ; ℟ Deux clercs portant une chasse sur laquelle on voit une tunique.

Notre Dame de Liesse. — NOSTRE.DAME.DE.LIENCE, la Vierge assise ℟ M.IIII.XV.

Notre Dame de Tombelaine. — NOSTRE.DAME.DE.TOMBELEINE. La Vierge tenant l'enfant.

Notre Dame de Rocamadour. — SIGILLVM.BEATE.MARIE. DE ROCAMADOR. La Vierge et Jésus.

St Jean-Baptiste. — EN.SIGNVM.FACEI.BEATI.IOHIS. BAVPTISTE, Masque de Saint Jean. On trouve de nombreuses variétés.

St Mathurin de Larchant. — SAINT.MATELIN.DE.LARCHENT, Le Saint debout, etc.

St *Maur des Fossés*. — S.MOR.DES.FOSSES.S.MOR, saint Maur tenant une bêche ou une crosse.

St *Fiacre et* St *Faron*. — S.FIACRE.HOVPDEE.FARON. Les deux saints et une femme.

St *Eloi*. — SIGNV.SCI.ELIGII, saint Eloi forgeant.

St *Eutrope*. — VECY.LENSAIGNE S.EVTROPES.DE.SAINTES, le saint mitré assommé par un soldat.

St *Julien*. — SAINCT.IVLIAN.DE.VOVANT, figure debout.

St *Leu d'Esserent*. —VECI.S.LEV.DESERENS, le saint debout sur un lion ; deux figures à genoux.

St *Dominique de la Calzada*. — SIGILLVM.SANTI. DOMINICI.DE CALCIATENSIS, le saint debout avec un coq et une poule sur les bras.

Ste *Marie-Madeleine*. — SIGNVM .BEATE.MARIE.MAGDA-LENE.SANCTI.MAXIMINI (Couvent de St-Maximin-en-Provence), la sainte agenouillée devant Jésus-Christ.

Ste *Geneviève*. — La sainte debout entre un ange et le démon ; ℞ la châsse et 1529.

On trouve aussi des enseignes de saint Martin, saint Michel,etc. Nous ne parlons pas des nombreuses médailles de pèlerinage et de sainteté qui ont succédé aux enseignes, car cela nous entraînerait trop loin.

La plupart de ces plombs, méreaux, enseignes, etc., étaient coulés dans des moules en pierre gravée, dont on a retrouvé de nombreux échantillons.

Au XVIIe siècle, on se servit de plombs qu'on attachait après les marchandises,. et qui sont traversés par une corde. Ils recevaient leur empreinte par percussion. On en a avec les armes de Tours, de Lyon, de Paris, etc. D'autres portent les noms de Béthune, d'Ath ; ils étaient appliqués sur les draps pour en indiquer la provenance (Dancoisne, *Mém. commiss. mon. hist. du Pas-de-Calais*, 1888 ; *Rev. belge*, 1889, 367).

Un des plus curieux monuments de ce genre est un grand plomb de drapier : Ecusson armorié, au-dessous, IOOS.V.ROBAIS ; ℞ MANVFACTVRE.DE.LA.TOISON.DOR DAB-BEVILLE. toison suspendue. Van Robais, appelé par Louis XIV, s'était établi à Abbeville, en 1665 (*Ann. Soc. Num.*, 1884, 365).

DENERAUX ET POIDS MONÉTAIRES

D'après un récent travail de M. Rouyer (*R. N.*, 1886, p. 244-78), les *deneraux* et poids monétaires, fabriqués en nombre considérable, servaient aux particuliers, aussi bien qu'aux changeurs, pour vérifier la légalité de poids des espèces passant par leurs mains. Ces poids, portant le type principal de la m. dont ils avaient le poids, étaient beaucoup plus petits et plus épais que la m. elle-même. Généralement ronds, et marqués d'un seul côté, du XIIIe au XVe siècle, ils deviennent de forme hexagonale ou carrée aux XVe et XVIe siècle ; ils sont alors souvent marqués des deux côtés.

Dans les Pays-Bas, les deneraux sont d'un usage fréquent ; on les trouve mentionnés dans des ordonnances de 1453, 1489, 1499 et 1652.

Voici un certain nombre de poids monétaires :

POIS.DE TOR.DEN. Châtel tournois à la croix.

Poids de gros tournois, avec châtel, *carré*.

POIS.DE.LAGNEL OU P DE.MOVTOVNT, type de l'agnel. Un autre poids d'agnel porte un nom de particulier GVILLAME BVQVET.P.A.LA.MACE, le roi assis (Poids du royal dur) ; POIS.DE.LA.MASSE (d°).

POIS DE.REO.DOR OU DE.ROIA OU DE.REAIL OU DE.REAOL, le roi debout (royal d'or).

POIS.DE.CORONE, couronne (sous Philippe VI).

PARISI.DOR, le roi assis ; POIS : DE : PARESIS, tête du roi ; PARI, lis (parisis d'or de Philippe VI).

POIS.DE.LESCVT ; écu aux 3 lis (écus d'or).

P.DE.LANGEL, deux ailes et un lis (ange d'or).

POIS.DE.FRANC. Le roi à cheval (franc à cheval de Jean le Bon).

On trouve sur les poids des noms de particuliers, qui sont ceux des fabricants ou même des commerçants qui les faisaient faire :

H.BAL ; GVILLAVME.BVQVET ; HENRIC.LE.LOMBART ; H. LOMBART ; BERTELIN.LOMBART.

Certains de ces personnages sont peut-être de ces changeurs-usuriers, si fameux au moyen âge, sous le nom de *lombards*.

On trouve des poids anépigraphes, comme les suivants :

Ecu d'or de Charles VI, salut d'or de Henri VI d'Angleterre, ducat et florin d'Italie, etc.

Parmi les poids de m. étrangères, citons ceux des : *toison d'or, noble Henricus, noble à la rose, lion d'or, ducat de Hongrie, florin de Florence, florin Philippus, florin ou obole* d'Utrecht, *postulat de Bourbon, florin du Rhin, ridder* ou denier d'or Philippus de Philippe le Bon (RIDE, cavalier ; autre avec cavalier et FLAD'), *ridder* de Gueldre (GEL), *pistole* d'Espagne, *albertin, florin d'Allemagne*, etc.

Des séries de deneraux particuliers aux provinces belgiques offrent au ℞ l'indication du poids normal de la m. ; en voici des exemples : *Double tiers de Lion* de Philippe le Bon (Lion dans une rosace ; ℞ LXXXVIII^3) ; le *noble de Flandre* et le *noble Henricus* (LE NOBLE DE.GAN.ET.HE'C, XXVI, nombre de pièces au marc) ; *d. mi-réal d'Autriche* de Maximilien et de Philippe le Beau (XXXIII au marc).

De nombreux poids français du XVIIe siècle portent aussi l'indication du poids : I PISTOLE.D'ITALIE, II D.XIV ; 1/2 TESTON, III D.XVII G (3 deniers 17 grains), etc.

Une série de poids au type esterling présente trois divisions du poids de marc : l'esterling (P.DE.ETTELI'), la maille (POI.DE.MAILE), le felin (tête couronnée entre F-L). Ces poids, que l'on peut considérer comme ayant servi à des orfèvres, peuvent fort bien être des poids monétaires, car on trouve les trois m. correspondantes (dans la série de Calais).

Les poids portent souvent l'indication de la ville à laquelle ils ont servi, ainsi une main pour Anvers, le rat pour Arras. Des initiales indiquent généralement le nom du maître ajusteur ou de l'essayeur qui fabriquait ces poids : P H (Pierre Harck), A.C (André Caers), F.D.B (F. de Batist), à Anvers ; M.H (Martin van Hoeninghen), à Arras, etc.

POIDS DU MIDI

Si les poids du midi de la France peuvent former une branche de la Numismatique, c'est par leurs types, plus encore que par leur forme.

La Guyenne et la Gascogne surtout ont donné aux poids de leur commerce cette forme de flaon, qui rend assez plausible la dénomination de *monétiformes* adoptée par plusieurs auteurs.

Ce poids, avec les armoiries des villes, prélats et seigneurs et les inscriptions qui indiquent leur valeur, ont le grand intérêt d'être souvent datés.

Enfin, ils nous permettent de connaître le système pondéral adopté par les villes qui les ont fabriqués.

On sait que les poids changeaient suivant les provinces. Ainsi, il y avait la livre de Paris, appelée *poids de marc,* de 16 onces (490 grammes); la livre de Lyon, *poids de ville,* de 14 onces (431 grammes), et *poids de soie* (pour peser la soie) de 15 onces; la livre de Rouen ou *poids de vicomté,* pesait 510 gr. 5. A Marseille et dans la Provence, la livre était de 13 onces du poids de Paris (397 grammes). Enfin, la livre de Toulouse et du Haut-Languedoc s'appelait *poids de table,* et était de 13 onces et demie du poids de Paris (415 grammes). Il fallait 118 livres de Toulouse pour faire 100 livres de Paris (100 livres de Toulouse = 84 livres 12 onces de Paris).

Les poids monétiformes appartiennent presque toujours au système de Toulouse.

Dans le Bas-Languedoc, on voit paraître, au xviie et au xviiie siècle, des séries de poids inscrits à base polygonale.

La plus belle collection de ces monuments est celle de M. Barry. Elle est maintenant au musée de Toulouse, mais l'étude n'en a pas encore été faite, et notre connaissance des poids est encore bien imparfaite. Cependant, depuis plusieurs années, les patientes recherches de M. E. Taillebois ont jeté un jour nouveau sur cette branche de la numismatique.

BORDEAUX (Gironde)

1) + : II : L : (S ?) : COMVNA : DE : BORDEV : Porte ou-
verte et crénelée, accostée d'une étoile et d'un croissant
℞ + ANNO : DOMINI : M : CCC : XVI. Léopard ; dessous :
G. 820 gr. (CABINET DE FRANCE).

2) + I.L : COMVNA : D : BORDEV. Mêmes types et revers;
au-dessus du léopard, un croissant. 405 gr. (C.F.),

3) + MEIA LB. COMVNA DE BORDEV. Porte de ville ℞ + ANNO
DOMINI.MCCCXVI. Léopard, dessous : G. 207 gr. (Musées du
Mans et Bruxelles).

4) *Quart*, 101 gr. 5. (C.F.).
La Porte figurée doit être la Porte-Dijaux (*Porta Dei
Jovis*) ou la porte Basse.

5) ANNO MCCCXVI ? Porte de ville ? ℞ Léopard couronné.
49 gr., 1/2 quart de livre.

Quoique Bordeaux passe pour avoir usé du même poids
que Paris, les poids décrits plus haut se rapportent certainement à la livre de Toulouse.

CAHORS (Lot)

1) + I CARTO DE CAORS. Le Pont de Cahors (dit de Valendré),
avec ses tours crénelées. ℞ + ... CAORS. Le portail
de la cathédrale de St-Etienne. 103 gr.

2) Pareil ℞ + LAN.MILA.V.CENT. Même type.

Juridiction exercée par les consuls, au nom du roi, co-
seigneur de la ville, et l'évêque de Cahors ayant succédé
aux droits et à l'autorité de Raymond VI de Toulouse.

DAX ? (Landes)

Léopard couronné. ℞ croix coupant la légende qui est
fruste. 212 gr.

BAYONNE (Basses-Pyrénées)

1) xve siècle, série sans date. ✝ BAI-ON, Porte à trois
tours. ℞ MI.CART.DE.LIVRE. Lis 49 gr. (C.F.).

2) ✝ MI.QVART.DE.LIVRE.DE.BAYONE. Armes de Bayonne
(Tour ayant pour tenants deux lions adossés à deux
pins). ℞ ..... LAN.MIL.V.XX., Ecu de France. 44 gr.

3) ✝ QVART.DE.LIVRE.DE.BAYONNE. Armes de la ville.
℞ FEIT.LAN.MIL VXXIX. Trois lis dans le champ.

Le système de Bayonne paraît avoir été celui de Toulouse jusqu'au xvie siècle. A cette époque, Bayonne aurait
adopté le poids de Paris (*poids de marc* de 490 gr.).

BIARRITZ ? (Basses-Pyr.)

Poids uniface octogone portant deux figures debout dans
une barque. *189 gr*. Demi-livre. (M. Brux.).

Les anciens sceaux de Biarritz portaient une barque
contenant deux figures debout.

ORTHEZ (Basses-Pyr.).

1) ✝ CARTARO : DORTES. Pont avec une tour à chaque ex-
trémité. ℞ ✝ : AN : ᴍ.CCLXXIIII : Vache clarinée. 94 gr
(Musée Pau).

2) ✝ DVES LIVRES.DORTES OU V.N.A : L·I·VRA : D.O.R.TE.S.
Pont d'Orthez à trois arches avec sa tour au milieu ;
accostée des deux clefs de la ville. ℞ ✝ LAN.MIL.CCCCC.
XV. Vache clarinée. 787 et 403 gr.

3) ✝ MIEYA.LIVRA.DORTDS OU QVUARTERO DORTES. Mêmes
types et revers. 191 et 97 gr.

MORLAAS (Basses-Pyr.) ?

1) III-LOVIS L. Au centre, une ᴍ très renflée à sa partie
médiane. ℞ lisse. 1,459 gr.

2) II L ⬜ °VISL°. Au centre, une M.℞ lisse. 960 gŕ. (Musée de Pau).

Ces poids, si l'on peut les attribuer à Mòrlàás, sont d'une époque incertaine, et ils paraissent se rattacher au système de Paris. Cependant, à Orthéz, on trouve le système toulousain, et d'après les *fors et coutumes de Béarn*, on sait que : « *En tout Bearn no averà que un* » *peès et una mesura, qui seran los de Morlaas* ᵟ, ēt « *Lo pays de Sole use deus pees et mesures deu for de* » *Morlaas.* »

SAUVETERRE (Basses-Pyr.)

1) + : MEIA : LIVRA DE SALBATERA : Croix pattée remplissant le champ. ℞ + : ANNO : DOMINI.M.CCC.XXIIII : Vache clarinée. (*Musée Pau*). 200 gr.

2) ? + CARTARO DE.LIVRA. Croix pattée. ℞.ANNO. (MCCX.CVII) ? Vache, 91 gr. (C.F).

LECTOURE (Gers)

1) + I.LIVRA.DE.LEITORA. L'évêque en pied, crossé · et mitré. ℞ + ANNO.DNI.M.CCC.VII. Un bélier (armes de Lectoure. 400 gr.

L'évêque était alors Géraud de Montlezun (1263-1308), co-seigneur avec le vicomte de Lomagne, Bertrand de Goth.

2) — Lég. fruste. Tête mitrée ℞ lég. fr. Tête de bélier. Ce *quart de livre*, qui pèse 111 gr., malgré son usure, doit appartenir à un système pondéral autre que celui de Toulouse.

3) + AN MCCC XLV. Têtre mitrée ℞ + MEI.CARTARO. Tête de bélier. 52 gr. 5 (Musée Lectoure).

Les archives de Lectoure indiquent que d'autres poids

furent fabriqués au XVIe siècle, Les droits de plaçage et autres du marché de Lectoure se partageaient entre l'évêque et la ville.

FLEURANCE (Gers)

✝ ONSA.DE.LIVRA. Aigle à deux têtes. ℞ ✝ DE FLO-RANSA. Fleur (rose). 30 gr.

AUCH (Gers)

1) MEDIA ⁝ LIVRA ⁝ DAVX. Crosse de l'archevêque d'Auch. ℞ ANNO ⁝ M ⁝ CCC ⁝ V ⁝ III. Lion rampant des comtes d'Armagnac.
2) ✝ MEYA LIVRA.DAVX. Crosse épiscopale coupant la légende. ℞ ✝ ANNO M.CCC.V.III. Léopard. 198 gr. Autre avec MEIA. 2C0 gr.
3) Médaillon chargé des armes de la ville d'Auch (un lion et un agneau pascal). Sans ℞ à huit pans. (Musée Toulouse.)

CONDOM (Gers)

1) ✝ I.CARTARON.DE.CONDOM ⁝ Deux clefs ℞ ✝ ANNO. DOMINI.M.CCC.XXX.IIII. Porte de ville flanquée de deux tours. 118 gr. 5.
2) 1/2 quart.
3) ✝ ⁝ ONSA ⁝ DE LIVRA ⁝ Porte de ville. ℞ ✝ ⁝ DE.CON-DOM XX. Deux clefs. 30 gr.
4) ✝ LIVRA.DE.CONDOM(?). Deux clefs. ℞ ✝ ANNO DOMINI ⁝ M.CCC.LXVI (II). Porte de ville. 477 gr. (C.F.)
5) MEYE (?) CARTARO.DE.CONDOM (?) Mêmes types et revers, 59 gr. 5.
6) ✝ VNA ⁝ ONSA ⁝ DE ⁝ CONDOM. ℞ ANNO.DOMINI.MIL.... ? Mêmes types. 31 gr. 5. (C.F.).
7) ✝ I.LIVRA.DE CONDOM. Deux clefs. ℞ ✝ ANNO DOMINI. M.CCC.LXIII. Portail et tours de l'église St-Pierre. 400 gr.

L'évêque était alors Pierre de Galard (1329-1373).

8) + MEIA LIVRA DE CONDOM. Deux clefs ℞ + ANNO DOMINI MCCC LXIII. Portail avec tours. 244 gr. (M. Brux.).

9) Quart aux mêmes types. *99 gr.* (M. Brux.).

La demi-livre appartiendrait au système parisien.

NOGARO ? (Gers)

+ CARTA.LIVRA DE NO ? Porte à trois tours. ℞ + LAN MCCCC LXXXXII. Eglise avec tour. 95 gr. (Musée Gᵈ Séminaire d'Auch).

Peut-être faut-il lire TO (Toulouse) ?

MONTAUBAN (Tarn-et-Garonne)

1 + I.LIVRA.DE.MONT : ALBA. Un saule planté sur une montagne (armes parlantes de la cité ; alba = saule). ℞ AN : DOMINI :M :CCC :VII. Grand lis. Gr. 402 (Musée Bruxelles).

2) + MEJO.LIVR(a).DO.MONTAL. Lis. ℞ + ANNO DOMINI.M. CCC(.IIII.VII) ? Saule sur une montagne. 200 gr.

La livre de Montauban valait 14 onces du marc de Troyes (Ordonnances de juillet et 28 septembre 1329).

3) Fleur de lis avec 1572 au-dessus ; sous la fleur, un médaillon avec monogramme illisible. ℞ Armes de Montauban. 212 gr., 1/2 livre.

L'évêque était alors Jacques Després de Montpesat (1556-89).

CAUSSADE (Tarn-et-Garonne)

1) Sans lég. Porte de ville qui paraît être sur une butte ; au-dessus, hache d'armes ; à droite, lis ; à gauche, une chaussure. ℞ lis. 34 gr., once du xvᵉ siècle.

2) (lis) D (lis) CAVSADO (lis). Mur avec porte cintrée et crénelée ; à droite, sur le mur, lis ; à gauche, une sorte de jambière. ℞ 1578. Lis ; au-dessous, une contremarque en croix avec un H surmonté d'une couronne ;

au - dessous, un croissant (monogramme immolisé d'Hélie VIII, comte de Périgord). 428 gr. livre.

3) Quart de livre, mêmes types. 99 gr. (M. Bruxelles).

RODEZ (Aveyron)

1) ✝LIVRA : DE LA : CIEVTAT : DE : RODES. Ecu ℞✝LAN : M : CCCCC ET XX, VERIFICA. Crosse en pal. 406 gr. (M. Bruxelles).

2) Demi-quart, mêmes types. Fruste. 48 gr. (d°).

3) DEMI-LIVRE.DE RODES Ecu.

℞ + 1670✝ DE.RODES. Ecu usé. 202 gr. (M. Bruxelles).

4) I.LIU.DE.RODEZ.1722, Ecu effacé dans un cercle. ℞ DV BOIS.FONDEVR.1722. 401 gr. (Coll Taillebois).

La ville de Rodez portait *de gueules à trois besants d'or.*

SAINT-AFFRIQUE (Aveyron)

Ecu avec croix fleurdelisée, au chef chargé de 3 lis. Octogone. (Coll. Taillebois)

Les armes de Saint-Affrique sont *d'or à la croix d'azur fleurdelisée d'or, chargée en pointe d'une petite croix de gueules; au chef d'azur à trois lis.*

GAILLAC (Tarn)

1) ✝ MEIA.LIVRA : DE GALhac. Coq. ℞ ✝ : AN DOMINI M : CC : LXXXXI : lis. 187 gr. (C.F.).

2) ✝ CARTARO.DE.GALhac. Coq. ℞ ANNO.MCC.LXXXXI : lis. 101 gr. (M. Bruxelles).

3) ✝ MEIG : CARTARO : coq. ℞ XAN : M : CC : LXXXXI. Lis. 48 gr. (C.F.).

Le coq, *gallus,* est l'armoirie parlante de Gaillac, qui porte *d'or au coq de gueules, à la bordure crénelée de douze pièces, à trois lis d'or posés sur les trois créneaux du chef.*

ALBI (Tarn)

1) ✝ VNA LIVRA DE LA SIVTAT DALBI. Un grand B et un point (marque d'une livre).
℞ ✝ AN DE NOSTRE SENOR MCL XXXXIII.

2) I CARTARO DALBI. Crosse, lion et tour des armes d'Albi.
℞ LAN MCCC IIII XX :.... Champ : B.

3) VN ONSA. Tour ℞ P.D.A.L.B.I (*Poids d'Albi*). Champ : B. Once sans date.

4) MEIA LIVRA DE LA SIVTAT DALBI. Porte de la ville ouverte dans un mur crénelé de cinq créneaux et surmonté de la croix épiscopale ; sur les créneaux, un léopard passant ; à dextre, le soleil rayonnant ; à senestre, la lune en décours.
℞ LAN M.C.C.C.X.X.X. V (ou V : I). Grand B accosté de deux points.

5) Quart. — 6) Demi-quart, de 1336. ·

7) Once de 1336, sans léopard:

8) ✝ 3 LIVRE DE LA SIVTAT DALBI. Grand B. ℞ ✝ AN DE NOSTRE SENOR. MCCCC XCIII (L ?) Porte avec crosse, léopard, soleil et lune.

9) Livre de 1494 (?) M. types. 398 gr. (M. Bruxelles). ·

10) ✝ VNA LIVRA DE LA SIVTAT DALBI. Grand B suivi d'un point. ℞ celui du n° 8 avec M CCCC LXXXX III.

11) Demi-livre semblable.

12) ✝ POIS DE 2 LIVRES DE LA C:DALBI. Type de la porte. ℞.LAN MIL CINQ CENS 51. Grand B. 809 gr. (M. Bruxelles).

13) Livre de 1551, 408 gr. (M. Brux.). Autre, 407 gr. (d°).

14) POIS DVNE LIVRE DEL.ACITE.DBI (sic). Type de la porte
℞ ✝ LAN MIL. CIN CEN CINQVANTE 7. Grand B accosté. des deux lettres dB (cité de Bi ou d'Albi). 387 gr. 80

14 bis). Deux livres. 727 gr. 5. (Musée Dax).

15) POIX.DE.M.LIVRE.D.L.C.D LI. Porte avec léopard à droite. ℞ LAN.M.CINQ.CENTS.57. Grand B accosté de deux points. 205 gr.

16) POES.DEVN.C.DE LA.C.DALBI. Porte avec léopard à

gauche. ℞ + LAN.MIL.CINQ.CEN.57. Grand B accosté
de deux points. Quart.

17) .... BI.Lis. ℞ ... V ... Tour. Demi-once.

18) POIS.DALBI.DE.VNO.LIVES. Porte à quatre créneaux,
crosse, léopard accosté de deux points et d'une croix ;
champ : +.

℞. + LAN.MILLE.SIN.C.4.VIN.I. Dans le champ, B can-
tonné de quatre points ; au-dessous, un I.

19) Le même de DVS.LIVES. Deux livres.

20) Le même de TROIS.LIVES.

21) Le même. + POIS DEMI.LIVES.DALBI, sans léopard.

22) POIX DALBI DE.I.LIVRE.1673. Porte, crosse, léopard ;
soleil et lune. ℞ Légende remplacée par un ruban on-
dulé, en saillie. Champ : grand B accosté de P.M.

23) Le même de deux livres.

24) Le même de trois livres.

25) Le même. ℞ 16 + 73. Au lieu de légende, dix annelets ; grand B entre P.M. 199 gr. Demi-livre.

26) + P.DALBI DE.I CAR 1673. Porte. ℞ Au lieu de légende
dix sept globules ; B entre P.M. 100 gr. (M. Brux.).

27) Variété sans P.M. 88 gr.   id.

28) Variété avec B entre A.S.

29) Var. avec + P.DALBI.DE.CAR. Porte. ℞ lég. détruite ;
fleur de lis. 101 gr. (M. Brux.).

30) Au lieu de lég., trente-deux globules ; Porte accostée
de G.B. ℞ Au lieu de lég., trente-sept globules ; grand
B entre deux étoiles. 49 gr. (M. Brux.).

31) + ONSA (Lettres espacées), Porte. ℞ Lég. illisible ;
grand B. 23 gr. (M. Brux.).

M. Chabouillet (*Rev. archéol.*, 1854) croit avec raison que
le nom d'Albi (*Albia, Albiga*) était prononcé par le peuple Languedocien *Al bi* (le *Bi*). C'est ce qui explique
pourquoi B est devenu l'initiale de la ville.

Dans ses *Etudes histor. sur l'Albigeois et le Castrais*
(p. 450), Clément Compayré cite une charte de 1288 rela-
tive à Rabastens (Tarn) par laquelle on apprend que les
marques et poids de la ville devaient être en bronze de
Chypre ou du Levant (cf. *Rev. numism.*, 1865, p. 30).

CASTELNAU DE MONTMIRAIL (Tarn)

✝ MEYE.LIVRE.DEL.CASTELNE. Porte de ville à trois tours crénelées. ℞ ✝ ANNO.DOMINI.MIL.CCCCC.XII. Grand lis. *259 gr.* (Musée Dax).

TOULOUSE (H^{te}-Garonne)

1) IIII : LIVRAS : DE TOLOSA : Porte de ville flanquée de deux tours crénelées ; tour crénelée au milieu. ℞✝: INCARNATIO : DOMINI : M : C : C : XIIᴸ : Le clocher de Saint-Sernin dans un grènetis, surmonté d'une croix et accosté de deux petits clochers surmontés de croix. *1634 gr.* (C.F.)

2) ✝ : II : LIVRAS : DE TOLOSA : même type. ℞ ✝ : ANNO : DOMINI : M : CC : XXX : VIII : m. type : 783 gr. (C.F).

3) Une livre avec ✝ AN DOMINI, etc. 393 gr. (C.F.).

4) Avec TOLOZA.℞ ✝ : AN : M : CC : XXX : VIIII : Même type. 405 gr. (C.F.).

5) ✝ LIVRA.DE.TOLOSA. Trois tours ℞ ✝ ANNO.DOMINI. M.CC.XXX.VIIII. Tour de clocher avec porte cintrée et deux croix (dites de Toulouse) figurant dans les armes de la ville. 396 gr. (M. Brux.).

M. Chaudruc de Crazannes (*Rev. Archéol.*, 1856) pense que le monument, au droit, est le Château-Narbonnais (Les ruines existaient encore au XVIᵉ siècle).

6) ✝ MEIA : LIVRA : DE TOLOSA. Mêmes types et ℞. *203 gr.* (C.F.).

7) MEIA : LIVRA : DE : TOLOSA. Même type. ℞ : AN : M : CC : XXX : VIIII. Même type. Demi-livre, 198 gr.

8) ✝ CARTARO : DE LIVRA. Mêmes types et ℞. 100 gr. (C.F.).

9) ✝ MEIG : CARTARO. Mêmes types et ℞. *49 gr.* (C.F.)

10) ✝ ONSA. M. type. ℞ ✝ DE LIVRA, tour simple. 25 gr. 5 (Coll. Taillebois).

11) ✝ MEIA ONSA. Même type. ℞ ✝ DE LIVRA. M. type. *12 gr.* (C.F.)

12) CARTARO. M. type. R⁄ + D.ONSA. M. type. 6 gr. 25 (Gr. Sémin. d'Auch et c F.)

13) + LIVRA DE TOLOSA. M. type. R⁄ + LAN : MIEL : CCCC E : L. M. type. 385 gr. 5 (C.F.)

14) + MIEIA LIVRA DE TOLOSA. M. type. R⁄ le même 202 gr. (M. Brux.).

15) + CART. DE LIVRA. R⁄ + LAN MIEL CCCC : L : Mêmes types. 101 gr. (Coll. Taillebois).

16) + MIEG. CART. R⁄ + LAN : M : CCCC : L : Mêmes types. 49 gr. 5 (C.F).

17) + MIEG CART M. type R⁄ D. LIVRA. Clocher mince et droit. 49 gr. (C. F.).

18) + ONSA. R⁄ D TOLOSA. Types du n° 10. 26 gr. (Coll. Taillebois).

19) Sans légendes, mêmes types. *Quart d'once*, 6 gr. 5. (Coll. Taillebois).

20) + MEYA LIVRA D. TOLOSA. Portail de ville avec les trois tours séparées, R⁄ + LAN : M : CCCC : L : XXXX II : Clocher de Saint-Sernin avec les trois clochers séparés. 199 gr. (c F.)

21) + CART. D LIVRA D THOL. Mêmes types et R⁄. *97 gr.* (C.F.)

22) + ONSA DE TOLOSA. Type du n° 10. R⁄ Lég. effacée. Tour à plusieurs étages, surmontée d'une croix. 24 gr. 5 (M. gr. Sém. Auch).

23) + MIEGE LIVRA DE TOLOSA. Tour. R⁄ + LAN : M : CCCC : L : XXXXV. Eglise. *187 gr.* (M. Brux.).

24) + CART. DE. LIVRA. Agneau pascal ; au-dessus tour ; à gauche, portail de Saint-Sernin surmonté de trois croix (ce sont les meubles de l'écu de Toulouse). R⁄ + + LAN. M CCCC. VG. Rosace cantonnée de douze points (série de 1495). *95 gr. 5* (Coll. Taillebois).

25) + M I. E. G. C. A. R. T. R⁄ + D. L. I. V. R. A. Mêmes types que le n° 10. *50 gr. 5.*

26) + ONSA D TOLOSA. M. type. R⁄ D. L. M. CCCCC. IŌ (IV). Clocher de Saint-Sernin. (Série de 1504). *24 gr. 5* (C.F.)

27) + MIEGA LIVRA. D. TOLOSA. Type du n° 24. R⁄ + LAN. M. CCCCC XVI. Croix cléchée et pommetée de Toulouse. *188 gr.* (M. Brux.).

MIREPOIX (Ariège)

1) + I.CARTO : D : MIRAPIC. Poisson (armes de Mirepoix).
℞ + ANNO : DNI : M .·. CCC X. Ecu des seigneurs de Levis-
Mirepoix, qui est *à trois chevrons d'or, 100 gr.* (Chau-
druc de Cr., *Rev. Arch.*, 1856).

2) + : I : : CARTO : DE MIRAPIC : ℞ + ANNO : DNI : CCC : XV :
mêmes types.*101 gr. 5 avec cercle cuivre.* (Coll. T.).

3) Sans légende Poisson entre deux croissants qui sont
en creux. ℞ fruste, Octogone, once de *25 gr. 5.* (C.F.)

PAMIERS (Ariège)

1) + VNA LIVRA : DE PAMIAR. Cavalier armé et l'épée
levée. ℞ + ANNO.INCARNATIONIS.DOMINI.MCC.XL. Château à trois tours : bâteau miraculeux de Saint Antonin
conduit par un aigle. (M. Brux.).

2) + VNO.CARTARO. Le comte de Foix, seigneur de Pa-
miers, armé de toutes pièces, à cheval. ℞ + ANNO.MCC.
XL. Château à trois tours ; à droite le bateau miraculeux de Saint Antonin flottant sur la rivière conduit par
un aigle. *75 gr. 5, usé.* (Musée Dax).

    L'abbé de Saint Antonin était co-seigneur de Pa-
miers avec le comte de Foix.

3) Demi-quart(Musée de Toulouse ; *Catal.*,1865, p. 352).

FOIX (Ariège)

1) + II.LIVRAS DE FOIS. Ecusson de la ville (*d'or à 3 pals
de gueules*). ℞ + ANNO DOMINI : M : CCIC : même écu.
702 gr. (M. Brux.)

2) + CARTARO DE FOIS. ℞ ANNO.DNI.M.CCIC. Mêmes types.
95 gr. (M. Brux.)

ALET (Aude)

✝ MIEG.CARTO. Croix. ℞ ✝ ABBAT DALECTI. Crosse ab-
batiale. (*Rev. Arch.*, 1857).

LIMOUX (Aude)

1) ✝ ⋮ VNA ⋮ LIVRA DE ⋮ LIMOS ⋮ Armes de Guillaume
de Voisins, seigneur de Limoux (*d'argent à trois fusées
de gueules accolées en fasce.*) ℞ ✝ ⋮ INCARNATIONE ⋮
M ⋮ C ⋮ C ⋮ L ⋮ XX ⋮ Ecu semé de France surmonté
de la crosse de l'abbé Saint Martin de Limoux. De chaque côté, un écusson portant la croix archiépiscopale
de Narbonne (signe de juridiction des primats). 407 gr.
(*Rev. Arch.*, 1857).

2) CARTO DE LIMOS. Armes de Limoux qui sont un Saint
Martin à cheval se retournant vers un mendiant nu,
auquel il donne la moitié de son manteau. ℞ ✝ PHILIP-
PVS.REX. Grand lis contourné de quatre plus petits.
Quart de livre émis sous Philippe de Valois.

3) ✝ I CARTO DE LIMOS. Saint Martin, etc. ℞ ✝ IOHS REX.
Grand lis entre deux étoiles. 92 gr. (Musée Dax).

4) M.CARTO.D.LIMOS. Même type, mais Saint Martin ne se
retourne pas. ℞ Le même sans étoiles. Quart et demi-
quart de livre émis sous Jean le Bon (*Poids de table ou
toulousain*).

NARBONNE (Aude)

1) ✝ POIS DE LA VILLE. Ecu de Narbonne (*parti, au premier de gueules à la croix archiépiscopale d'argent,
au deuxième de gueules à la clef d'or, au chef de
France.*) ℞ ✝ DE NARBONNE 1655. Ecu de France.
395 gr. (M. Brux.).

2) ✝ Armes dans un cercle. ℞ autour d'une croix pattée,
la date 1-6-7-1. Demi-livre, 206 gr. (M. Brux.).

3) Armes de la ville en relief. ℞ uniface. Livre octogone, 410 gr. (M. Brux.).

4) Demi-livre, 207 gr. (M. Brux.).

5) Au ℞ gravés : la lettre B et 1775. Demi-livre octogone, 208 gr. (M. Brux.).

6) Quart de livre octogone, 121 gr. (M. Brux.).

7) Autre avec ℞ M gravé, octogone, 103 gr. (M. Brux.).

8) Demi-quart. 50 gr. (M. Brux.).

9) Once. (Le poids a la forme d'un écusson) 24 gr. (d°).

CARCASSONNE (Aude)

1) ✠ I CARTO DE CARCASONA. Grand lis accosté de globules. ℞ ✠ LVDOVICVS.RE. Agneau pascal avec sa croix. 95 gr. (M. Brux.) vers 1270.

2) CARCASSONE 1551. Porte de ville accostée de deux tourelles surmontées chacune d'une bannière. ℞ LACITE. D.CARSSONE. Ecu de France timbré d'une couronne qui divise la légende. 406 gr. (M. Brux.).

3) DEMI.L.D.CARNE. Trois lis. ℞ MIL.D.L.V (ou VI).Champ : CAR en monogramme. 200 gr. 5 (Coll. Taillebois).

4) CARCASSONE 1555. ℞ LACITE D.CARCASONE ? Mêmes types. Quart de livre, 100 gr. (M. Brux.).

5) ✠ LA LIVRE POIX DE CARCASONNE. Ecu de France couronné accosté de la date 16-67. ℞ lég. rognée. Agneau pascal avec banderolle, champ semé de lis. 406 gr. (M. Brux.).

6) Poids de 3 livres de 1667 ; fruste, 1192 gr. (M. Dax).

7) ✠ LIVRE POIX DE CARCASSONE. Ecu de France entre 16-75. ℞ VIDAL.BALHARON.VIDAL.TREMOILHE. Agnel sur champ de lis. 399 gr. (M. Brux.).

8) Demi-quart, lég. rognées, 49 gr. (M. Brux.).

9) CART.P.D.CAR. Lis. ℞ D.L.D.G. 1691 (De l'an de grâce) champ : CAR en monogramme. 97 gr.

10 ✠ P.DEMI.L. Trois lis dans le champ. ℞ V.I.V.I Champ : CAR en monogramme. 201 gr. (M. Brux.).

11) ✠ L.A.QVART.D.L.P.D.C. Grand lis. ℞ M.L.M.F.C.I.F.P.C. Champ : CAR en monogr. 100 gr. (M. Brux.).

CASTRES (Tarn)

1) + DEVX.LIVRES.DE.CASTRES. Ecu aux armes de Castres (*d'argent aux quatre emmanchures de gueules mouvantes de senestre*) ℞ ✼ HENRI.IIII R.D.F.ET.N.1594. Ecu de France couronné. 735 gr (Musée Dax).

2) Armes de la ville. ℞ En trois lignes, au milieu, 15-CART-94. Quart de l., 98 gr. (M. Brux.)

3) Mêmes types avec ℞ 15 — D.C — 94. Demi-quart, 53 gr. (M. Brux.).

4) DEVX.LIVRES.DE.CASTRES. Ecu de la ville ℞ + LOVIS XIII. R.D.F.ET.N. 1639. Ecu de France couronné. 834 gr. (M. Brux.).

5) LIVRE.DE.CASTRES. ℞ LOVIS.XIII.R.D.F. 1629 (ou 1639). Mêmes types. A côté de l'Ecu de France, point (marque de la livre). 400 gr.

6) Au lieu de lég., bordure formée de huit groupes d'annelets ; écu de Castres. ℞ en quatre lignes : 16 — DEMI-LIVRE — 39. 209 gr. (M. Brux.).

7) Champ rempli par les armes. ℞ En trois lignes : 16 — CART — 39. 105 gr. (M. Brux.).

8) Avec 16 — D.C — 39. Demi-quart, 51 gr. (M. Brux.).

9) Armes. ℞ En plein champ : ON. Once, 25 gr. (M. Brux.).

CORDES (Tarn)

+ LAS DOVBLAS LIVRAS DE CVRDAS. Château à plusieurs tours. ℞ + LAN MILLE CCCC XIX DE GRACE. Château à plusieurs tours. 846 gr. (M. Brux.).

Cordes porte : *de gueules au château antique à trois tours d'argent accompagné d'une croix cléchée, pommelée et alesée d'or, au chef de France.*

MONTPELLIER (Hérault)

1) Ecu de France couronné ; au-dessus, écu chargé d'un tourteau et d'un lis. ℞ lisse. Octogone. Demi-livre, 209 gr. (M. Brux.).

2) Le même. ℞ P.D.P gravés. (*Poids de Pesenas*). Quart, 103 gr. (M. Brux.).

3) MONTPELLIER, et entre deux rosaces un G. Ecu de la ville. ℞ PESENAS, et entre deux rosaces : 1559. Ecu de France.

Les nos 2 et 3 étaient communs aux villes de Montpellier et Pézenas, qui avaient fait une convention à ce sujet. (*Rev. Arch.*, 1854).

4) Octogne ; au droit, en contremarque, l'écu de la ville et un lis. ℞ lisse. 209 gr. (M. Brux.).

5) Ecu de France couronné ; au-dessus, écu de la ville. En contremarque, écu au tourteau et un lis. ℞ M.D gravés. Octogone, once, 26 gr. (M. Brux.).

6) Ecu au tourteau surmonté d'un lis. ℞ En contremarque : A,A. Octogone, once, (M. Brux.).

L'écu au tourteau était l'écusson de l'antique famille seigneuriale des Guillems (cf. Germain, *Hist. de Montpellier*, t. I, p. xı).

AGDE (Hérault)

Ecu aux armes d'Agde (d'or à trois fasces ondées d'azur), en relief. ℞ lisse. Octogone, 62 gr. 2 (Musée de Dax).

BEZIERS (Hérault)

1) Octogone avec l'écu de Béziers (fascé d'argent et de gueules, au chef de France). Livre de 409 gr. 5 (Coll. Taillebois).

2) Demi-livre. 207 gr. (Coll. T.)

3) Quart (écu vide). 103 gr. 5 (coll. T.)

4) Ecu de Béziers. ℞ gravés : I-G. 49 gr. (M. Brux.).

5) Mêmes types. 27 gr. (M. Brux.).

Ce demi-quart et cette once sont de forme triangulaire.

BAGNOLS (Gard)

Légende effacée. Cuve couverte. ℞ + DE LIVRA. Cuve couverte. Once, 29 gr. (M. Brux.).

La ville de Bagnols a pour armes : d'azur aux trois cuves couvertes d'or.

NIMES (Gard)

1) CARTERON : DE NYMES.1577. Armes de la ville. ℞ FAI-
TES : LE : POYS. La Tour Magne qui faisait partie de l'en-
ceinte romaine. 100 gr. (M. Brux.).
2) Demi-quart, sans légende. 51 gr. (M. Brux.).
3) Once (avec palmier et crocodile ?) 22 gr. (M. Brux.)
4) Quart avec l'écu de Nîmes en relief. 99 gr. (M. Brux.)
5) Ecu de la ville. ℞ s + M gravés et lis en contre-marque.
(en forme d'écusson), 51 gr. (M. Brux.).
6) Demi-quart. ℞ lisse. 51 gr.   (d°)
7) Once de 26 gr., et demi-once de 13 gr. (M. Brux.).
    L'écusson octroyé à la ville par François Ier, en 1535,
est : *de gu. au palmier de sin.,au crocodile contourné
et enchaîné d'az., la chaîne d'or en bande, une couronne de laurier de sin. attachée à dextre du palmier;
les mots* COL. *et* NEM *à dextre et à senestre de l'arbre.*
8 et 9) Poids octogones d'une livre (380 gr. 5) et d'une
demi-livre (206 gr. 3) avec contre-marques de contrôle
de 1772 et 1782. (Musée de Dax)

SALON (Bouches-du-Rhône)

Sans légende. Ecu en relief aux armes de Salon, (un
léopard dressé contre une tour surmontée d'une fleur de
lis, au chef, trois lis). 122 gr, 6 (Musée de Dax).

ARLES (B.-du-Rhône)

1) S. lég. Lion accroupi, appuyé sur la patte gauche, et la droite posée sur un cartouche marqué de la lettre A (Arles). R̥ lisse, marqué des dates de contrôle : 1754, 1763, 1766, 1770, 1772, 1775, 1780. Sur la tranche, autre date : 1769 et plusieurs marques I, H, II, c. Octogone plat. 193 gr. 5. Demi-livre, système toulousain (Coll. Taillebois).

2) Once avec contremarques diverses (25 gr. ?)

CARPENTRAS (Vaucluse)

1) Octogone avec écu de la ville en relief. 93 gr. (M. Brux.)
   Carpentras porte : de gu. à un mors antique de cheval dont le milieu est forgé d'un des clous de la passion de N.-S.-J.-C., d'argent.

2) Poids en fer avec les armes de la ville (Musée de Carpentras).

M. Ed. Barry (*Lettres sur les poids inscrits du Midi de la France*, *Revue académie de Toulouse*, 1858) a encore signalé des poids pour les villes suivantes:
Moissac (1573) ; Monpesat (1504 ou 1514) ; Saint-Antonin; Najac (1291) ; Aurillac (1544 et trois autres séries du XIVᵉ siècle sans date) ; Oloron (1297, 1324); Perpignan (série sans date du XVIIᵉ siècle) ; Castelsarrazin (1522 ou 1526) ; Saint-Porquier (série s. légende du XVIIᵉ ou XVIIIᵉ siècle) ; Rabastens (1241 ; 1289) ; Mont-Réal (série du roi Philippe) : Lézignan ? ; Saint-Pons (série octogone du XVIIIᵉ siècle) ; Pézenas (série octogone); Saint-Gilles (1672). Beaucaire (série octogone).

LISTE DES SAINTS

NOMMÉS OU REPRÉSENTÉS SUR LES MONNAIES
ET MÉREAUX

Abundius, Côme, Correggio.
Adalbertus, Bohême, Pologne.
Adrianus, Mantoue.
Afra, Augsbourg.
Agatha, Mirandola.
Agapytus, Saluce.
Agnes, Neuburg.
Ainianus, Saint-Aignan.
Albanus, Mayence.
Albertus, Maëstricht.
Aldegundis, Maubeuge.
Alexander, Deciane, Mirandola.
Alodius, Maccagno.
Aloysius Gonzaga, Castiglione delle Stiviere, Mantoue.
Amabilis, Riom.
Amatus, Douai.
Ambrosius, Milan.
Amedeus, Savoie.
Amandus, Rodez.
Andreas, Autriche, Bozzolo, Brabant, Brescia, Brunswick, Ecosse, Hohenstein, Lunebourg. Mantoue, Messerano, Minden, Luxembourg, Pomponesco, Rome, Schleswig-Holstein.
Anastasius, Camerino.
Anastasia, Piombino.
Aniboldus, Les Landi.
Anna, Annaberg ; Brunswick ; Schlick ; Hainaut ; Hildesheim ; Honstein ; Luxembourg ; Maëstricht ; Rome ; Fermo.
Anscheirus, Corbie.
Anselmus, Mantoue, Milan.
Ansovinus, Camerino.
Andronicus, Sicile.
Antoninus, Castiglione, Lodi, Plaisance, Les Landi.
Antonius, Hildesheim, Padoue, Paderborn, Plaisance, Parme.

Apollinaris, Valence, Ravenne.

Apolonius, Brescia.

Aredius, Saint-Yrieix.

Arlongus, Trieste.

Arnoldus, Maëstricht.

Athanasius, Naples.

Audomarius, Saint-Omer.

Augustinus, Milan, Piombino, Mayence.

Aurelius, Ferrare.

Author ou Auctor, Brunswick.

Balthasar, Œttingen, Cologne.

Barbara, Guastalla, Mantoue

Barnabas, Mantoue.

Bartholomeus, Fermo, Maëstricht, Liège.

Basianus, Lodi.

Bassianus, Plaisance, les Vignati.

Beatricia, Beatrix, Deciane.

Belinus, Rovigo.

Bernardus, Bade, Hildesheim.

Blasius, Raguse.

Bovus, Parme.

Bonifacius, Fulda, Hameln, Groningue, Saxe, Utrecht, Hersfeld, Thuringe.

Brigitta, Suède.

Bruno, le pape Alexandre VIII.

Carolus Boromaeus, Deciane, Faenza, Guastalla, Mantoue, Savoie.

Carolus Magnus, Aix-la-

Chapelle, Batenburg; Münster; Hildesheim, Osnabrück; Ostfrise: Nimègue: Paderborn, Savoie, Zurich.

Cassianus, Brixen.

Cassius, Bonn.

Catharina, Bologne; Bozzolo; Guastalla; Mantoue; Mirandola; Sabionetta; Valais, Saxe.

Celestinus, Mantoue.

Cerbonius, Massa.

Chrysantus, Salzbourg, Sienne.

Christophorus, Brunswick; Munsterberg; Reichstein; Wurtemberg, Bade, Wurzbourg.

Christus, Aremberg; Clèves; Berg; Juliers; Danzig; Lausanne; Saxe; Suède, etc.

Christianus, Reggio.

Ciriacus ou Quirincus, Ancone, Castiglione, Provins.

Ciricus. Voy. *Cyr*.

Claudius, Saint-Claude.

Colonatus, Wurzbourg.

Columbanus, Irlande.

Conradus, Constance.

Constantius, Saluces.

Corbianus, Freisingen.

Cosmus, Essen; Florence; Zurich, Frinco.

Crescentius, Urbino.

Crux, Avignon; Déciane; Louvain; Monaco; Poitiers; Rottweil; Bozzolo; Carmagnola.

Cunigunda, Bamberg.

Cyr, Issoudun.

Cyrillus, Alexandrie ; Olmutz.

Damianus, Florence, Essen.

Daniel, Jever; Padoue;Bâle.

Daria, Reggio ; Salzbourg ;
Bruges.

David, Utrecht, Lübeck,
Poméranie.

Decentius, Pesaro.

Decius, Rimini.

Demetrius, Constantinople.

Deodatus, Saint-Dié.

Devitus, *Devota*, Monaco.

Dionysius, Arles, Liège,
Saint-Denis, Lausanne..

Doimus, Spalatro.

Domitianus, Huy.

Donatianus, Gand.

Donatus, Arezzo ; Rimini,
Meissen.

Dorothea, Déciane.

Edmundus, Edmondsbury.

Egidius,Juliers ; Osnabruck;
Lodève ; Toulouse ; Saint-
Gilles.

Eligius, Paris ; Marseille ;
Limoges, Noyon.

Elisabetha,Hesse, Thuringe,

Emerina, Castiglione.

Emidius, Ascoli.

Engelbertus, Essen.

Erasmus, Gaëte.

Ericus, Stockholm, Suède.

Erculanus, Pérouse.

Eucharius, Metz, Trèves.

Eugenius, Constantinople,
Trébizonde.

Eusebius, Bozzolo.

Eustachius, Paris.

Evasius, Asti, Casale.

Exuperantius, Zurich, Cingula, Roma.

Faustinus, Brescia.

Felicianus, Rome (Léon X),
Fuligno.

Felix, Valence ; Zurich.

Ferreols, Besançon.

Ferrutius, Bourgogne.

Fintanus, Rheinau ; Klett-
gau, Sulz.

Firminus, Amiens.

Flavianus, Recanati.

Flora, Santa Fiora.

Fortunatus, Todi, Valence.

Franciscus d'Assise, Bardi,
Bâle, Castiglione, Flo-
rence, Gazzoldo, Guas-
talla, Gubbio, Mantoue,
Mirandola, Modena, Mont-
alto, Pesaro, Plaisance,
Pomponesco, Tresana, Ur-
bino, les Fieschi.

Franciscus Xaverius, Mirandola, Plaisance, Na-
varre.

Franciscus de Paule, Tresana.

Fridolinus, Glaris.

Fuloranus, Lodève.

Furseus, Péronne.

Gabriel, France.

Gallus, Saint-Gall.

Gaspardus, OEttingen.

Gauchericus, Cambrai.

Gaudentius, Novare ; Rimini.

Geminianus, Ferrare ; Modène, Castiglione.

Genesius, Clermont-Ferrand, Brescello.

Georgius, Antioche ; Antivari en Albanie ; Angleterre ; Bavière ; Bamberg; Constantinople ; Déciane ; Ochsenhausen ; Saint-Dié; Serbie ;Vigevano ; Ferrare ; Friedberg ; Gronsfeld ; Leuchtenberg; Liége ; Lucerne ; Mansfeld; Mantoue; Nimègue ; Piémont ; Ravensbourg; Reckheim; Russie ; Saxe ; Uberlingen ; Ulm, etc.

Germanus, Déciane.

Gertrudis, Gertruidenburg ; Nivelles.

Gervasius, Paris ; Milan ; le Mans.

Gobertus, Reckheim et Aspermont.

Gotthardus, Ferrare, Hildesheim, Modène.

Gracianus, Tours.

Gregorius, Bosnie.

Grisanus, Reggio.

Gudula, Bruxelles.

Hedwig, Breslau, Liegnitz, Trebnitz.

Helena, Pesaro. Trèves, Ascoli.

Henricus, Bamberg, Bâle, Bavière, Brederode, Allemagne, Francfort-s.-Mein, Autriche.

Hermagoras, Aquiléc.

Hermès, Salzbourg.

Hieronymus, Castiglione, Pesaro, Urbino.

Hilarius, Parme, Poitiers.

Hildegarda, Zurich, Kempten.

Homobonus ? Crémone.

Himerius, Crémone.

Hubertus, Déciane, Juliers, Liége.

Hypolitus, Gazzoldo.

Idda,Fischingen, Constance.

Jacobus, Brunswick, Liège, Pistoia, Pesaro, Münsterberg, Pégau.

Jacinthus, Como.

Jago, Portugal.

Januarius, Naples, Pomponesco, Sabbioneta.

Johannes, Achaïe ; Aragon ; Arles ; Avignon ; Bar ; Bourgogne ; Batenbourg ; Bavière ; Belley ; Bozzolo; Brandebourg ; Breslau ; Campen ; Castiglione ; Castiglione del Lago ; Clèves; Cologne ; Dauphiné ; Fabriano ; Florence ; Francfort; Gand, Gueldres, Groningue ; Gênes ; Heidelberg ; Hongrie ; Ingolstadt; Leipzig; Liège ; Lubeck ; Lunebourg ; Malte ; Montfort; Mecklembourg ; Munsterberg; Naples ; Nordlingen; Oppenheim ; Ostfrise; Orange ; Perpignan ; Parme ; Paris ; Pesaro ; Provence ; Rhodes ; Rome ;

Saxe électorale; Salzbourg; Schwabach ; Savoie ; Sabbioneta ; Savone; Spolète ; Les Landi, Les Spinola ; Sicile ; Trèves; Turin, Utrecht ; Val di Taro ; Vianen ; Wesel.

Joannes et Jacobus, Pesaro; Montferrat.

Johannes Evang., Chivasso, Modène.

Joannes nep., Rome, Prague.

Joachimus, Schlick.

Jodocus, Jever.

Josephus, Verdun, Rome.

Jovita, Brescia.

Judas. Goslar, Cologne ; Magdebourg.

Julianus, Macerata ; Rimini-Déciane ; Pomponesco ; Tournon.

Julius, Volterra.

Justina, Plaisance; Padoue; Venise.

Justinus, Chieti ; Auxerre; Padoue.

Justus, Trèves, Trieste, Langres. Volterra, Narbonne.

Karolus. Voy. *Carolus.*

Kilianus ; Ancône ; Corbach ; Wurtzbourg, Utrecht.

Kiriacus, Ancône.

Kunigunda. Voy. *Cunigunda.*

Ladislaus, la Haye; Hongrie ; Transylvanie ; Styrie, Batenburg.

Lambertus ; Liège; Huy, etc.

Laurentius, Saint-Gall ; Mersebourg ; Nuremberg; Serbie ; Viterbe ; Wismar ; Trau ; Fano.

Lazarius, Autun.

Leo, Sicile, Guardiagrele.

Leodigarius, Lucerne ; Murbach.

Leonardus, Déciane.

Leopoldus, Carinthie; Cloître Neubourg; Styrie; Tyrol.

Liberalis, Trévise.

Liborius, Paderborn.

Longinus, Brunswick; Mantoue.

Lucas, Reutlingen, Frinco.

Lucia, Mantoue.

Lucius, Coire.

Ludgerus, Werden, Münster. Ostfrise ; Brunswick.

Ludovicus, France, Tresana; Hongrie,

Ludovicus Gonz., Castiglione.

Magnus, Rome ; Kempten.

Maiolus, Souvigny.

Mammes, Langres.

Marcellinus, Seligenstadt.

Marcellus. Frinco.

Maria, Angleterre ; Aquilée; Ascoli; Bologne ; Augsbourg; Bamberg; Bâle ; Batonbourg ; Bavière ; Beaune ; Berg ; Clermont; Clèves et Juliers ; Brunswick ; Coire ; Corvei ; Clermont-Ferrand; Civita-Vecchia ; Correggio ; Castiglione ; Déciane ; Eichstaedt; Eimbeck; Fribourg.

en-Brisgau ; Fano ; Frinco; Fuligno; Gazzoldo ; Gênes ; Guastalla ; Gubbio ; Gap ; Goettingue ; Goslar ; Hambourg ; Hameln ; Hanovre; Hasselt; Hatzfeld ; Herverode ; Hervord ; Hildesheim ; Hongrie ; Hoxter ; Huy ; Lausanne ; Liège ; Livonie ;Luben-en-Silésie ; Maccagno; Macerata; Massa Matelica ; Messerano ; Modène ; Montalto ; Marienbourg; Mantoue; Mayence ; Nimègue ; Naples ; Novellara ; Nordheim ; Oldenbourg ; Olmutz ; Orange ; Paderborn ; les papes ; Palatinat ; Pesaro ; Pise ; Pergola ; Pérouse ; Plaisance ; Piombino ; Poméranie ; Pouille ; Prusse ; le Puy ; Ravenne ; Recanati; Reggio di Modena ; Ronciglione; Rome; Reckheim; Reims;Reichenstein;Reval; Riga ; Rœrmonde ; Sabioneta ; Savoie ; San Severino ; Savone ; Sicile ; Spire; Stettin; Strasbourg; Terni ; Tivoli ; Thorn ; Trèves ; Urbino ; Vicence; Viterbe ; Venise ; Verdun ; Wurtzbourg, etc.

Marius, Lausanne.

Marcus, Bergame ; Candie ; Cattaro ; Dalmatie ; Morée ; Venise ; Zante ; An-

tivari ; Corcyre ; Albanie ; Corfou ; Trévise.

Marinus, Civitaducale.

Martialis, Limoges.

Martinus, Amiens ; Bannassac ; Déciane ; Batenbourg ; Bronchorst ; Berg et Clèves ; Colmar ; Castiglione ; Chivasso 'Gueldre; Gronsfeld ; Groningue ; Heiligenstadt; Horn; Heydt; Lucques ; Mayence ; Montferrat ; Northumberland ; Salzbourg ; Schwarzbourg; Spire ; Schwitz ; Uri et Underwald ; Tours ; Utrecht; Verdun ; Vienne-en-Dauphiné ; Erfurt ; Liège ; Magdebourg ; Paris, etc.

Matheus, Innocent XI ; Goslar; Salerne.

Mathias, Goslar, Hanovre ; Hildesheim ; Trèves.

Maurelius, Ferrare.

Mauritius, Appenzell ; Déciane; Havre-en-Lorraine ; Halle ; Lauenbourg; Magdebourg ; Savoie ; Vienne-en-Dauphiné ; Lucerne ; Weert; Mayence.

Maximilianus , Cambrai ; Spire.

Medardus, Soissons ; Noyon.

Medericus, Paris.

Meinulphus, Paderborn.

Meinradus, Einsiedeln.

Melchior, Œttingen.

Melchisedech, Gronsfeld.

Mellonus, Pontoise.

Mer, Ferrare.

Mercurialis, Forli.

Michael, Angleterre ; Aquila ; Berg ; Batenbourg ; Bénévent ; les papes Urbain VIII et Innocent XII ; Pavie ; Pesaro ; Salerne, Salzbourg ; Sebenico ; Vianen ; Zug ; Zwoll ; Naples ; Constantinople ; Thorn ; Saint-Michel ; Hongrie, etc.

Nazarius, Autun ; Castiglione.

Nicolaus, Bari ; Déciane ; Fribourg en Suisse ; Laibach ; Liège ; Lorraine ; marche d'Ancône ; Asti ; Bozzolo ; Castiglione ; Chieti ; Messine ; Sabbioneta ; Solferino ; Teschen ; Amiens ; Unterwald.

Nicolaus de Flue, Unterwald.

Nircius, Paderborn.

Nordbertus, Prague.

Novulonus, Faenza.

Olaüs. Drontheim ; Norwège.

Omer. Voy. *Audemarus*.

Opportune, Paris.

Oswaldus, Berg ; Düren ; Zug.

Othomarus, Saint-Gall.

Otto, Poméranie.

Pamphilus, Sulmona.

Pancratius, Bergen ; Leyde.

Paternianus, Fano.

Patricius, Islande.

Patrocus, Soest ; Westphalie.

Paulinus, Lucques ; Sinigaglia.

Paulus, Ancône ; Avignon ; Berlin ; Bologne ; Castiglione ; Cluny ; Camerino ; Civita-Vecchia ; Guastalla ; Gubbio ; Francfort ; Hervorden ; Liège ; Macerata ; Massa : Messerano ; Modène ; Münster ; Osnabruck ; Pesaro ; Rome ; Reims ; Sarrebourg ; St-Paul-Trois-Châteaux ; Sora, Sulmona.

Pelagius, Constance.

Petronius, Bologne, Castiglione.

Petrus et Paulus, Aquilée. Avignon. Munster, Rome.

Petrus, Antioche ; Alexandrie ; Ancône ; Aquilée ; Avignon ; Bade ; Bavière ; Berne ; Bologne ; Brabant ; Brême ; Calabre ; Castiglione ; Chivasso ; Déciane ; Fano ; Faenza ; Fabriano ; Genève ; Gênes ; Gubbio ; Guastalla ; Hambourg ; Hervord ; Hesse ; Lucques ; Luxembourg ; Mantoue ; Saint-Mansuy de Toul ; Massa ; Mayence ; Massa Lunigiana ; Massa Lombarda ; Matelica ; Montalto ; Orvieto ; Pergola ; Pérouse ; Plaisance ; Naples ; Northumberland ; Osnabruck ; Pouille ; Ratisbonne ;

Reckheim ; Remiremont : Rome ; Trèves ; Troyes ; Verdun ; Brunswick ; Cluny; Cologne; Corbie; Liège; Liverdun ; Munster ; Regensbourg ; San Severino; Sicile ; Stade ; Solferino ; Sora ; Sulmona ; Trévise; Viterbe ; York.

Petrus Coelestinus, Naples, Aquilée, Sulmona.

Philibertus, Jumièges; Tournus.

Philippus, Anvers ; Glaris ; Luxembourg ; Maëstricht; Spire ; Autriche.

Philippus Nerius, Mantoue.

Placidus, Casalmonferrato.

Pius, Rome.

Pontianus, Spolète.

Posidonius, Mirandola.

Privatus, Mende.

Protus, Come.

Prosdocimus, Carrare, Ferrare, Padoue.

Prosper, Ferrare, Frinco, Reggio.

Protasius, Le Mans, Milan.

Prudentianus, Passerano.

Quintinus, St-Quentin.

Quirinus, Cologne ; Neuss ; Correggio.

Radiana ou Radegunda, Salzbourg.

Rainerius, Volterra.

Regula, Zurich.

Reinoldus, Dortmund.

Remaclus, Verviers.

Remigius, SainRemt-i.

Reparata, Correggio.

Romanus, Rouen.

Romaricus, Remiremont.

Romualdus, Grégoire XVI.

Rudbertus, Salzbourg ; Saxe; Carinthie.

Rumoldus, Mocheln.

Sabinus, Castro ; Fermo ; Plaisance.

Sacramentum, Liège.

Salvator, Bourges.

Saturninus, Weissenau ; Toulouse.

Saül, Castro.

Savinus. Voy. *Sabinus*.

Sebaldus, Nuremberg.

Sebastianus, Asti ; Soissons; OEttingen ; Gand, etc.

Secundus, Asti ; Chivasso.

Severinus, Paris.

Severus, Maëstricht; Vienne.

Serratius, Tongres ; Maëstricht ; Quedlinburg.

Silvester, Cluse; Chiusi.

Simon, Goslar ; Cologne ; Magdebourg.

Simeon, Zara.

Sixtus, Castiglione, Chiemsee, Gazzoldo, Guastalla; Montalto ; Sabionetta.

S. Spiritus, Castiglione; Sabioneta.

Sperandia, Cingula, Rome.

Stanislas, Pologne.

Stephanus. Batenbourg ; Bavière ; Besançon; Brisach ; Bulgarie; Cattaro ; Deciane ; Dijon ; Diepholz ; Halberstadt; Lorraine; Lesina ; . Macagno ; Metz : Nimègue ; Ostfrise ; Passau ; Palatinat ; Scutari ; Serbie ; Spire ; Bourges ; Metz ; Paris ; Epinal ; Marsal ; Meaux, etc.

Syrus ou Sirus, Pavie.

Symphorianus, Trévoux.

Terentianus, Borgotaro, Compiano.

Terentius, Pesaro.

Theobaldus, Thann.

Theodorus, Ferrare ; les Ferrero - Fieschi ; Déciane ; Montferrat ; Constantinople.

Theodolus, Sion, Valais.

Theodoritus, Uzès.

Theonestus, Crèvecœur ; Déciane ; Lavagna ; Messerano ; Milan ; Vercelli.

Thomas, Goa ; Ortona ; Parme ; Portugal ; Urbino.

Thomas (a Vill.), Rome.

Tiburtius, St Benigno.

Totnanus, Wurtzbourg.

Trophimus. Arles.

Trinitas, Soissons.

Tryphonius. Cattaro.

Tutcarus, Wurtemberg.

Ubaldus, Gubbio, Pesaro.

Ubertus, Déciane.

Udalricus, Augsbourg ; Batenbourg ; Wurtemberg.

Urbanus, Maëstricht.

Ursicinus, Bâle.

Ursinus, Bourges.

Ursula, Cologne.

Ursus, Soleure.

Valerianus, Tournus ; Forli

Velix. Voy. *Felix*.

Venantius, Camerino.

Vianus, Rome.

Victor, Batenbourg ; Déciane ; Soleure ; Sienne.

Vigilius, Castiglione; Trente.

Vincentius, Berne ; Cortone; Salzbourg ; Grenoble; Portugal ; Salzbourg.

Vinocus, Bergues.

Virgilius. Augsbourg ; Mantoue ; Salzbourg.

Vitalis, Parme ; Plaisance ; Salzbourg.

Vitus, Corvei ; Hoxter ; Prague : St-Veit.

Vultus, Lucques.

Walpurga, Eichstädt.

Wenceslaus, Breslau ; Bohème ; Olmutz, Moravie ; Schweidniz.

Wigbertus, Hersfeld.

Willadus, Stade ; Brême.

Willibaldus, Eichstädt.

Willigis, Mayence.

Wladimir, Russie.

Willehaldus, Brême.

Wolfgang, Œttingon ; Ratisbonne.

Zacharias, Florence.

Zanobius, Florence.

Zeno, Vérone.

APERÇU

SUR LA

VALEUR MARCHANDE

DES MONNAIES, MÉDAILLES, ETC.

Beaucoup d'ouvrages donnent aujourd'hui la valeur actuelle des monnaies à la suite de leur description. Ces renseignements, utiles pour les collectionneurs, ne peuvent être qu'approximatifs. La valeur d'une pièce dépend de tant de faits que l'on ne peut guère en fixer le prix avec certitude. La rareté est naturellement la première base de toute évaluation. Mais il ne suffit pas qu'une pièce soit rare, pour valoir un grand prix. Le degré de conservation y est aussi pour beaucoup, et, bien souvent, une pièce rare, mal conservée, n'atteint pas le prix d'une pièce commune, mais belle. En général, le prix des pièces rares tend toujours à augmenter et celui des pièces communes à baisser. Mais les trouvailles modifient constamment le cours des monnaies, et certaines pièces, considérées autrefois comme très rares, sont cotées aujourd'hui à un prix inférieur de plus de moitié à celui d'hier. C'est ainsi que le *salut* d'or de Charles VI, coté 800 fr., il y a une dizaine d'années, en vaut à peine 350 aujourd'hui (335 fr., vente Hoffmann, 1887). En général, les prix qui doivent servir de base à l'évaluation des pièces sont ceux qui ont été obtenus par des exemplaires de ces pièces dans des ventes publiques. En laissant de côté certains prix exagérés, causés par la compétition de quelques amateurs, on pourra établir une moyenne, sinon définitive, du moins très durable. Il faut aussi tenir compte de la mode qui fait rechercher tantôt une catégorie de pièces, tantôt une autre, et qui leur donne momentanément une certaine plus-value. Enfin, il y a aussi la loi inéluctable de *l'offre* et de la *demande* qui intervient dans les transactions pour modifier le cours des marchandises.

En résumé, la valeur marchande des monuments numismatiques est essentiellement variable et le prix donné à une pièce ne doit jamais être considéré que comme une indication générale subordonnée aux circonstances particulières.

Nous donnons seulement ici quelques prix, en conseillant à nos lecteurs de consulter les nombreux catalogues de vente des vingt années précédentes.

MONNAIES MÉROVINGIENNES

Les m. portant des noms royaux sont toutes très rares. Les sous d'or de Théodebert Ier valent de 700 à 800 fr., et les tiers de sou, 400 fr. Les pièces les plus communes de cette série sont les tiers de sou de Sigebert III, à Bannassac et Marseille, valant en moyenne 150 à 200 fr.

Parmi les tiers de sou portant des noms de localités et de monétaires, les plus communs sont ceux de Duerstedt, d'Autun, de Chalon-s.-Saône et du Gévaudan, valant de 20 à 50 fr. Certains autres triens atteignent facilement 300 et 400 fr.

MONNAIES CAROLINGIENNES

Pépin : Antrain (100 fr.), Milon de Narbonne (300 fr.), Noyon (700), Verdun (500), Strasbourg (800 fr.).

Carloman : De 1,000 à 1,500 fr.; M. d'or langobardes aux noms de Carloman, de Charles et d'Astolf (1,100 et 1,900 fr., vente Gariel).

Charlemagne : Les deniers les plus communs sont ceux de Melle et Dorestadt. Les deniers au buste valent de 700 à 1,200 fr.

Louis le Débonnaire et ses successeurs : Sou d'or (de 60 à 500 fr. selon le style) ; Deniers depuis 2 fr ; l'obole est généralement plus rare. Les grands deniers des empereurs carolingiens étrangers valent en moyenne 50 fr.

MONNAIES DE LA TROISIÈME RACE

Les deniers et oboles d'Hugues-Capet et de Robert sont très rares et valent de 500 à 800 fr. (excepté ceux de Beauvais et Laon, 10 à 30 fr.). Les pièces de Henri Ier valent en moyenne 100 fr. A partir de Philippe Ier (10 à 200 fr.), on trouve facilement des m. de tous les règnes, depuis les prix les plus bas. Parmi les pièces les plus importantes, nous citerons : le *denier d'or à l'écu*, de Saint Louis (3000 fr.) ; le *mantelet* d'or de Philippe III (800 fr.) ; la *couronne* d'or de Philippe VI (500 fr.), le *florin Georges* du même (400 fr.) ; le *denier d'or aux fleurs de lis*, (1,000 fr.), le *demi-mouton* (500 fr.), le *demi-blanc à la couronne*, de Jean II (200 fr.) ; l'*écu heaumé*, or (2,000 fr.), la *chaise* (1,200 fr.), le *gros heaumé*, de Charles VI (300 fr.); le *ducat d'or* de Gênes, pour Charles VI (400 fr.) : le *salut* d'Henri V (1,000 fr.) ; le *blanc* dit *quénar*, du même (200 fr.); le *franc à cheval* de Charles VII (1,000 fr.) ; le *demi-angelot* de Louis XI (1,000 fr.) ; le *triple écu* de Charles VIII (1000 fr.); le *blanc* de Forcalquier (300 fr.) le *double écu* et l'*écu* de Naples (1000 et 600 fr.) ; les *testons* de Naples (300 fr.) ; les *carlins* d'Aquila et de Sulmona (300 fr.) ; *écu d'or* de Louis XII pour la Provence (300 fr.) ; le *double ducat* d'Asti (1,500 fr.), le *teston* (600 fr.) et le *cavallo* (150 fr.) ; le *ducat* de Naples (600 fr.) : le *double ducat* (300 fr.) et le *teston* de Milan (60 à 200 fr.) ; le *ducat* (500 fr.) et l'*écu* d'argent (1,000 fr.); le *double ducat* (800 fr), le *ducat* (500 fr.) et les *testons* de Savone (200 fr.) ; l'*écu de quatre testons* de François Ier (1,200 fr.) ; les *écus* d'or de Gênes (500 à 800 fr.); les *testons* de Savone et d'Asti (500 fr.) le *henri* d'or de Henri II (200 fr.) ; le 1/2 (500 fr.) ; l'*écu*, le 1/2 *écu* et la *pièce de quatre écus* de Sienne (500 à 1,000 fr.) ; les *quarts d'écu* de Saint Quentin pour Henri III (400 fr.) ; le *franc* de Charles X (1.500 fr.) ; le *double écu* d'or (500 fr.) et le *demi-écu* d'argent, de Henri IV (800 fr.) ; les pièces de 2, 4, 8 et 10 *louis* de Louis XIII (de 100 à 1,500 fr.) ; l'*écu blanc* de Catalogne (1,000 fr. ; divisions, 200 à 300 fr.) :

cinq réaux de Vich (200 fr.) ; *lis* d'argent de Louis XIV (50 fr. ; divisions, 200 fr.) ; pièce de 15 *sols du Canada* (150 fr.) ; *écu carambole aux insignes* (150 fr.) ; *six blancs* (200 fr.) ; *écu aux trois couronnes* (200 fr. ; 1/2 do, 300 fr. 1/4 do, 200 fr.) ; *pagode* d'or de Pondichéry (100 fr.) etc.

Les *piéforts* ou essais sont toujours rares : les *piéforts* de la *maille blanche à l'o long*, de la maille tierce de Philippe valent 200 fr. ; celui du *denier tournois* du même, 40 fr. ; du *bourgeois fort* (75 fr.) ; du *royal* d'or de Charles IV (200 fr.) ; de la *couronne* et du *lion* d'or de Philippe VI (1,000 fr.) ; de l'*ange* (500 fr.) ; de la *chaise* (200 fr.) ; du *gros à la couronne* (300 fr.), du *gros, blanc à la couronne* de Jean II (500 fr.) ; du *royal* de Charles V (300 fr.) ; de l'*angelot* de Louis XI (500 fr.) ; du *petit parisis* du même (*Arg.*, 60 fr. ; *Or*, 200 fr.) ; du *carolus* de Charles VIII (100 fr.) ; du *blanc* de Forcalquier (*Billon*; 800 fr. ; *or*, 1.500 fr.) ; de l'*écu au porc-épic* de Louis XII (1000 fr.) ; du teston (*Arg.*, 500 fr. ; *Or*, 2000 fr.) ; du *denier tournois* (*Or*, 150 fr.) ; les *écus à effigie* de François Ier (2,000 à 3,000 fr.) ; du *douzain* (75 fr.) ; du *teston* d'Henri II (300 fr.) ; du *gros de Nesle* (40 fr.) ; du *gros* de François II et Marie Stuart (*Arg.* et *Or*, 1,000 fr.) ; du 1/2 *teston* de Charles IX (200 fr.) ; du *franc* d'Henri III (400 fr.) ; de l'*écu* de Charles X (500 fr.) ; de l'*écu* d'or de Henri IV (400 fr.) ; du *franc* de Louis XIII (Briot; 1,000 fr.); des *testons* (400 fr.) ; les *essais* (?) de Louis XIV avec PIÈCE.DE.PLAISIR (100 à 150 fr.) ; les *essais* du concours de 1791 (*Arg.*, 200 à 400 fr. ; *Cuivre*, 50 à 100 fr. ; *Plomb*, 5 à 10 fr.) ; l'essai de la *pièce de dix centimes* de 1852 (30 fr.), etc.

MONNAIES FÉODALES

Dans la série féodale, les gros prix sont beaucoup plus rares, même pour les pièces capitales, et la conservation des pièces est généralement moins bonne :

Denier d'Hugues de Meulent (vente Colson, 430 fr.) ; deniers de Nogent le Roi (60 à 100 fr.) ; Richard Ier de

Normandie (80 fr.) ; Hoël II de Bretagne (50 fr.) ; *cavalier*
d'or de Jean IV (150 fr.) ; *cadière* d'or d'Anne de Bretagne (1.000 fr.); les deniers à la tête de Chinon et Tours,
Tours et Orléans (120 à 150 fr.); celui de Loches (vente
Gariel, 115 fr.); Guillaume de Nevers, pour Issoudun
(110 fr.); Château-Meillant (50 à 100 fr.); le denier ᴇᴍʀɪ-
ᴄᴠs.ᴅᴇ.ʙʀᴀɴᴄɪᴇ (100 fr.); Savary de Mauléon (65 fr.);
Guyennois et *florin* d'Edouard III (90 et 150 fr.); *blanc*
du même avec ᴛᴠʀᴏɴᴠs.ʀᴇɢᴇᴍ (v. Gariel. 200 fr.); *chaise*
d'or d'Edouard IV (100 fr.); *hardi* d'or de Richard II
(200 fr.); *noble* d'or (100 fr.); *franc à cheval* de Charles
de France (350 fr.); *Fort* d'or du même (V. Dassy. 1281 fr.;
V. Gariel. 1,660 fr.); *gros* d'arg. du même (120 fr.); *écu*
d'or de Gaston de Foix (150 fr.); *florin* (150 fr.); Denier
d'Astanova, comte de Fezenzac (V. Jarry, 280 fr.); *écus*
de François Phébus (100 fr. et 200 fr.); *écu* de Catherine (200 fr.); *gros* de Charles le Mauvais (30 à 70 fr.); *écu*
d'or de Jean et Catherine (100 fr.); *écu* de Henri d'Albret (150 fr.); *écu* d'or de Jeanne d'Albret (V. Gariel,
non catalogué, 135 fr.); *gros* de Montpellier (60 fr.);
gros d'arg. de Robert de Provence (40 fr.); *Carlin* de
René (200 fr.); Augustale d'or de Charles Iᵉʳ de Provence (V. Dassy, 640 fr.; V. Regnault, 288 fr.); florin d'or
de Jeanne de Provence (v. Charvet, 480 fr.); obole de
Gaillard de Saumate, archev. d'Arles (100 fr.); *teston*
d'Innocent VIII, pour Avignon (140 fr.); *écu* d'or de
Pie V (220 fr.); *quadruple écu* d'or d'Urbain VIII (250 fr.)
écu d'argent d'Innocent X (170 fr.); *florin* d'or de Raimond IV d'Orange (v. Dassy, 485 fr.; v. Gariel, 910 fr);
Demi-florin au heaume de Jean II de Châlon (v. Dassy,
310 fr.; v. Gariel, 650 fr.); denier de Guillaume, comte
de Lyon (100 fr.); Pièce d'or au buste de Pierre II de
Dombes (v. Regnault. 430 fr.; v. Charvet, 250 fr.); *cavalier* arg. de Louis II de Dombes (v. Regnault, 289 fr.);
franc arg. (d° 239 fr.); *doubles et quadruples pistoles*
d'or de Charles-Quint. Besançon (200 à 350 fr.); *écus* de
Lure et Murbach (60 fr.); *Denier* d'Otton-Guillaume, comte
de Mâcon (40 fr.); évêques de Langres (30 à 50 fr.); *denier* de Louis Iᵉʳ de Rethel (120 fr.); *ducat* d'or de

Charles II de Gonzague (150 fr.) ; *escalin* de Henriette de
Phalsbourg et Lixheim (40 fr.) ; *écu* d'or de Henri et
Charlotte, Sedan-Bouillon (280 fr.) ; *écu* d'Henri de la
Tour (60 fr.) ; *double écu carré* de Jean, landgrave d'Alsace (1,200 fr.) ; *écu* de Louis-Const. de Rohan, év. de
Strasbourg (60 fr.) ; *florins* d'arg. et *écus* de Colmar (60 à
150 fr.) ; *florin* d'arg. d'Hagueneau (60 fr.) ; *écu* de
Thann (200 fr.) ; *écu* de Mulhouse (150 fr.) ; *grande plaque* d'Adémar de Monthil, évêque de Metz (150 fr.) ; le
gros du même (v. Robert, 105 fr.) ; les *gros* de Jean III
de Vienne et de Raoul de Coucy, év. de Metz (150 fr.) ;
les *grands* écus de Charles de Lorraine (150 à 200 fr.) ;
l'*écu* de Robert de Lenoncourt (300 fr.) ; l'*écu* de Charles II
de Lorraine (500 fr.) ; les petites monnaies des maîtres-
échevins de Metz (20 à 100 fr.) ; imitations monétaires de
Jean d'Arzilières, évêque de Toul (de 75 à 200 fr.) ; *demi-
gros* d'Amédée de Genève (125 fr.) ; *gros* de Pierre de la
Barrière (100 fr.) ; *grand écu* de Charles de Lorraine, év.
de Verdun (220 fr.) ; *deniers* de Gérard et Thierry, St-Dié
(100 à 400 fr.) ; *grande plaque* de Jean Ier de Lorraine
(120 fr.) ; *grand écu* d'Antoine de Lorraine (120 fr.) ; *quadruple ducat* d'or de Charles III (v. Robert, 530 fr.) ; *ducat* (300 fr.) et *double pistole* du même (200 fr.) ; *écus*
arg. du même (100 fr.) ; *florin* d'Henri de Lorraine
(120 fr.) ; *écu* d'or de Charles IV (175 fr.) ; *double léopold*
d'or de Léopold Ier (100 à 300 fr.) ; *françois* d'or de François III (260 fr.), etc.

MONNAIES ÉTRANGÈRES

Les m. des divers pays de l'Europe ont toujours une valeur plus grande dans leur pays d'origine, ce qui est facile à comprendre. On trouve de gros prix dans toutes les
séries. Ainsi le *penny* d'or d'Henri III d'Angleterre atteint
3,500 fr. et certaines m. des papes valent 3,000 fr. Parmi
les pièces que l'on peut trouver à bon compte en France,
on peut citer les bractéates allemandes.

MÉDAILLES

Comme guide pour la valeur des médailles nous recommandons le catalogue Robinson (1884) et le catalogue Malinet (1887). Pour faire juger de l'importance de certaines pièces, il nous suffira de dire qu'à la vente Robinson les médailles suivantes se sont vendues : Louis de Gonzague (Pisanello), 5,600 fr.; Guarin de Vérone (par Matteo da Pasti), 6,650 fr.; François Sforza (par Sperandio), 4,808 fr. ; Raphael Maffeus, 7,000 fr.

JETONS, MÉREAUX, POIDS, ETC.

Les jetons n'ont pas encore atteint les prix que leur réserve sans doute l'avenir. Aussi, à l'heure actuelle, les jetons dépassant 100 fr. sont des exceptions. Les jetons en or sont considérés comme étant de la plus grande rareté.

Voici quelques prix élevés :

Jean IV de Lorraine, *arg.* (v. Robert, nº 665, 120 fr.) ; Anne d'Escars de Givry, *arg.* (dº nº 712, 82 fr.) ; Louis de Lorraine, *arg.* (dº, nº 701, 90 fr.) ; Renée de Bourbon, régente de Lorraine, *arg.* (dº, nº 1438, 99 fr.); Christine de Danemark, *arg.* (dº, nº 1446, 105 fr.); Charles de Lorraine, abbé de Gorze, *arg.* (dº, nº 1639, 105 fr.) ; Anne-Caroline, *or*, (dº, nº 1651, 66 fr.). Monnayeurs de Trévoux, *arg.*, v. Regnault, 299 fr.) : officiers de la monnaie de Dijon, *cuivre*, (vente Chaix ?), *Jetons de Bourgogne*, 1889 ; 75 fr.), etc.

Quant aux poids monétaires et monétiformes, ces monuments, qu'on recherche depuis peu d'années, n'ont pas encore de cours sur la cote numismatique.

BIBLIOGRAPHIE GÉNÉRALE

DU SECOND VOLUME

PAYS-BAS, BELGIQUE, HOLLANDE

CHALON (R.), *Monnaies des comtes de Hainaut*, Bruxélles, 1854 ; trois suppléments, 1852, 1854, 1857.

— *M. des comtes de Namur*, Bruxelles, 1860 ; supplément, 1870.

DEN DUYTS (Fr.), *Notices sur les anciennes m. de Flandre, Brabant, Hainaut, Namur et Luxembourg*, Gand, 1847.

DEVOOGT, *Geschiedenis van het muntwezen in Gelderland* (1576-1813), Amsterdam, 1874.

GUIOTH (L.), *Histoire numismatique de la Révolution belge* (médailles, jetons et monnaies), Hasselt, 1844-45.

— *Histoire numismatique de la Belgique*, Hasselt, 1851-69.

SERRURE (C.-P.), *Notice sur le cabinet monétaire de S. A. le prince de Ligne, ou description des m. de Brabant, Flandre, Hainaut, Namur, Luxembourg et Tournai*, Gand, 1847.

SERRURE (R.), *Dictionnaire géographique de l'histoire monétaire belge*, Bruxelles, 1880.

VAN DER CHIJS (P.-O.), *De munten der voormalige hertogdommen Braband en Limburg*, Haarlem, 1851.

— *De munten der voormalige graven en hertogen van Gelderland*, Haarlem, 1852 .

— *De Munten der voormalige heeren en steden van Gelderland*, Haarlem, 1853.

— *De Munten der voormalige heeren en steden van Overijssel*, Haarlem, 1854.

— *De munten van Friesland, Groningen en Drenthe, (der heeren van Koevorden)*, Haarlem, 1855.

— *De Munten der voormalige graafschappen Holland en Zeeland (Vianen, Asperen et Beukelom)*, Haarlem 1858.

— *De munten der bisschoppen, van de heerlijkheid en de Stad Utrecht*, Haarlem, 1859.

— *De munten der leenen van de voormalige hertogdommen Braband en Limburg*, Haarlem, 1862.

VERKADE, *Muntboek der vereenigde Nederlanden*, Schiedam, 1848.

WOLTERS (J.), *Recherches sur l'ancien comté de Gronsveld et sur les anciennes seigneuries d'Elsloo et de Randeraedt*, Gand, 1854.

CUMONT (G.), *Bibliographie générale et raisonnée de la Numismatique belge*, Bruxelles, 1883.

Revue de la numismatique belge, depuis 1842.

Bulletin mensuel de Numismatique et d'Archéologie, dirigé par M. R. Serrure, Bruxelles, 1881-1889.

ALLEMAGNE

BEUST (Joachim-Ernst von), *Sciagraphia Juris monetandi in sacro imperio Romano-Germanico* (contient une importante liste de noms de m.), Leipzig, 1745.

CAPPE (H.-P.), *Die Münzen der deutschen Kaiser und Kœnige des Mittelalters*, Dresde, 1848-57.

DANNENBERG (H.), *Die deutschen Münzen der saechsischen und fraenkischen Kaiserzeit*, Berlin, 1876.

SCHLUMBERGER (G.), *Des bractéates d'Allemagne*, Paris, 1873.

APPEL (J.), *Repertorium zur gesammten Münzkunde des Mittelalters und der neueren Zeit*, Pesth et Vienne, 1820-29.

KÖHLER, *Vollstændiges Ducaten-Cabinet*, Hanovre, 1759-60.

MADAI, *Vollstændiges Thaler-Cabinet*, Königsberg, 1765-74.

SCHULTHESS-RECHBERG, *Thaler-Cabinet*, Vienne, 1840.

NEUMANN (J.), *Beschreibung der bekanntesten Kupfermünzen* (40,000 nos), Prague, 1858-72, 80 pl.

FLIESSMANN (Dr F.), *Münzsammlung enthaltend die wichtigsten seit dem westphælischen Frieden bis zum Jahre* 1800 *geprægten. Gold und Silber-M. sæmmtlicher Lænder u. Stædte*, Leipzig, 1853, 120 pl.

REINHART (J.-C.), *Kupferkabinet*, Eisenberg, 1827-28.

ZEPERNICK (C.-F.), *Die Münzen und Medaillen der ehemaligen Capitel und Sedisvacanzen*, Halle, 1848.

Die Reichelsche Münzsammlung in St-Petersburg, I-IX, 1842-43.

Catalogue de la collection Welzl de Wellenheim, Vienne, 1844-45.

ERSLEV (K.), *Description des m. du Moyen-âge de C.-J. Thomsen* (division par cercles), Copenhague, 1873-76.

Catalogue de la coll. Hugo Garthe, Cologne, 1884 (J.-M. Heberle, expert).

SCHWALBACH, *Die neuesten deutschen Münzen unter Thalergræsse, vor Einführung des Reichesgelds*, Leipzig, 1879.

SCHLÖSSER (E.), *Die Münztechnik, ein Handbuch für Münztechniker, Medaillenfabrikanten, Gold und Silberarbeiter, Graveure*, etc. (renseignements sur l'apparition et les variations des différentes m. allemandes, p. 14-25). Hanovre, 1884.

KOEHNE (B. DE), *Zeitschrift für Münz, Siegel- und Wappenkunde*, 1841-46, 1859-62,

GROTE (H.), *Blaetter für Münzkunde*, Leipzig, 1834-44.

LEITZMANN (J.), *Wegweiser auf dem Gebiete der deutschen Münzkunde*, Weissensee, 1869.

— *Numismatische Zeitung* (nous abrégeons par *Num. Zeit.*), Weissensee, 1834-71.

Blaetter für Münzfreunde, depuis 1865.

Numismatisch-Sphragistischer Anzeiger, depuis 1868.
Berliner Münzblaetter, depuis 1880.
Numismatisches Literatur-Blatt, depuis 1880.
Zeitschrift für Numismatik (*Z. f. N.*), Berlin, depuis 1873.
Numismatische Zeitschrift (*Num. Zeitsch.*), Vienne, depuis 1869, etc.

AUTRICHE

BECHER (S.), *Das Oesterreichische Münzwesen* (1524-1838), Vienne, 1838.

KARAJAN, *Beitraege zur Geschichte der landesfürstli chen Münzen Wiens*.

LUSCHIN VON EBENGREUTH (A.), *Zur Oesterreichischen Münzkunde* (xiii⁰ et xiv⁰ siècles.)

— *Archivalische Beitraege zur Münzgeschichte der fünf Niederoesterreich. Lande, Num. Zeitsch.*, 1870, 60 ; 1872, 35.

NEWALD (Joh.), *Das Oesterr. Münzwesen* (sous Maximilien II, Rodolphe II et Mathias), *Num. Zeitsch.*, 1885, 167.

RAIMANN, dans *Num. Zeitsch.*, 1871, 501 ; etc.

BOHÊME

VOIGT (Ad.), *Beschreibung der bisher bekannten boehmischen Münzen*, Prague, 1771-87.

PAMATKY, *Archaelogické à Mistopisné* (publié par K.-V. Zap), Prague, 1854-61.

CAPPE (H.-P.), *Die aeltesten Münzen Boehmen's*, Berlin, 1846.

(MILTNER et NEUMANN), *Beschreibung der boehmischen Privatmünzen und Medaillen*, Prague, 1852-70, 85 pl.

Verzeichniss der boehmischen M.-und Medaillen-Sammlung des Wilh. Kilian, Vienne, 1858.

Beschreibung der Sammlung boehmischer M. und Medaillen des Max Donebauer, Prague, 1888.

LUSCHIN VON EBENGREUTH (Dr Arn.), *Der Rakwitzer Münzfund, Num. Zeitsch.*, 1886-88.

HONGRIE, TRANSYLVANIE

MELLEN (J. de), *Series regum Hungariae e nummis aureis*, Breslau, 1750.

(WESZERLE), *Tabulae Nummorum Hungaricorum*, 82 pl., 4º (Pesth).

SZECHENYI, *Catalogus Nummorum Hungariæ ac Transilvaniae*, Pesth, 1807-1810, 107 pl.

RUPP (J.), *Numi Hungariae*, Bude, 1841-1846.

ERDY (J.), *Erdély érmei* (M. de Transylvanie de 1526 à 1835), Kepatlasz-Pesten, 1862.

HESS (A.), *Die Siebenbürgischen Münzen des fürstlich Montenuovo'schen Münzkabinetes*, Francfort, 1880.

REISSENBERGER (L.), *Die Siebenbürgischen Münzen des freiherrlich Samuel von Bruckenthal'schen Museums in Hermannstadt* (tirage à part du *Programm des evangelischen Gymnasiums zu H.*), Hermannstadt, 1877-1880.

POLOGNE

CZACKI (Tadeus), *O rzecki mennicznej w Polszcze i Litwie*, 1800-35.

BANDTKIE (K.-W.-St.), *Numismatika Krajowa*, Varsovie, 1839-40 (72 pl.).

LELEWELL (J.), *Notice sur la monnaie de Pologne* (Extrait de *la Pologne illustrée*), Bruxelles, 1842.

ZAGORSKI (J.), *Monety Dawnej Polski z trzech ostatnich wiekow*, Varsovie, 1845 (60 pl.; m. de la Pologne, des pays et villes en dépendant, depuis Sigismond Ier jusqu'à Stanislas Auguste).—Supplément de 28 planches en 1851.

— *Skorowidz monet polskich*, Varsovie, 1847.

RADZIWILL, *Catalogue des monnaies et médailles de Pologne du cabinet du prince G. R.*, Berlin, 1848; 2e éd., par C. F. Thrachsel, Berlin, 1869.

MICKOKI, *Verzeichniss einer grossen polnischen Münz- und Medaillen Sammlung*, Vienne, 1850.

Tyszkiewicz (J.), *Skorowidz monet Litewskisch*, Varsovie, 1875.

Polkowski (I), *Découverte à G Glebokie de m. polonaises du moyen âge*, Gnesen, 1876.

Stronczynski (Kazmirz), *Dawne monety Polske Dynastyi Piastow i Jagiellonow*, Piotrkow, 1883.

Colonna-Walewski, *Beitraege zur Geschichte der polnischen Münzstaeten* (1588-1624), *Z. f. N.*, 1884, 205.

Catalogue de la collection des médailles et monnaies polonaises du comte E. Hutten-Czapski, St-Pétersbourg, 1871-80.

Zapiski Numismatyczne, Pismo poswiecone numismatyce i sfragistyce, recueil dirigé par M. Miceslas Kurnatowski, à Cracovie, depuis 1884.

RUSSIE

Chaudoir (Bᵒⁿ de), *Aperçu sur les monnaies russes*, Pétersbourg et Paris, 1836.

Schubert (T.-J. de), *Monnaies et médailles russes*. St-Pétersbourg, 1843 ; Leipzig, 1858.

(Reichel), *Die Reichel'sche Münzsammlung*, Pétersbourg, 1842.

Reichel (J. de), (M. russes) dans *Mémoires Société d'archéologie de St-Pétersbourg*, 1847.

Tschertkow (A.), *Anciennes monnaies russes* (en russe), Moscou, 1834.

Ssakharow (J.), *Annales de numismatique russe* (en russe), Pétersbourg, 1842.

Ssontzow (D.), *Dengui et pouly de l'ancienne Russie* (en russe), Moscou, 1862.

Hutten Czapski (Cᵗᵉ E.), *Dengui de l'ancienne Russie* (en russe), Pétersbourg, 1875.

Seguin (Fr.), dans *Revue belge de Numismatique*, 1869, p. 39, 416.

TOLSTOÏ (Cᵗᵉ J.), *La Numismatique russe avant Pierre le Grand, M. de Novgorod*, Pétersbourg, 1884 ; d⁰, *M. de Pskow* (en russe), 1886 ;

— *Monnaies russes très anciennes de la grande principauté de Kieff* (en russe), Pétersbourg, 1882.

TSCHERNEW (N.), *Monnaies russes, Annuaire Soc. fr. de Num.*, 1888, p. 427 ; etc.

MOLDAVIE, VALACHIE ET ROUMANIE

KOEHNE (B. DE), *Münzen der Moldau und der Walachei, Z f. Münz-Siegel- und Wappenkunde*, I, 1841, p. 330 ; II, 365.

STURDZA (Dem.-Alex.), *Uebersicht der Münzen und Medaillen des Fürstenthums Romanien* (Moldau u. Walachei), *Num. Zeitsch.*, 1872, 44-129, pl. I-V ;

— *Bibliografia Numismaticei Romane* (90 ouvrages sur les m. de la Val. et de la Mold.), Bucharest, 1879.

BULGARIE, SERBIE, BOSNIE

REICHEL (J. DE), *Beitraege zur Münzkunde der südlichen slawischen Voelker, Mém. Soc. Arch. et Num. de St-Pétersbourg*, III, 1849, 154 ;

— *Serbiens alte Münzen*, même revue, 1848, 242.

LUCZENBACHER (J.), *A Szerb ssupanok, Kiraliok, és czarok Pénzei* (M. serbes des ducs, rois et empereurs), Budan, 1843 (23 pl.).

Rev. belge, 1852, p. 6 ; *R. N.*, 1850, p. 348.

LJUBIC (Prof. Sime), *Opis Jugoslavenskih Novaca*, Zagrebu (Agram), 1875, 20 pl. ;

— (Supplément pour les m. d'or de Serbie), Agram, 1876, 1 pl...

ITALIE

PROMIS (Vinc.), *Tavole Sinottiche delle monete battute in Italia..*, Turin, 1869.

BAZZI (G.) et Santoni (M.), *Vademecum del raccoglitore di monete italiane*, Camerino, 1886.

GNECCHI (F. et E.), *Saggio di bibliografia numismatica delle zecce italiane medioevali e moderne*, Turin, 1889.

Gazzetta numismatica, revue publiée par M. Solone Ambrosoli, depuis 1881.

Bullettino di Numismatica e sfragistica per la storia d'Italia, Camerino, depuis 1882.

Rivista italiana di Numismatica, Milan, depuis 1888.

SUISSE

HALLER, *Schweizeriches Münz- und Medaillen-Kabinet*, Berne, 1780-81.

MEYER (H.), *Die aeltesten Münzen von Zurich*, Zurich, 1840 ;
— *Die Bracteaten der Schweiz*, Zurich, 1845 ;
— *Die Denare u. Bracteaten der Schweiz*, Zurich, 1858 (V. *Mittheil. des Antiquarischen Gesellschaft zu Zurich*, 1858).

MEYER DE KNONAU (Gerold), *Die Schweizerischen M. von den aeltesten Zeiten bis auf die Gegenwart*, Zurich, 1851.

CUSTER (Dr H.), *Die Gewichte, Gehalte und Werthe der alten Schweizerischen M.*, Berne, 1854.

LOHNER, *Die M. der Republik Bern*, Zurich, 1846.

LUETHERT, *Versuch einer Münzgeschichte von Lucern, Uri, Schwyz, Unterwalden und Zug*, Einsiedeln, 1864-67.

TRACHSEL (C.-F.), *M. und Medaillen Graubündens*, Berlin, 1866.
— *Unedirte Bracteaten, Num. Zeitsch*, 1882, 13.
— *Trouvaille de Steckborn*, 1884.

MOREL-FATIO (A.), *Histoire monétaire de Neuchâtel*, Lausanne, 1870.

— *Hist. monét. de Lausanne*, Rev. belge, 1870-87.

Lehr (Ernest), *Essai sur la Numismatique suisse*, R. N., 1874, pl. IX à XIII.

Stuart Poole (Reg.), *Catalogue of the swiss coins in the South-Kensington Museum* (Coll. ·Townschend), Londres, 1878.

Jenner (Ed.), *Die Münzen der Schweiz*, Berne, 1879.

Escher (Alb.), *Schweizerische Münz und Geldgeschichte*, Berne, 1881.

Dreifuss (Hermann), *Die Münzen und Medaillen der Schweiz*, Zurich, 1880.

Henseler (A.), *Catalogue descriptif des monnaies et médailles suisses de la collection...*, Fribourg, 1880.

Bulletin de la Société suisse de Numismatique, Fribourg, depuis 1882.

ESPAGNE

Heiss (Aloïss), *Monnaies des rois wisigoths d'Espagne*, Paris, 1872 ;

— *Descripcion general de las monedas hispano-cristianas*, Madrid, 1865-89.

Codera y Zaidin (Francisco), *Tratado de Numismatica Arabigo-Espanola*, Madrid, 1879.

Rada y Delgado (D. Juan de Dios de la), *Bibliografia numismatica espanola* (et portugaise), Madrid, 1886.

Memorial numismatico espanol, revue publiée à Barcelone depuis 1866.

PORTUGAL

Fernandez (M.-B.), *Memoria das monedas correntes en Portugal*, Lisbonne, 1856-57.

Sabatier (J.), M. du Portugal, Ann. Soc. fr. de Num., 1868, 185.

Teixeira de Aragao (A.-C.), *Description des monnaies et médailles de l'histoire portugaise*, Paris, 1867 ;

— *Descripçao geral das moedas... de Portugal*, Lisbonne, 1874-80 (le 3e vol. comprend les m. des colonies).

ANGLETERRE, ÉCOSSE, IRLANDE

Ruding (R.), *Annals of the coinage of Great Britain*, Londres, 1840.

Hawkins (Ed.), *The silver coins of England*, Londres, 3e édition, 1887.

Lloyd Kenyon (R.), *The gold coins of England*, Londres, 1884.

Hildebrand (Bror-Emil), *Anglosachsiska Mynt i svenska konglica Myntkabinettet funna i sveriges jord*. (M. anglo-saxonnes trouvées en Suède) Stockholm, 1881.

Keary (Ch.-Francis), *A catalogue of english coins in the British Museum, anglo-saxon series*, I, Londres, 1887.

Lindsay (J.), *A view of the coinage of Scotland*, Cork, 1845 ; suppléments en 1859 et 1868 ;
— *A view of the coinage of Ireland*, Cork, 1839.

Cochran-Patrick (R.-W.), *Records of the coinage of Scotland*, Edimbourg, 1875.

Burns (Ed.), *The coinage of Scotland*, Edimbourg, 1887.

Robertson (J.-D.), *A handbook to the coinage of Scotland*, Londres, chez Bell.

Henfrey (H.-W.) et Keary (C.), *A guide to the study of english coins*, Londres, chez Bell.

Thorburn (Stewart), *A guide to the coins of Great Britain and Ireland* (avec les prix), 2e éd., Londres (1888).

Batty (D.-T.), *Descriptive catalogue of the copper coinage of Great Britain, Ireland, British Isles and colonies*, Manchester, 1876.

The Numismatic chronicle, depuis 1838.

DANEMARK, SUÈDE ET NORWÈGE

Hildebrand (B.-E.), *Anglosachsiska Mynt i Svenska Kongl. Myntkabinettet*, Stockholm, 1846 (V. *Angleterre*).

Beskrivelse over danske Mynter og Medailler i den Kongelige Samling Copenhague, 1791-94.

BERCH (C.-R.), *Beskrifning öfver Svenska Mynt..,* Upsal, 1773.

RAMUS (C.), *Knud den helliges Mynter*, Copenhague, 1821.

DEVEGGES *Mynt og Medaille-Samling*, Copenhague, 1851-67.

BRENNER(E.), *Thesaurus Nummorum Sueo-Gothicorum*, Holmiae, 1731.

HOLMBOE, *De Prisca re monetaria Norvegiae*, Christiania, 1854 ;

— *Bröholt-fundet*, Christiania, 1869. ⁻

SCHIVE (C.-J.) et HOLMBOE (C.-A.), *Norges Mynter i Middelalderen*, Christiania, 1865.

. MOHRS *Samling af Skandinaviens Mynter og Medailler*, Copenhague, 1847.

ERSLEV, *Description des m. du moyen âge de C.-J. Thomsen*, Copenhague, 1873-76.

STENERSEN (L.-B.), *Myntfundet fra Graeslid i Thydalen*, Christiania, 1881.

HAUBERG (P.), *Danmarks Myntwaesen og Mynter i Tidsrummet*, 1241-1377, Copenhague, 1884 (Résumé en français : *Coup d'œil sur l'histoire de la m. en D.*, de 1241 à 1377, *Mém. Soc. roy. des Antiquaires du Nord*, 1886) ;

— d⁰, 1377-1481, Copenhague, 1886.

MANSFELD-BULLNER, *Danske Mönter*, 1241-1377 (Danois-français), Copenhague, 1887.

JÖRGENSEN (C.-T.), *Beskrivelse over Danske Mönter*, 1448 *bis* 1888, Copenhague, 1888.

STIERNSTEDT (A., baron DE), *Description des monnaies de cuivre et des mércaux suédois* (en Suédois), Stockholm, 1871-1872.

MONNAIES OBSIDIONALES

KLOTZ (C.-A.), *Historia Numorum Obsidionalium*, Altenbourg, 1765.

DUBY (Tob.), *Recueil général des pièces obsidionales et de nécessité*, Paris, 1786.

MAILLIET (P.), *Catalogue descriptif des m. obsidionales*

et de nécessité, Rev. belge, 1866-73, et Bruxelles, 1866-73, 2 vol. et 2 atlas.

Collection colonel Mailliet, M. obsidionales et de né-cessité, vente à Paris en 1886 (M. Van Peteghem, expert).

Mondésir (Col.), *Ann. Soc. Num.*, 1867, p. 299.

MÉDAILLES ITALIENNES

Trésor de Numismatique et de Glyptique, 2 vol., 84 pl, — *Médailles des papes*, 48 pl.

Friedlaender (J.), *Die italienischen Schaumünzen des fünfzehnten Jahrhunderts*, Berlin, 1880-82.

Heiss (Aloiss), *Les médailleurs de la Renaissance.* Paris, 1881 et seq.

Keary (C.-F), A *Guide to the italian medals exhibited in the king's library*, Londres, 1881.

Armand (A.), *Les Médailleurs italiens des XVe et XVIe siècles*, Paris, 1883-87.

Müntz (E.), *L'Atelier monétaire de Rome*, R. N., 1884, p. 220.

Catalogue des médailles artistiques de la Renaissance; Coll. J.-C. Robinson; vente à Paris, 1884 (Experts : MM. Rollin et Feuardent).

MÉDAILLES ALLEMANDES

Trésor de Numismatique et de Glyptique, méd. allem., 48 pl.

Sallet (A. Von), *Deutsche Guss-Medaillen* (xvie-xvii s.), Z. f. N., 1883, 123, pl. IV-VII.

Erman (A.), *Deutsche Medailleure* (xvie-xviie s.), Z. f.N., 1884, p. 14-102.

Whitcombe Greene (T.), dans *Numismatic chronicle*, 1888.

Hartmann-Franzenschuld (Dr Ernest von), *Deutsche Personenmedaillen des XVI Jahrhunderts*, Archiv. f. oesterreich. Geschichtsquellen, Vienne, 1873, t. XLIX, p. 427.

Bolzenthal (H.), *Skizzen zur Kunstgeschichte der Stempelschneidekunst und modernen Medaillen-Arbeit* (1429-1840), Berlin, 1840.

Beierlein, *Medaillen auf ausgezeichnete und berühmte Bayern*, Munich. 1852 (et dans *Oberbaüerische Archiv für vaterlaendische Geschichte*).

Bergmann (J.), *Medaillen aaf beruehmte und ausgezeichnete Maenner der œsterreichischen Kaiserstaats* (xvie-xixe s.), Vienne, 1844-57.

Lochner (J.-J.), *Sammlung merkwürdiger Medaillen*, Nuremberg, 1737-44.

Laverrenz (C.), *Die Medaillen und Gedaechnisszeichen der deutschen Hochschulen*, Berlin, 1885-87.

MÉDAILLES FRANÇAISES

Trésor de Numismatique et de Glyptique (Méd. francaises de Charles VII à Henri IV, 68 pl.; id. de Henri IV à Louis XIV, OEuvres de Dupré et Warin, 36 pl.; de Louis XIV, L. XV et L. XVI, 56 pl.: *Collect. de méd. relatives à la Révolution française*, 96 pl.; *Collect. des méd. de l'emp. Napoléon*, 72 pl.).

Menestrier (C.-F.), *Histoire de Louis le Grand par les médailles, emblèmes, devises, jetons*, Paris, 1689.

Godonnesche (Nic.), *Médailles du règne de Louis XV*, Paris, 1727; 2e éd., 1736 ; continué par Fleurimont (R.), *Médailles du règne de Louis XV, depuis 1715 jusqu'à 1748*, s. l. n. d., 78 pl.

Bie (Jacques de), *La France métallique*, Paris, 1636.

Méd. sur les principaux événements du règne de Louis le Grand, avec explications historiques par l'Académie royale des Médailles et des Inscriptions, Paris, 1723, 318 pl.

Koehler (J.-D.), *Historische Münzbelustigungen*, Nuremberg, 1729-50 (Nombreuses médailles).

Hennin (M.), *Histoire numismatique de la Révolution française*, Paris, 1826.

Millin (A.-L.) et Millingen (J.), *Histoire métallique de Napoléon*, Paris, 1819 ; supplément, 1821.

Cat. de la coll. de m., médailles et jetons de la République et de l'Empire, de feue Mme vve Soehnée; vente à Paris, 1872 (Experts : MM. Rollin et Feuardent).

Saulcy (F. de), *Souvenirs numismatiques de la Révolution de 1848*, Paris, 1848, 60 pl.

Collection de médailles et monnaies de 1870-1871, vente à Paris, mars 1889 (M. Van-Peteghem, expert).

Blanchet (J.-A.), *Médailles et jetons du sacre des rois de France*, Bruxelles, 1889, et *Bull. mensuel de Numism.*, t. VI.

MÉDAILLES DES PAYS-BAS

Pinchart (Al.), *Histoire de la gravure des médailles en Belgique* (XVe-XVIIIe s.), *Mém. cour. et publiés par l'Académie royale de Belgique*, t. XXXV, 1870.

— *La gravure des Médailles en Belgique*, dans *Patria Belgica*, IIIe partie, Bruxelles, 1875, p. 721.

Picqué (C.), *Médaillons et médailles des anciennes provinces belges*, dans l'*Art ancien à l'exposition nationale belge* (Camille de Rodaz, directeur), Bruxelles-Paris, 1881.

MÉDAILLES DES DIVERS PAYS DE L'EUROPE.

Grueber, (Médailles depuis 1760), *Num. Chron.*, 1887-88.

Warwick Wroth, *Index to English personal medals in the British museum*, 1886.

Cochran Patrick (R.-W.), *Notes towards a metallic history of Scotland*, *Numism. Chronicle*, 1877, 1878, 1879, 1880.

Hawkins (Ed.), *Medallic illustrations of the history of Great Britain and Ireland to the death of George II*, Londres, 1885.

HALLER, *Beschreibung der Eydgenoessischen Schau-und Denkmünzen*, Berne, 1795.

RACZYNSKI (E., Cte DE), *Le médailler de Pologne* (jusqu'en 1696), polonais-français, Berlin, 1845.

IVERSEN (J.-A.), *Médailles frappées en l'honneur de l'empire russe et de particuliers* (en russe), St-Pétersbourg, 1879.

Kortfattet fortegnelse over Norske Medailler siden 1814 (Méd. norvégiennes depuis 1814), Christiania, 1879, etc.

JETONS ET MÉREAUX

VAN MIERIS (Fr.), *Histori der Nederlandsche vorsten*, La Haye, 1732-35.

BIZOT (P.), *Histoire métallique de la Hollande* (1566-1580), Paris, 1687 ; Amsterdam, 1688 ; supplément, 1690.

VAN LOON (G.), *Histoire métallique des dix-sept provinces des Pays-Bas*, Edit. hollandaise, La Haye, 1723-31 ; édition française, La Haye, 1732-37.

Beschrijving van Nederlandsche historiepenningen, (suite à Van Loon), Amsterdam, 1822-67.

MAHUDEL (N.), *Sur l'origine et l'usage des jetons, Mém. Acad.-Inscr. et B.-Lettres*, 1724, p. 259.

SNELLING (Th.), *A view of the origin, nature and use of jettons or counters*, Londres, 1762-69.

FONTENAY (J. de), *Fragments d'histoire métallique*, Autun, 1845 ;

— *Nouvelle étude de jetons,* Autun, 1850 ;

— *Manuel de l'amateur de jetons*, Paris, 1854.

ROUYER (J.) et HUCHER (E.), *Histoire du jeton au moyen-âge*, (1re partie), Le Mans et Paris, 1858.

Catalogue des jetons de la coll. Legras (Van Peteghem, expert), Paris, 1883.

ROUYER (J.), *Notes pour servir à l'étude des méreaux, R. N.*, 1849, p. 316 et 446.

— *Notes concernant des méreaux, R. N.*, 1864, 444.

— *Choix des jetons français du moyen âge, R. N.*, 1884, p. 347, etc.

BARTHÉLEMY (A. de), *Documents sur la fabrication des jetons aux XIVe, XVe et XVIe siècles*, dans *Mélanges de Numism.*, t. I, p. 142-172.

CHAUTARD (J.), *Jetons des princes de Vendôme de la deuxième maison de Bourbon*, Vendôme, 1882.

VALLIER (G.), *Bretagne et Dauphiné*, Tours, 1882, et *Congrès Archéol.* de 1881, etc.

ROMAN (J.), Jetons et méreaux du Dauphiné, dans *Bull. de l'Acad. delphinale*, 1879, 175 ; 1880, 376 ; 1886, 392.

MAZEROLLE (F.), *Jetons rares ou inédits, Bull. mens. de numism. et d'arch.*, VI, 1886-89.

BLANCHET (J.-A.), *Jetons de la famille de Henri II de Navarre*, Dax, 1886 ;

— *Jetons du duc d'Epernon et de sa famille*, Dax, 1888.

— *Jetons de Henri et de François, ducs d'Orléans et d'Anjou, Ann. Soc. Num.*, 1889.

CHALON (R.), Nombreux articles, *Rev. belge.*

DUGNIOLLE (J.-F.), *Le jeton historique des dix-sept provinces des Pays-Bas*, Bruxelles, 1876-80.

MINARD-VAN HOOREBEKE (L.), *Description des méreaux et jetons de présence des Gildes et corps de métiers des Pays-Bas*, Gand, 1878-79.

DIRKS (J.), *De Noord-Nederlandsche gildepenningen*, Haarlem, 1878.

— *Beschrijving der Nederlandsche of op Nederland... penningen* (1813-1863), Haarlem, 1889.

— *Penningkundig Repertorium*, dans *De Navorscher* 1879 et seq., etc.

MÉREAUX DES ÉGLISES RÉFORMÉES

PÉTIGNY (J. de), *Méreaux des églises calvinistes*, R. N., 1854, p. 67.

CLERVAUX (J. de), *Le méreau ou médaille des églises du désert*, Saintes, 1869.

FROSSARD (Ch. L.), *Description de 41 méreaux de la Communion réformée*, Paris, 1872.

DELORME (Emm.), *Le méreau dans les églises réformées de France*, Moniteur de Numism. et de sigillographie, Paris, 1881.

Archives historiques de la Saintonge et de l'Aunis, 1883, p. 136, etc.

MONNAIES DES ÉVÊQUES DES INNOCENTS

RIGOLLOT (Dr J.), *M. des évêques des Innocents et des Fous*, Paris, 1837.

HIDÉ, dans *Bull. Soc. Académique de Laon*, t. XIII, 1863, p. 111.

MATTON (A.), dans la même public., 1859, 247.

VAN HENDE (Ed.), *Plommés des Innocents*, Lille, 1877.

DANICOURT (A.), dans *R. N.*, 1887, 56.

DESCHAMPS DE PAS, dans *Rev. belge.* 1871, 377.

Numismatic Chronicle, t. VI, p. 82, etc.

PLOMBS HISTORIÉS, MÉREAUX, ENSEIGNES DE PÈLERINAGE, ETC.

FORGEAIS (A.) *Collection de plombs historiés trouvés dans la Seine*, 1re série, *Méreaux de corporations et métiers*, Paris, 1862. 2e série, *Enseignes de pèlerinages*, Paris, 1863. 3e série, *Variétés numismatiques*, Paris, 1864. 4e série, *Imagerie religieuse*, Paris. 1865. 5e série, *Numismatique populaire*, Paris, 1866.

HUCHER (E.). *Des enseignes de pèlerinage*, Paris, 1853.
— *Méreaux de plomb*, R. N., 1858, 338.

PRIOUX (St.), *Monuments populaires de Notre-Dame de Liesse*, Soc. Académique de Laon, 1842, p. 232.

BAPST (G.), l'*Etain* (Enseignes, p. 188-200), 1884.

MARCHANT (Dr L.), dans *Mém. Commission Antiquités de la Côte-d'Or*, 1873, p. 261, etc.

DENERAUX ET POIDS MONÉTAIRES

Voy.: *R. N.*, 1858, p. 413 ; 1862, 113 ; 1863, 270.

Dancoisne (L.), *Poids monétaires d'Arras, Bull. Commission des monum. histor. du Pas-de-Calais*, Arras, 1885.

Chabouillet (A.), dans *Revue des sociétés savantes*, 1877, p. 86.

Serrure (R.), *Catalogue de la collection de poids du musée de Bruxelles*, Bruxelles, 1883.

POIDS DU MIDI

Chabouillet (A.), dans *Rev. Archéologique*, 1854.

Chaudruc de Crazannes (Bᵒⁿ), dans *Rev. Archéologique*, 1856, 611, et 1857, 22 ; *Revue d'Aquitaine*, 1859 ; *Rev. belge*, 1853, 1856.

Barry (Edward), dans *Rev. Archéologique*, 1856, 29, et 1857, 362.

Chalon (R.), Trachsel, etc., dans *Rev. belge*, 1853, 1855, 1864, 1883.

Longpérier (A. de), *Œuvres*, tome V, p, 343-344.

Serrure (R.), *Cat. Coll. poids du Musée de Bruxelles*, 1883.

Taillebois (Em.), dans *Congrès scientifique de Dax*, 1882, et *Bullet. Société de Borda*, Dax, 1884 et 1889.

ADDITIONS

TOME Ier

Page 34. — Depuis l'impression de notre *Epoque méro-vingienne*, on a commencé la publication de deux articles que nous devons signaler à l'attention des lecteurs du manuel : *Monnaies royales de la première race*, article posthume de Ponton d'Amécourt, *Ann. Soc. Num.*, 1889, 237, 313 ; *Etudes numismatiques à l'époque mérovin-gienne*, par M. Maxe-Werly, *Rev. belge*, 1889, 509.

Page 37. — Selon M. Deloche, Gondovald, appelé de Constantinople par les nobles de Gontran de Bourgogne (Greg. Tur., 1. VIII ; Fredeg., § 2), aurait frappé, en Pro-vence, des tiers de sou au nom de Maurice-Tibère, vers 585. Ch. Robert a dit que ces monnaies étaient sim-plement des imitations (Cf. *R. N.*, 1884, 173).

Page 37. — M. Prou a publié deux tiers de sou qui peuvent être attribués à Gontran, roi de Bourgogne (*R. N.*, 1889, 539).

Pages 34-40. — Pour la chronologie des rois mérovin-giens, consulter un résumé des travaux de M. Krusch (*Bibl. Ecole des Chartes*, 1885, p. 433).

Page 146. — M. de Marcheville a prouvé que le *denier d'or à la reine*, longtemps cherché en vain, était la pièce appelée aujourd'hui *petite masse* de Philippe III (*R. N.*, 1889, 567).

Pages 160-161. — On se servit des coins de Henri I^I (mort le 5 décembre 1560) jusqu'au 17 août 1561. Ceux de

Charles IX (mort le 30 mai 1574) furent encore employés jusqu'au 31 mai 1575 (*Archives nationales*, Z¹ᵇ 956, p. 409 et 427).

Page 167. — Le *grand fanam* de cuivre appartient à l'île Bourbon (La Réunion), d'après un article de M. Zay, *Ann. Soc. Num.*, 1889, 157.

Page 169. — Le général Decaen fit frapper, en 1810, pour les îles de France et Bonaparte (Bourbon), dont il était gouverneur, une pièce d'argent à laquelle on donna la valeur de 10 livres et le nom de *piastre Decaen*. Cette pièce a fait l'objet d'un article de M. Th. Sauzier, *R. N.*, 1886, 398. Elle avait déjà été publiée plusieurs fois : Millin et Millingen, pl. LXXIII, 467 ; A. Gruppen, *Münz-geschichte der Insel Isle de France, Blaetter für Münz-kunde* de Grote, 1837, nᵒ 3, p. 25.

Page 170. — Il faut ajouter, parmi les m. d'arg. de l'Indo-Chine française, les pièces de 10 et de 50 centièmes de piastre.

Page 173. — La première charte que nous donnons remonterait à l'année 1263, selon N. de Wailly. M. M. Prou a confirmé cette hypothèse (*R. N.*, 1889. p. 461).

Page 235. — Lépinois (*Histoire de Chartres*) n'admet pas Charles II.

Page 257. — Le monnayage féodal de Sancerre vient d'être longuement étudié (Mater, *Mémoires Soc. Anti-quaires du Centre*, 1888).

Page 355. — Le franc à cheval de Raimond IV, prince d'Orange, a été récemment découvert et publié (M. de Marchéville, *Ann. Soc. Num.*, 1889, p. 380).

Page 363. — Nous avons omis un double de billon, portant un buste mitré de profil, qui peut être attribué à l'archevêque Raimond III (1289-1294). Cf. L. Maxe-Werly, *Rech. sur les m. des Arch. d'Embrun*, Valence, 1890.

Page 469. — M. A. de Witte a publié récemment trois deniers de Gislebert, duc bénéficiaire de Lorraine (916-940) qui portent : XPISTIANA OU XPIANA. RELIGIO, temple, ℞ + GISLEBERTVS, croix cantonnée de quatre points. Ces pièces peuvent être considérées comme les premières monnaies féodales de la Lorraine (*Ann. Soc. fr. de Num.*, 1889, 177).

TOME SECOND

Page 292. — Pour le texte des lois d'Æthelstan, consulter : D. Wilkins, *Leges anglo-saxonicae*, Londres, 1721, p. 59.

Page 299. — On donne à Peada, roi de Mercie (655-657), des monnaies sur lesquelles on lit son nom en caractères runiques.

Page 314. — Christian IV fit frapper, pour le commerce de la Laponie avec la Russie, des monnaies imitées des m. russes (Chaudoir, p. 57).

Page 362. — Friedlaender a considéré comme ayant été *frappée* à Padoue, en 1390, une médaille de François de Carrare, dont la tête est imitée de celle d'un empereur romain (*Das Koenigliche Münzkabinet*, 1877, p. 321). Tout récemment, M. J. Guiffrey, en s'appuyant sur des textes de l'inventaire des collections de Jean, duc de Berry, a démontré que des médailles de Constantin et d'Héraclius venaient d'Italie antérieurement à 1404.

ERRATA

DU TOME SECOND

Page 18, ligne 34, lire : *Rev. belge*,.... 1887, 143.
Page 22, ligne 7, lire : *brochant sur le tout.*
Page 34, ligne 10, lire : WOLDERKV.
Page 39, ligne 17, lire : Hall (*au lieu de* Halle).
Page 63, ligne 5, lire : duc de Basse-Lorraine.
Page 63, ligne 36, lire : *Rheinmagen.*
Page 68, ligne 34, lire : *Lippische Geld*,.... etc.
Page 71, ligne 30, lire : *Homburg.*
Page 72, ligne 3, lire : *Neustadt.*
Page 74, ligne 20, lire : *Beschreibung*, etc.
Page 76, ligne 25, lire : *Seligenstadt.*
— ligne 29, lire : WETTERAU (Wettéravie). — Ancienne province aujourd'hui répartie entre la Hesse, le Nassau, la cité de Francfort, etc.
Page 85, ligne 13, lire : *Coupé-émanché d'arg. sur gu., le gu. brochant par 3 pièces sur l'argent.*
Page 87, ligne 23, lire : Bavière-Landshut.
Page 91, ligne 34, lire : *Allensbach.*
Page 94, ligne 31, lire : *Gundelfingen.*
Page 96, l'article Meissenheim doit être reporté à la page 77.
Page 105, ligne 8, lire : deux tours (*au lieu de* trous).
— ligne 28, lire : *Plauen.*
Page 106, ligne 17, lire : *Burgau.*
Page 110, ligne 26, lire : *Remda.*

Page 112, ligne 13, lire : Bérgau.

Page 114, dernière ligne, lire : Eimbeck.

Page 116, ligne 35, lire : *Haselünne*.

Page 120, ligne 9, lire : LVDOLF⁹ (pour *Ludolfus*).

Page 136, ligne 9, lire : *Arnstein*.

Page 138, ligne 6, lire : des évêques d'Halberstadt.

— ligne 33, lire : *Beichlingen*.

Page 140, ligne 19, lire : *Schraplau*.

Page 176, lire : 1196, Wladislas III.

Page 223, dernière ligne, lire : des contrefaçons des monnaies de l'évêque de Lausanne.

Page 237, ligne 2, lire : sesino.

— ligne 5, lire : saints debout.

Page 260, ligne 28, lire : Freiburg.

Page 286, ligne 4, lire : XII, III et I.

Signalons aussi quelques doubles emplois : Born, Buren, Cranenbourg, Heydt-Terblyt, Offenbach, Schonvorst, Homburg, Trente.

ERRATA

DU TEXTE DE L'ATLAS

Nº 286, lire : FRANCISC⁹, etc.

Nº 416, lire : IOLANDIS.FLAND, etc.

Nº 503, lire : François Rakoczy.

Nº 598, lire : MAGN⁹ MAGIS (Magnus Magister).

TABLE DES ATELIERS

CITÉS DANS LE TOME SECOND

N.-B. — Nous n'avons pas compris dans cette table les ate-liers qui forment déjà des listes spéciales : pages 49-50, 197,271-272, 281, 289, 303. Dans la présente table, on trouvera les fiefs, seigneuries ou provinces dont le nom ne figure pas dans la Table des Matières. Pour l'orthographe des noms, comme nous l'avons déjà dit dans notre préface, nous adoptons de préfé-rence la forme locale. en indiquant, à sa place dans l'ordre al-phabétique, la forme française du même nom, lorsqu'il y a une différence sensible ; par ex : Mainz et Mayence. Quant aux noms des villes citées dans les chapitres relatifs aux médailles et aux jetons, nous les avons admis dans cette table, seulement lorsque ces villes peuvent être considérées comme des ateliers.

Altona, 120.
Amalfi, 217, 226, 362.
Amatrice, 226.
Amberg, 90, 91.
Amoeneburg, 70, 74.
Amsterdam, 327.
Anclam, 126.
Ancona, 226.
Andernach, 56.
Angermünde, 131.
Angra, 288.
Anholt, 50.
Annaberg, 104.
Annecy, 264.
Annenskoie, 195.
Anspach, 92.
Antignate, 226.
Antioche, 341.
Anvers, 3-5, 14, 43, 327, 451.
Anweiler, 92.
Aosta, 227.
Apolda, 106.
Appenzell, 262.
Aquila, 227.
Aquileja, 164, 207.
Arbeca, 280.
Arboga, 327.
Arensberg, 50, 54.
Arensburg, 188.
Arezzo, 227.
Argen, 82.
Argentona, 327.
Arménie, 360.
Arnhem, 3, 27, 31.
Arnshaug, 106.
Arnstadt, 40, 71, 110.
Arnstein, 136.
Arolsen, 69.
Arquata, 227.
Arta, 354.
Artern, 138, 141.
Arx Fogarach, 181.
Aschaffenburg, 92.
Aschersleben, 136.
Ascoli, 227.

Asperen, Asperden, Aspern ou Aspermont, 54, 56.
Assenheim, 73.
Asti, 227.
Athènes, 352.
Atri, 227.
Attendorn, 50, 54.
Audenarde, 327.
Auerbach, 92.
Auersperg, 165.
Augsbourg, 79, 83, 87, 92, 93, 375.
Aurich, 115.
Avigliana, 227.
Avroy, 10.
Babenhausen, 73, 92.
Bacharach, 56, 90.
Baden, 78.
Baerwalde, 131.
Baireuth, 92, 97.
Balaguer, 280.
Bâle, 86, 259, 262.
Baléares (Iles), 280, 327.
Ballenstaedt, 109.
Bamberg, 92, 97, 327.
Bandon, 327.
Banolas, 280.
Barcelone, 279, 280, 327.
Barby, 136.
Bardewick, 115.
Bardi, 227.
Bari, 217.
Barletta, 227.
Barnstaedt, 139.
Barth, 126.
Bartenstein, 82, 83.
Baruth (Beyrouth), 345.
Basel, V. Bâle.
Bassum, 115, 117.
Bastogne, 19.
Batenbourg, 31.
Battenberg, 73.
Batthyani, 178.
Bautzen, 104.
Beeskow, 131.

Chambéry, 223.
Chemnitz, 104, 336.
Chester, 294.
Chiarenza, 352.
Chieti, 229.
Chiusi, 229.
Chivasso, 229.
Chio, 356.
Chur, 259, 260, 263.
Chypre, 346.
Cibinium, 178.
Cilly, 165.
Ciney, 9.
Cisterna, 229.
Civitaducale, 229.
Civitavecchia, 229.
Clarentza, 352.
Clausenbourg, 181.
Clausthal, 115.
Clettenberg, 141.
Clèves, 57.
Clingen, 110.
Cloten, 58.
Coblenz, 58.
Coburg, 107.
Cocconato, 229.
Coelleda, 71, 139.
Coeln, 58, 131.
Coerbecke, 51, 54.
Coesfeld, 51.
Coeslin, 126.
Coethen, 110.
Coire, Voy. Chur.
Colberg, 126, 329.
Colchester, 329.
Colditz, 104.
Cologne, 58.
Colosvar, 181.
Como, 229.
Compiano, 230.
Coni, 230, 329.
Constantinople, 350.
Constanz, 78, 84, 96, 99.
Copenhague, 314, 329.
Corbach, 69.

Cordoue, 274-276.
Corfou, 230, 355.
Cork, 329.
Corinthe, 352.
Cornavin, 223.
Correggio, 230.
Corse, 329.
Corte, 230.
Cortemiglia, 230.
Cortona, 230.
Corvei, 51.
Coswig, 110.
Cottbus, 131.
Courcelles-lez-Lens, 339.
Courtray, 14.
Cracovie, 183-186.
Cranenburg, 34, 60.
Cranichfeld, 106.
Crema, 230.
Cremona, 230, 329.
Cremsier, 169.
Crevacuore, 230.
Christophsthal, 82.
Cronstadt, 330.
Croppenstaedt, 136.
Crossen, 131.
Cuinre, 31.
Culm, 134, 135.
Culmbach, 93.
Cuneo, Coni.
Curange, 10.
Cüstrin, 131.
Cuyck, 34.
Daelhem, 3.
Dahlen, 60.
Damala, 352.
Damiette, 343.
Damm, 126.
Damvillers, 19.
Dannenberg, 113.
Danzig, 134, 186, 0
Darmstadt, 45.
Dassel, 115.
Deciane, 230.
Demmin, 125, 126.

Hall, 39, 83 ; 162, 167, 366.
Halle, 41, 137, 162.
Hallenberg, 52.
Hals, 94, 96.
Halteven. 52.
Hambourg, 45, 122, 331.
Hamelburg, 94.
Hameln, 116.
Hamm, 52.
Hammerstein, 61.
Hanau, 71.
Hanovre, 45, 114.
Hapsal, 188.
Harburg, 114.
Harlem, 331.
Harzgerode, 110.
Haselünne, 116.
Hasselt, 12, 61.
Hassfurt, 95, 100.
Hattingen, 52.
Hatzfeld, 73.
Hávelberg, 132.
Hébrides (Iles), 305.
Hechingen, 61.
Hedeby, 312.
Hedel, 30.
Heidelberg, 79, 90.
Heidingsfeld, 95.
Heilbronn, 83.
Heiligenstadt, 74, 141.
Heinsberg, 12, 61.
Helfenstein, 83.
Helmershausen, 52.
Helmstaedt, 66, 114.
Hendrieken, 12.
Henneberg, 106.
Henrichstadt, 114.
Herborn, 67.
Herbstein, 73.
Heresburg, 51.
Heringen, 139, 141.
Hermanstadt, 178, 331.
Herrenwoerth, 95.
Herrnstadt, 144.
Hersbrück, 95.

Hersfeld, 71.
Herstal, 2, 4, 15.
Hertogenrode (St-) ou Herzogenrade, 13, 61.
Herzberg, 114 ; 139.
Hervord, 52.
Hettstaedt, 139.
Heukelom, 34.
Heusden, 32.
Heydt-Terblyt, 34, 61.
Hildburghausen, 108.
Hildesheim, 114, 116, 331.
Hirschberg, 95 ; 143.
Hitzacker, 114.
Hjörring, 313.
Hochberg, 79.
Hochstaedt, 95.
Hoechst, 68, 74.
Hoerde, 52.
Hoff, 95.
Hohenlandsberg, 95.
Hohenlohe, 83.
Hohenzollern, 67.
Hohnstein, 117.
Holzapfel, 68.
Homburg, 71, 77.
Hoorn, 32, 34.
Horn, 68, 69.
Horohausen, 51.
Horsens, 313.
Hoxter, 52.
Hoya, 117.
Huissen, 61.
Hulbuizen, 34.
Hungen, 61.
Huy, 9, 10.
Ichtershausen, 108.
Idstein, 68.
Iena, 107.
Iglau, 167.
Igualada, 280, 332.
Ileburg, 139.
Ilkussia, 186.
Ilmenau, 107.
Incisa, 235.

Wolkenstein, 105.
Wollin, 128.
Wolmirstaedt, 138.
Workum, 34.
Worms, 76.
Wrietzen, 133.
Wschowa, 135.
Wunsiedel, 101.
Wunstorf, 119.
Würzbourg, 93, 97, 100, 339.
Xanten, 67.
Xeres, 276.
Yenne, 223.
York, 294, 295, 300.
Youghall, 339.
Ypres, 18, 339.
Zabern, 99.
Zahra, 274.
Zalt-Bommel, 34.
Zamosk, 339.
Zara, 257, 339.
Zathmarbanya, 178.

Zeitz, 141.
Zélande, 22, 339.
Zellerfeld, 119.
Zenn, 97.
Zerbst, 110.
Ziegenhain, 72.
Ziriczee, 339.
Zittau, 105.
Znaim, 172.
Znin, 135.
Zofingen, 260, 267.
Zolder, 18.
Zonhoven, 18.
Zossen, 133.
Zug, 267.
Zurich, 99, 259, 260, 261, 267.
Zutphen, 34, 339.
Zweibrücken, 101.
Zwickau, 105.
Zwolle, 32, 34.

TABLE DES MATIÈRES

DU

TOME SECOND

FIN DU TOME SECOND ET DERNIER.

SAINT-QUENTIN. — IMPRIMERIE J. MOUREAU ET FILS.

1er AOUT 1909

Ce Catalogue annule les précédents

CATALOGUE COMPLET

DE LA

LIBRAIRIE ENCYCLOPÉDIQUE
RORET

L. MULO, SUCCr

12, rue Hautefeuille, 12

PARIS-VIe

NOUVELLE COLLECTION

DE

L'ENCYCLOPÉDIE-RORET

Format in-18 Jésus 19 × 12

COLLECTION DES MANUELS-RORET

OUVRAGES DIVERS
Sur l'Industrie et les Arts et Métiers

OUVRAGES HORTICOLES

JOURNAUX — SUITES A BUFFON
Divers. — Bibliothèque des Arts et Métiers

Dépôt des Ouvrages publiés par la Librairie **FÉRET & FILS**
DE BORDEAUX

Ce Catalogue est envoyé *franco* sur demande

ENCYCLOPÉDIE-RORET

COLLECTION

DES

MANUELS-RORET

FORMANT UNE

ENCYCLOPÉDIE DES SCIENCES ET DES ARTS

FORMAT IN-18

Par une réunion de Savants et d'Industriels

Tous les Traités se vendent séparément.

La plupart des volumes, de 300 à 400 pages, renferment des planches parfaitement dessinées et gravées, et des figures intercalées dans le texte.

Les Manuels épuisés sont revus avec soin et mis au niveau de la science à chaque édition. Aucun Manuel n'est cliché, afin de permettre d'y introduire les modifications et les additions indispensables. Cette mesure, qui oblige l'Éditeur à renouveler les frais de composition typographique à chaque édition, doit empêcher le Public de comparer le prix des *Manuels-Roret* avec celui des ouvrages similaires, tirés sur clichés.

Pour recevoir chaque volume franc de port, on joindra, à la lettre de demande, un *mandat sur la poste* (de préférence aux timbres-poste). Afin d'éviter les écritures pour l'expéditeur et les frais de recouvrement pour le destinataire, **aucun envoi n'est fait contre remboursement par la Poste.**

Les volumes expédiés dans les pays qui ne font pas partie de l'Union des Postes, seront grevés des frais de poste établis d'après les tarifs de la poste française. Les demandes venant de l'**Étranger** devront contenir **25 centimes** en sus des prix portés au Catalogue, pour frais de recommandation à la Poste.

Les timbres étrangers ne pouvant être utilisés, nous prions nos Correspondants de ne pas nous en adresser.

Nouvelle Collection de l'Encyclopédie-Roret

Format in-18 Jésus 19 ✕ 12

Les ouvrages précédés d'un astérisque (*) ont été honorés d'une souscription des Ministères du Commerce, de l'Instruction publique et des Beaux-Arts, et de l'Agriculture.

Manuel de l'**Apiculteur Mobiliste**, nouvelles Causeries sur les Abeilles en 30 leçons, par l'abbé Duquesnois. 1 vol. in-18 jésus, orné de 20 fig. dans le texte. (*Médaille d'argent* à Bar-le-Duc.)   3 fr.

— de l'**Eleveur de Chèvres**, par H.-L.-Alph. Blanchon. 1 vol. in-18 jésus, orné de 12 figures dans le texte.   2 fr. 50

*— de l'**Eleveur de Faisans**, par H.-L.-Alph. Blanchon, 1 vol. in-18 jésus, orné de 31 figures dans le texte.   2 fr.

— de l'**Eleveur de Poules**, par H.-L.-Alph. Blanchon. Deuxième édition, revue, 1 vol. in-18 jésus, orné de 67 figures dans le texte.   3 fr.

— du **Pisciculteur**, par H.-L.-Alph. Blanchon, 1 vol. in-18 jésus, orné de 65 fig. dans le texte.   3 fr. 50

*— de l'**Eleveur de Pigeons, Pigeons voyageurs**, par H.-L.-Alp. Blanchon, 1 vol. in-18 jésus, orné de 44 fig. dans le texte.   3 fr.

*— de l'**Eleveur de Lapins**, par Willemin, 1 vol. in-18 jésus, orné de 24 figures dans le texte.   2 fr. 50

— **Cordon Bleu** (le), Nouvelle Cuisinière Bourgeoise, par Mlle Marguerite, 14e édition. 1 vol. in-18 jésus, orné de figures dans le texte. (*En préparation*).

— **Eléments Culinaires** (les) à l'usage des jeunes filles, par Auguste Colombié. 1 vol. in-18 jésus, cartonné 3 fr.

— **Traité pratique de Cuisine bourgeoise**, par Auguste Colombié, 1 vol. in-18 jésus, cartonné.   4 fr.

— **100 Entremets**, par Auguste Colombié, 1 vol. in-18 jésus, cartonné.   2 fr.

*— de **Jardinage et d'Horticulture**, par Albert Maumené, avec la collaboration de Claude Trébignaud, arboriculteur. 1 vol. in-18 jésus, orné de 275 figures dans le texte, 900 pages.   Broché, 6 fr. — Cartonné. 7 fr.

— de l'**Agriculteur**, par Louis Beuret et Raymond Brunet, 1 vol. in-18 jésus orné de 117 figures.   5 fr.

— **Artichaut et de l'Asperge** (de la Culture de l'), par R. Brunet, ingénieur agronome. 1 vol. orné de 13 fig. dans le texte.   2 fr.

— **Champignons et de la Truffe** (de la Culture des),

par R. Brunet, ingénieur agronome. 1 vol. orné de 15
figures dans le texte.   2 fr. 50
— **Châtaignier** (Culture, Exploitation et Utilisations),
par H. Blin. 1 vol. in-18 jésus orné de 36 fig.   1 fr. 50
— **Fraisier** (de la Culture du), par R. Brunet, ingénieur
agronome. 1 vol. orné de 28 fig. dans le texte.   2 fr.
— **Groseillier, du Cassissier et du Framboisier**
(de la Culture du), par R. Brunet, ingénieur agronome.
1 vol. orné de 7 fig. dans le texte.   1 fr. 50
— **Melon, de la Citrouille et du Concombre** (de
la Culture du), par R. Brunet, ingén' agronome. 1 vol.
orné de 25 fig. dans le texte.   2 fr.
— **d'Ostréiculture et de Myticulture**, par A. Larbalétrier, 1 vol. orné de 22 fig. dans le texte.   2 fr. 50
— **Tabac** (Culture et Fabrication du), par R. Brunet, ingén' agronome. 1 vol. orné de 23 fig. dans le texte. 3 fr.

COLLECTION DES MANUELS-RORET

Manuel pour gouverner les Abeilles (Voir *Manuel de l'Apiculteur*, page 3).

— **Accordeur de Pianos**, traitant de la Facture des
Pianos anciens et modernes et de la Réparation de leur
mécanisme, contenant des Principes d'Acoustique, des Notions de Musique, les Partitions habituelles, la Théorie et
la Pratique de l'Accord, à l'usage des Accordeurs et des
Amateurs, par M. G. Huberson. 1 vol. orné de figures et
de musique et accompagné de planches.   2 fr. 50

— **Aérostation**, ou Guide pour servir à l'histoire ainsi
qu'à la pratique des *Ballons* (*En préparation*).

— **Agriculture Elémentaire** (Voir *Manuel de
l'Agriculteur*, page 3).

— **Alcoométrie**, contenant la description des appareils et des méthodes alcoométriques, les Tables de Force
de Mouillage des Alcools, le Remontage des Eaux-de-Vie,
et des indications pour la vente des alcools au poids, par
MM. F. Malepeyre et Aug. Petit. 1 vol.   1 fr. 75

— **Algèbre**, ou Exposition élémentaire des principes
de cette science, par M. Terquem. (*Ouvrage approuvé par
l'Université.*) 1 gros vol. (*En préparation*).

— **Alimentation**, par M. W. Maigne. 2 vol.   6 fr.
— *Première partie*, Substances alimentaires, leur origine, leur valeur nutritive, falsifications qu'on leur fait
subir et moyens de les reconnaître. 1 vol.   3 fr.

— *Deuxième partie*, Conserves alimentaires, contenant tous les procédés en usage pour conserver les Viandes, le Poisson, le Lait, les Œufs, les Grains, les Légumes verts et secs, les Fruits, les Boissons, etc., suivi du Bouchage des boîtes, des vases et des bouteilles 1 vol orné de fig. 3 fr.

— **Amidonnier** et **Fabricant de Pâtes alimentaires**, traitant de la Fabrication de l'Amidon et des Produits obtenus des Fruits et des Plantes qui renferment de la Fécule, par MM. Morin, F. Malepeyre et Alb. Larbalétrier. 1 vol. avec figures et planches. 3 fr.

— **Anatomie comparée**, par MM. de Siebold et Stannius; trad. de l'allemand par MM. Spring et Lacordaire, professeurs à l'Université de Liège. 3 gros vol. 10 fr. 50

— **Aniline (Couleurs d')**, d'**Acide phénique** et de **Naphtaline**, par M. Th. Chateau. (*En préparation.*)

— **Animaux nuisibles** (Destructeur des).

1re *partie*, Animaux nuisibles aux Habitations, à l'Agriculture, au Jardinage, etc., par Vérardi (*En préparation*).

2e *partie*, Insectes nuisibles aux Arbres forestiers et fruitiers, à l'usage des Forestiers, des Jardiniers et des Propriétaires, par MM. Ratzeburg, De Corberon et Boisduval. 1 vol. orné de 8 planches. (*En préparation.*)

— **Archéologie** grecque, étrusque, romaine, égyptienne, indienne, etc., traduit de l'allemand de M. O. Muller par M. Nicard. 3 vol. avec Atlas. Les 3 vol. 10 fr. 50. L'Atlas séparé : 12 fr. Les 3 volumes et l'Atlas : 22 fr. 50

— **Architecte des Jardins**, ou l'Art de les composer et de les décorer, par M. Boitard. 1 vol. avec Atlas de 140 planches (*En préparation*).

— **Architecte des Monuments religieux**, ou Traité d'Archéologie pratique, applicable à la restauration et à la construction des Eglises, par M. Schmit. (*En prépar.*).

— **Arithmétique démontrée**, par MM. Collin et Trémery. 1 vol. (*En préparation.*)

— **Arithmétique complémentaire**, ou Recueil de Problèmes nouveaux, par M. Trémery. 1 vol. 1 fr. 75

— **Armurier**, Fourbisseur et Arquebusier, traitant de la fabrication des Armes à feu et des Armes blanches, par M. Paulin Désormeaux. 2 vol. avec planches (*En prépar.*)

— **Arpentage**, Art de lever les plans, par P. Bourgoin. géomètre topographe. 1 vol. avec 255 fig. 3 fr. 50

On vend séparément les Modèles de Topographie, par Chartier. 1 planche coloriée. 1 fr.

— **Art militaire**, ou Instructions pratiques à l'usage

de toutes les armes de terre, par M. Vergnaud, colonel d'artillerie. 1 volume avec figures. (*En préparation.*)

— **Artificier** (Pyrotechnie civile), contenant l'Art de confectionner et de tirer les feux d'artifice, par A.-D. Vergnaud, colonel d'artillerie et P. Vergnaud, lieutenant-colonel. 1 vol. orné de fig. Nouvelle Edition, refondue, par Georges Petit, ingénieur civil.   3 fr.

— **Aspirants** aux fonctions de Notaires, Greffiers, Avocats à la Cour de Cassation, Avoués, Huissiers, et Commissaires-Priseurs, par M. Combes. 1 vol. (*En préparation.*)

— **Assolements, Jachère** et **Succession des Cultures** (Voir *Manuel de l'Agriculteur*, page 3).

— **Astronomie**, ou Traité élémentaire de cette science, trad. de l'anglais de W. Herschel, par M. A.-D. Vergnaud. 1 vol. orné de planches. (*En préparation.*)

— **Astronomie amusante**, Notions élémentaires sur l'Astronomie, par M. L. Tomlinson, traduit de l'anglais par A. D. Vergnaud. 1 vol. avec figures. (*En prép.*)

— **Automobiles** (De la construction et du montage des), contenant l'historique, l'étude détaillée des pièces constituant les automobiles, la construction des voitures à pétrole, à vapeur et électriques, les renseignements sur leur montage et leur conduite, par N. Chryssochoïdès, ingénieur des Arts et Manufactures, professeur à la Fédération générale française des Chauffeurs, Mécaniciens, Electriciens. 2 vol. ornés de 340 figures dans le texte.   8 fr.

— **Bibliographie universelle**, par MM. F. Denis, P. Pinçon et De Martonne. (*En préparation.*)

— **Bibliothéconomie**, Arrangement, Conservation et Administration des Bibliothèques, par L.-A. Constantin. 1 vol. orné de figures. (*En préparation.*)

— **Bijoutier-Joaillier** et Sertisseur, traitant des Pierres précieuses, de la Nacre, des Perles, du Corail et du Jais, contenant l'Art de les tailler, de les sertir, de les monter, de les imiter, suivi de la description des principaux Ordres et la fabrication de leurs décorations, par MM. Julia de Fontenelle, F. Malepeyre et A. Romain. 1 vol. accompagné de planches   3 fr.

— **Bijoutier-Orfèvre**, traitant des Métaux précieux, de leurs Alliages, des divers modes d'Essai et d'Affinage, du Titre et des Poinçons de garantie de l'Or et de l'Argent, des divers travaux d'Orfèvrerie en or, en argent et en plaqué, du Niellage et de l'Emaillage des Métaux précieux, de la Bijouterie en vrai et en faux, de la fabrication des bijoux de fantaisie, en fer, en acier, en aluminium, etc., par J. de Fontenelle, F. Malf-

PEYRE et A. ROMAIN. 2 vol. avec fig. et planches. 6 fr.

— **Biographie,** ou Dictionnaire historique abrégé des grands hommes, par M. NOEL, ancien inspecteur-général des études. 2 volumes. 6 fr.

— **Blanchiment et Blanchissage,** Nettoyage et Dégraissage des fils de lin, coton, laine, soie, etc., par G. PETIT, ing. civ. 2 vol. ornés de 112 fig. dans le texte. 7 fr.

— **Bonnetier et Fabricant de bas,** renfermant les procédés à suivre pour exécuter, sur le métier et à l'aiguille les divers tissus à maille, par MM. LEBLANC et PREAUX-CALTOT. 1 vol. avec planches *(En préparation).*

— **Botanique,** Partie élémentaire, par M. BOITARD. 1 vol avec planches. 3 fr. 50
ATLAS DE BOTANIQUE pour la partie élémentaire. 1 vol. in-8 renfermant 36 planches. 6 fr.

— **Bottier et Cordonnier** *(En préparation).*

— **Boucher,** voyez *Charcutier.*
TABLEAU FIGURATIF DES DIVERSES QUALITÉS DE LA VIANDE DE BOUCHERIE, in-plano colorié. 1 fr.

— **Bougies stéariques et Bougies de paraffine,** traitant de la fabrication des Acides gras concrets, de l'Acide oléique, de la Glycérine, etc., par M. F. MALEPEYRE. Nouv. éd. rev. et corrig. par G. PETIT, ing. civil. 2 vol. ornés de 179 figures dans le texte. 8 fr.

— **Boulanger,** ou Traité pratique de la Panification française et étrangère, contenant la connaissance des farines, les moyens de reconnaître leur mélange et leur altération, les principes de la Boulangerie, la construction des pétrins et des fours, la fabrication de toute espèce de pains et de biscuits, par J. FONTENELLE et F. MALEPEYRE. Nouvelle édition entièrement refondue et mise au courant de l'état actuel de cette industrie, par SCHIELD-TREHERNE. 1 vol. orné de 97 figures dans le texte 4 fr.

— **Bourrelier-Sellier-Harnacheur.** contenant la description de tout l'outillage moderne. Les renseignements sur les marchandises à employer. Fabrication du harnais, équipement, sellerie, garniture de voitures. Recettes diverses. Vocabulaire des termes en usage dans cette profession, par L. JAILLANT. 1 vol. orné de 126 fig. dans le texte. 8 fr.

— **Bourse et ses Spéculations** mises à la portée de tout le monde, par BOYARD. 1 vol. *(En préparation).*

— **Bouvier.** *(En préparation.)*

— **Brasseur,** ou l'Art de faire toutes sortes de Bières françaises et étrangères, par F. MALEPEYRE. Nouvelle édi-

tion, entièrement revue et complétée par SCHIELD-TRE-
HERNE, 2 gros vol. accompagnés d'un Atlas de 14 pl.   8 fr.

— **Briquetier, Tuilier,** Fabricant de Carreaux, de
tuyaux de Drainage et de Creusets réfractaires, contenant la fabrication de ces matériaux à la main et à la mécanique, et la description des fours et appareils actuellement usités dans ces industries, par F. MALEPEYRE et
A. ROMAIN. Nouvelle édition, revue, corrigée et augmentée, par G. PETIT, ingénieur civil. 2 vol. ornés de 351 fig.
dans le texte.   7 fr.

— **Briquets, Allumettes chimiques,** soufrées,
phosphorées, amorphes, etc., *Briquets électriques, Lumière
électrique* et appareils qui la produisent, par MM. MAIGNE
et A. BRANDELY. Edition entièrement refondue par Georges
PETIT, ingénieur civil. 1 vol. orné de 67 figures.   3 fr.

— **Broderie,** ou Traité complet de cet Art, par Mᵐᵉ
CELNART. 1 vol. accompagné d'un Atlas de 40 planches.
(*En préparation.*)

— **Bronzage** des **Métaux** et du **Plâtre,** par
DEBONLIEZ, MALEPEYRE, et LACOMBE. 1 vol.   1 fr. 25

— **Cadres** (Fabricant de), Passe-Partout, Châssis, En-
cadrements, suivi de la restauration des tableaux et du
nettoyage des gravures, estampes, etc., par J. SAULO et DE
SAINT-VICTOR. Edition entièrement refondue, par E.-E.
STAHL. 1 vol. orné de 27 illustrations.   2 fr.

— **Calculateur,** ou COMPTES-FAITS utiles aux opérations industrielles, aux comptes d'inventaire, etc., **par**
M. Aug. TERRIÈRE. 1 gros vol.   3 fr. 50

— **Calendrier** (Théorie du). (*En préparation.*)

— **Calligraphie,** ou l'Art d'écrire en peu de leçons,
d'après la méthode de CARSTAIRS. 1 Atlas in-8 obl. 1 fr.

— **Canotier,** ou Traité universel et raisonné de cet
Art, par UN LOUP D'EAU DOUCE. 1 vol. orné de fig. 1 fr. 75

— **Caoutchouc, Gutta-percha, Gomme factice,**
Tissus imperméables, Toiles cirées et gommées. par M.
MAIGNE. Nouvelle édition, revue et augmentée, par G. PETIT,
ingénieur civil. 2 vol. ornés de 96 fig. dans le texte. 6 fr.

Capitaliste, contenant la pratique de l'escompte et
des comptes-courants, d'après la méthode nouvelle, par
M. TERRIÈRE, employé à la trésorerie générale de la couronne. 1 gros vol.   3 fr. 50.

— **Cartes Géographiques** (Construction et Dessin
des), par PERROT. Nouvelle édition par BOURGOIN. 1 vol.
orné de 148 figures.   2 fr. 50

— **Cartonnier,** Fabricant de Carton, de Carte, de

Cartonnages et de Cartes à jouer, par Georges Petit, in-génieur civil. 1 vol. orné de 95 fig. dans le texte.   4 fr.

— **Chamoiseur, Maroquinier, Mégissier, Tein-turier en peaux, Fabricant de Cuirs vernis, Parcheminier et Gantier,** traitant de l'outillage à la main, des machines nouvelles, et des procédés les plus ré-cents en usage dans ces diverses industries, par MM. Julia de Fontenelle, Maigne et Villon. 1 vol. avec fig. 3 fr. 50

— **Chandelier et Cirier,** contenant toutes les opé-rations usitées dans ces industries. Nouvelle édition par Georges Petit, ingénieur civil. 1 vol. orné de 85 figures dans le texte.   4 fr.

— **Chapeaux** (Fabricant de) en tous genres, par MM. Cluz, F. et Julia de Fontenelle. 1 vol. (*En préparation*).

— **Charcutier, Boucher et Equarrisseur,** con-tenant l'élevage et l'engraissement du Porc et de la Truie, l'Art de préparer et de conserver les différentes parties du Cochon, les maniements et le Dépeçage du Bœuf, de la Vache, du Taureau, du Veau, du Mouton et du Cheval, et traitant de l'utilisation des débris, par MM. Lebrun et Maigne. 1 vol. avec figures et planches.   2 fr. 50

On vend séparément :
Tableau des qualités de viande, in plano col.   1 fr.

— **Charpentier,** ou Traité complet et simplifié de cet Art, traitant de la Charpente en bois et en fer et de la Manipulation des diverses pièces de Charpente, par Hanus, Biston, Boutereau et Gauché. Nouvelle édition refondue, corrigée et augmentée de la *Série des Prix,* par N. Chryssochoïdès. 2 vol. ornés de 94 fig. dans le texte et accompagnés d'un Atlas de 22 planches.   8 fr.

— **Charron-Forgeron,** traitant de l'Atelier, de l'Ou-tillage, des Matériaux mis en œuvre par le Charron, du Travail de la forge, de la Construction du gros et du petit matériel, etc., par M. G. Marin-Darbel. 1 vol. orné de nom-breuses figures et accompagné de planches.   3 fr. 50

— **Chasseur,** ou Traité général de toutes les chasses à courre et à tir, suivi d'un Vocabulaire des termes de Chasse et de la Législation, par MM. de Mersan, Boyard et Robert. 1 vol. contenant la musique des principales fanfares. 3 fr.

— **Chaudronnier,** contenant l'Art de travailler au marteau le cuivre, la tôle et le fer-blanc, ainsi que les travaux d'Estampage et d'Etampage, par MM. Jullien, Valério et Casalonga, ingénieurs civils. Nouvelle édi-tion entièrement refondue et augmentée du *Tracé en chau-dronnerie,* par Georges Petit, ingén. civil. 1 vol. orné de

86 fig. dans le texte et accompagné d'un Atlas de 20 pl. 5 fr.

— **Chauffage et Ventilation** des Bâtiments publics et privés, au moyen de l'air chaud, de l'eau chaude et de la vapeur, Chauffage des Bains, des Serres, des Vins, et des Vagons de chemins de fer, par M. A. ROMAIN. 1 vol. accompagné de planches et orné de figures. 3 fr.

— **Chaufournier, Plâtrier, Carrier et Bitumier**, contenant l'exploitation des Carrières et la fabrication du Plâtre, des différentes Chaux, des Ciments, Mortiers, Bétons, Bitumes, Asphaltes, etc., par MM. D. MAGNIER et A. ROMAIN. Nouvelle édition. 1 vol. accompagné de planches. 3 fr. 50

— **Chemins de Fer**, contenant des études comparatives sur les divers systèmes de la voie et du matériel, le Formulaire des charges et conditions pour l'établissement des travaux, etc., par M. E. WITH. 2 vol. avec atlas 7 fr.

— **Cheval (Éducation et dressage du)** monté et attelé, traitant de son hygiène et des remèdes qui lui conviennent, par M. DE MONTIGNY. 1 vol. avec planches. 3 fr.

— **Chimie Agricole**, par MM. DAVY et VERGNAUD. 1 vol. orné de figures. 3 fr. 50

— **Chimie analytique** (*En préparation*).

— **Chimie appliquée**, voyez *Produits chimiques*.

— **Chocolatier**, voyez *Confiseur et Chocolatier*.

— **Cidre et Poiré** (Fabricant de), traitant de la Culture et de la Greffe des meilleures variétés de fruits propres à faire le Cidre et le Poiré, ainsi que des Méthodes nouvelles et des Appareils perfectionnés employés dans cette industrie, par MM. DUBIEF, F. MALEPEYRE et le Comte DE VALICOURT. 1 vol. orné de figures. 3 fr.

— **Cirage**, voyez *Encres*.

— **Ciseleur**, contenant la description des procédés de l'Art de ciseler et repousser tous les métaux ductiles, bijouterie, orfèvrerie, armures, bronzes, etc., par M. Jean GARNIER, ciseleur-sculpteur. Nouvelle édition, revue, corrigée et augmentée, par C. GHOUARTZ, ciseleur. 1 vol. orné de 60 figures dans le texte. 3 fr.

— **Clichage** en matière et galvanique, voyez *Graveur*.

— **Coiffeur**, par M. VILLARET. 1 vol. orné de figures. (*En préparation*).

— **Colles** (Fabrication de toutes sortes de), comprenant celles de matières végétales, animales et composées, par MALEPEYRE. Nouvelle édition entièrement refondue par H. BERTRAN, ingénieur des Arts et Manufactures. 1 vol. orné de 114 figures dans le texte. 3 fr.

— **Coloriste**, contenant le mélange et l'emploi des Couleurs, ainsi que l'Enluminure, le Lavis, le coloriage à la main et au patron, etc., par MM. PERROT, BLANCHARD, THILLAYE et VERGNAUD. (*En préparation.*)

— **Commerce, Banque et Change**, contenant tout ce qui est relatif aux effets de Commerce, à la tenue des livres, à la comptabilité, à la bourse, aux emprunts, etc., par M. GALLAS, suivi de la MÉTHODE NOUVELLE POUR LE CALCUL DES INTÉRÊTS A TOUS LES TAUX (*En préparation*).

— **Compagnie** (Bonne), ou Guide de la Politesse et de la Bienséance, par madame CELNART (*En préparation*).

— **Comptes-Faits**, voyez *Calculateur, Capitaliste, Poids et Mesures (Barème des)*.

— **Confiseur et Chocolatier**, contenant les derniers perfectionnements apportés à ces Arts, par MM. CARDELLI et LIONNET-CLÉMANDOT. Nouvelle édition complètement refondue par M. A. M. VILLON, ingénieur-chimiste. 1 vol. avec nombreuses illustrations.   4 fr.

— **Conserves alimentaires**, voyez *Alimentation*.

— **Construction moderne** (La), ou Traité de l'Art de bâtir avec solidité, économie et durée, comprenant la Construction, l'histoire de l'Architecture et l'Ornementation des édifices, par BATAILLE, architecte, anc. professeur. Nouvelle édition, revue, corrigée et augmentée par N. CHRYSSOCHOÏDÈS. 1 vol. orné de 224 fig. dans le texte et accompagné d'un Atlas grand in-8° de 44 planches   15 fr.

— **Constructions agricoles**, traitant des matériaux et de leur emploi dans les Constructions destinées au logement des Cultivateurs, des Animaux et des Produits agricoles dans les petites, les moyennes et les grandes exploitations, par M. G. HEUZÉ, inspecteur de l'agriculture. 1 vol. accompagné d'un Atlas de 16 pl. grand in-8°.   7 fr.

— **Contre-Poisons**, ou Traitement des individus empoisonnés, asphyxiés, noyés ou mordus, par M. le Docteur H. CHAUSSIER. 1 vol. (*En préparation*).

— **Contributions Directes**, Guide des Contribuables, par M. BOYARD. (*En préparation.*)

— **Cordier**, contenant la culture des Plantes textiles, l'extraction de la Filasse, et la fabrication de toutes sortes de cordes, par G. LAURENT. 1 vol. orné de fig. (*En préparation*).

— **Correspondance Commerciale**, contenant les Termes de commerce, les Modèles et Formules épistolaires et de comptabilité, etc., par MM. REES-LESTIENNE et TRÉMERY. (*En préparation.*)

— **Corroyeur**, voyez *Tanneur*.

— **Couleurs** (Fabricant de) à l'huile et à l'eau, Laques, Couleurs hygiéniques, Couleurs fines, etc., par MM. RIF-FAULT, VERGNAUD, TOUSSAINT et MALEPEYRE. 2 volumes accompagnés de planches. 7 fr.

— **Coupe des Pierres**, contenant des notions de Géométrie élémentaire et descriptive, ainsi que l'art du Trait appliqué à la Stéréotomie, par MM. TOUSSAINT et H. M.-M., architectes. Nouvelle édition, augmentée d'un Appendice sur le transport et le travail de la pierre, par FROMHOLT. 1 vol. avec Atlas. 5 fr.

— **Coutelier**, ou l'Art de faire tous les Ouvrages de Coutellerie, par LANDRIN, ing^r civil. (*En préparation*).

— **Couvreur**, voyez *Plombier*.

— **Crustacés** (Hist. natur. des), par MM. Bosc et DES-MAREST, etc. 2 vol. ornés de planches. 6 fr.

— **Cubage des Bois** en grume ou écorcés au 1/4 et au 1/5 réduits, de 1m à 10m90 de longueur inclus, et de 0m40 à 4m de circonférence inclus ; donnant tous les cubes par fraction de 0m10 en 0m10 pour la longueur et de 0m05 en 0m05 pour la circonférence, et permettant d'obtenir les cubes de toutes longueurs, par G HAUDEBERT, ancien marchand de bois à Vendôme. 1 vol. 1 fr. 25

— **Cuisinier et Cuisinière**. (*En préparation*.)

— **Cultivateur Forestier**, contenant l'Art de cultiver en forêts tous les Arbres indigènes et exotiques, par M. BOITARD. 2 vol. (*En préparation*.)

— **Cultivateur Français**, ou l'Art de bien cultiver les Terres et d'en retirer un grand profit, par M. THIÉBAUT DE BERNEAUD. 2 vol. ornés de figures. 5 fr.

— **Dames**, ou l'Art de l'Élégance, traitant des Objets de toilette, d'ameublement et de voyage qui conviennent aux Dames, par madame CELNART. 1 vol. 3 fr.

— **Danse**, ou Traité théorique et pratique de cet Art, contenant toutes les *Danses de Société* et la Théorie de la Danse théâtrale, par BLASIS et LEMAITRE. 1 vol. 1 fr. 25

— **Décorateur-Ornementiste**. (*En préparation*.)

— **Dessin Linéaire**, par M. ALLAIN, entrepreneur de travaux publics. 1 vol. avec Atlas de 20 planches. 5 fr.

— **Dessinateur**, ou Traité complet du Dessin, par M. BOUTEREAU, professeur. 1 volume accompagné d'un Atlas de 20 planches, dont quelques-unes coloriées. 5 fr.

— **Distillateur-Liquoriste**, contenant les Formules des Liqueurs les plus répandues, les parfums, substances colorantes, etc., par MM. LEBEAUD, JULIA DE FONTENELLE et MALEPEYRE. 1 gros volume. 3 fr. 50

— **Distillation de la Betterave, de la Pomme de terre,** du Topinambour et des racines féculentes, telles que la carotte, le rutabaga, l'asphodèle, etc., par Hourier et Malepeyre. Nouvelle édition entièrement refondue par Larbalétrier. 1 vol. accomp. de 3 pl. gravées sur acier. 3 fr.

— **Distillation des Grains et des Melasses,** par MM. F. Malepeyre et Alb. Larbalétrier. 1 vol accompagné d'un Atlas de 9 planches in-8°. 5 fr.

— **Distillation des Vins,** des Marcs, des Moûts, des Fruits, des Cidres, etc., par M. F. Malepeyre. Nouvelle édition revue, corrigée et considérablement augmentée par M. Raymond Brunet, ingénieur-agronome. 1 vol. 3 fr.

— **Domestiques,** ou Art de former de bons serviteurs, par Mme Celnart. 1 vol. *(En préparation.)*

— **Dorure, Argenture, Nickelage, Platinage sur Métaux,** au feu, au trempé, à la feuille, au pinceau, au pouce et par la méthode électro-métallurgique, traitant de l'application à l'Horlogerie de la dorure et de l'argenture galvaniques, et de la coloration des Métaux par les oxydes métalliques et l'Electricité, par MM. Mathey, Maigne, A. Villon et Georges Petit, ingénieur civil. 1 vol. orné de 36 figures dans le texte. 3 fr. 50

— **Dorure sur bois** à l'eau et à la mixtion, par les procédés anciens et nouveaux, traitant des Peintures laquées sur Meubles et sur Sièges, par M. Saulo. 1 vol. 1 fr. 50

— **Drainage simplifié.** (Voir *Agriculture*, p. 3.)

— **Eaux et Boissons Gazeuses,** ou Description des méthodes et des appareils les plus usités dans cette industrie, le bouchage des bouteilles et des siphons, la Gazéification des Vins, Bières et Cidres, etc. Nouv. édit. augmentée des Boissons angl. et améric., par L. Gasquet, ingénieur des Arts et Manufactures, et Jarre, ingénieur. 1 vol. orné de 140 fig. dans le texte. 4 fr.

— **Eaux-de-Vie (Negociant en),** Liquoriste, Marchand de Vins et Distillateur, par MM. Ravon et Malepeyre. Nouvelle édition revue, corrigée et augmentée par Raymond Brunet, ingénieur-agronome, 1 vol. 1 fr.

— **Ebeniste et Tabletier,** traitant des Bois, de leur Teinture et de leur Apprêt, de l'Outillage, du Débitage des bois de placage, de la fabrication et de la réparation des Meubles de tout genre et du travail de la Tabletterie, par MM. Nosban et Maigne. 1 vol orné de figures et accompagné de planches. 3 fr. 50

— **Electricité atmosphérique** (voir *Electricité*).

2

— **Electricité médicale,** ou Eléments d'Electro-Biologie, suivi d'un Traité sur la Vision, par M. SMEE, traduit par M. MAGNIER. 1 vol. orné de figures.   3 fr.

— **Electricité,** contenant théorie, pratique et applications diverses, par G. PETIT, Ingénieur civil, 2 vol. ornés de 285 figures dans le texte.   8 fr.

— **Encres (Fabricant d')** de toute sorte, telles que Encres d'écriture, Encres à copier, Encres d'impression typographique, lithographique et de taille douce, Encres de couleurs, Encres sympathiques, etc., suivi de la *Fabrication des Cirages* et de l'*Imperméabilisation des Chaussures*, par MM. de CHAMPOUR, F. MALEPEYRE et A. VILLON. 1 v. 3 fr. 50

— **Engrais** (FABRICATION ET APPLICATION DES) animaux, végétaux et minéraux et des Engrais chimiques, ou Traité théorique et pratique de la nutrition des plantes, par MM. Eug. et Henri LANDRIN et M. Alb. LARBALÉTRIER. 1 vol. orné de figures.   3 fr.

— **Entomologie élémentaire,** ou Entretiens sur les Insectes en général, mis à la portée de la jeunesse, par M. BOYER DE FONSCOLOMBE. 1 gros vol.   3 fr.

— **Epistolaire (Style),** Choix de lettres puisées dans nos meilleurs auteurs et Instructions sur le style, par BISCARRAT et la comtesse d'HAUTPOUL (*En préparation*).

— **Equarrisseur,** voyez *Charcutier.*

— **Equitation,** traitant du manège civil, du manège militaire, de l'Equitation des Dames, etc., par MM. VERGNAUD et d'ATTANOUX. 1 vol. orné de figures.   3 fr.

— **Escaliers en Bois** (Construction des), traitant de la manipulation et du posage des Escaliers à une ou plusieurs rampes, de tous les modèles et s'adaptant à toutes les constructions, par M. BOUTEREAU. 1 vol. et Atlas grand in-8º de 20 planches gravées sur acier.   5 fr.

— **Escrime,** ou Traité de l'Art de faire des armes, par M. LAFAUGÈRE. 1 vol. orné de figures.   2 fr. 50

— **Etat Civil** (Officier de l'), traitant de la Tenue des Registres et de la Rédaction des Actes, par M. LEMOLT. 1 vol.   2 fr. 50

— **Etoffes imprimées et Papiers peints** (Fabricant d'). (*En préparation.*)

— **Falsifications des Drogues** simples ou composées, moyens de les reconnaître, par M. PÉDRONI, chimiste. 1 vol. avec planche. (*En préparation.*)

— **Ferblantier-Lampiste,** ou Art de confectionner tous les Ustensiles en fer-blanc, de les souder, de les réparer, etc., suivi de la fabrication des Lampes et des Appareils d'éclairage, par MM. LEBRUN, MALEPEYRE et A. ROMAIN. 1 vol. orné de fig. et accompagné de planches. 3 f. 50

== **Fermier.** — Voir *Agriculteur*, page 3.

== **Filature du Coton,** contenant la description des Métiers à filer le coton, diverses formules pour apprécier la résistance des Appareils mécaniques, et un Traité des engrenages, par M. DRAPIER. (*En préparation.*)

== **Fleuriste artificiel et Feuillagiste,** ou l'Art d'imiter toute espèce de Fleurs, de Feuillage et de Fruits. 1 vol. orné de 50 figures. 3 fr.

On peut se procurer des *modèles coloriés*, dessinés d'après nature, par REDOUTÉ. La planche : 1 fr.

== **Fondeur,** traitant de la Fonderie du fer, de l'acier, du cuivre, du bronze et du laiton, de la fonte des statues, des cloches, etc., par MM. A. GILLOT et L. LECKERT, ingénieurs. Nouvelle édition revue, corrigée et augmentée par N. CHRYSSOCHOIDÈS, ingénieur des Arts et Manufactures. 2 vol. ornés de 253 figures dans le texte. 8 fr.

— **Fontainier,** voy. *Mécanicien-Fontainier, Sondeur.*

— **Forestier praticien** (le) et Guide des Gardes Champêtres (Voir *Cultivateur forestier, Gardes champêtres*).

— **Forgeron, Maréchal, Taillandier,** voyez *Charron, Machines-Outils, Serrurier.*

— **Forges** (Maître de), ou Traité théorique et pratique de l'Art de travailler le fer, la fonte et l'acier, par M. LANDRIN. *(En préparation).*

— **Galvanoplastie,** ou Traité complet des Manipulations électro-metallurgiques, contenant tous les procédés les plus récents et les plus usités, par M. A. BRANDELY. Nouvelle édition revue et corrigée par G. PETIT, ingén. civil. 2 vol. ornés de 81 figures. 7 fr.

— **Gants** (Fabricant de), voyez *Chamoiseur.*

— **Gardes Champêtres, Gardes Forestiers, Gardes-Pêche, et Gardes-Chasse,** par M. BOYARD, ancien président à la Cour d'Orléans, M. VASSEROT, ancien sous-préfet, M. V. EMION et M. L. CREVAT, juges de paix, 1 vol. 2 fr. 50

== **Gardes-Malades,** et personnes qui veulent se soigner elles-mêmes, par M. le docteur MORIN. 1 vol. 2 fr. 50

== **Gaz** (Appareilleur à), voyez *Plombier.*

== **Gaz** (Eclairage et Chauffage au), ou Traité élémentaire et pratique destiné aux Ingénieurs, aux Directeurs et aux Contre-Maîtres d'Usines à Gaz, mis à la portée de tout le monde, suivi d'un *Aide-Mémoire de l'Ingénieur-Gazier*, par M. D. MAGNIER, ingénieur-gazier. Nouvelle édition corrigée, augmentée et entièrement refondue, par E. BANCELIN, ancien élève de l'Ecole polytechnique, ancien sous-régisseur d'usine de la Cⁱᵉ Parisienne du Gaz. 2 vol. ornés de 322 figures dans le texte.   8 fr.

On a extrait de ce Manuel l'ouvrage suivant :

AIDE-MÉMOIRE DE L'INGÉNIEUR-GAZIER, contenant les Notions et les Formules nécessaires aux personnes qui s'occupent de la Fabrication et de l'Emploi du Gaz. Br. in-18. 75 c.

— **Géographie de la France,** divisée par bassins, par M. LORIOL (*Autorisé par l'Université*). 1 vol.   2 fr. 50

— **Géographie physique,** ou Introduction à l'étude de la Géologie, par M. HUOT. 1 vol. (*En préparation.*)

— **Geologie,** ou Traité élémentaire de cette science, par MM. HUOT et D'ORBIGNY. 1 vol. (*En préparation.*)

— **Gourmands,** ou l'Art de faire les honneurs de sa table, par CARDELLI. (*En préparation.*)

— **Graveur,** ou Traité complet de la Gravure en creux et en relief, Eau-forte, Taille douce, Héliogravure, Gravure sur bois et sur métal, Photogravure, Similigravure, Procédés divers, Clichage des gravures en plomb et en galvanoplastie, Fabrication des Cartes à jouer, Gravure de la musique, etc., par M. VILLON. 2 volumes ornés de figures.   6 fr.

— **Greffes** (Monographie des), ou Description des diverses sortes de Greffes employées pour la multiplication des végétaux. (*En préparation.*) — Voir *Jardinage*, page 3.

— **Gymnastique,** par M. le colonel AMOROS. (*Ouvrage couronné par l'Institut, admis par l'Université, etc.*) 2 vol. et Atlas.   10 fr. 50

— **Habitants de la Campagne** (Voir *Agriculteur*, page 3).

— **Histoire naturelle médicale et de Pharmacographie,** ou Tableau des Produits que la Médecine et les Arts empruntent à l'Histoire naturelle, par M. LESSON, ancien pharmacien de la marine à Rochefort. 2 volumes.   5 fr.

— **Horloger,** comprenant la Construction détaillée de l'Horlogerie ordinaire et de précision, et, en général, de toutes les machines propres à mesurer le temps ; par LENORMAND, JANVIER et MAGNIER, revu par L. S.-T. Nouvelle édition entièrement refondue et augmentée de l'Horlogerie Electrique, l'Horlogerie Pneumatique et la Boîte à

Musique, par E. STAHL. 2 vol. accompagnés d'un Atlas de 15 planches. 7 fr.

— **Horloger-Rhabilleur**, traitant du rhabillage et du réglage des Montres et des Pendules, augmenté de : **Corrélation du Pendule au rochet** avec le levier de la Force motrice. Étude mécanique appliquée à l'Horlogerie, par M. J.-E. PERSEGOL. 1 vol. orné de 59 figures. 2 fr. 50

On vend séparément :

CORRÉLATION DU PENDULE AU ROCHET. 50 c.

— **Huiles minérales**, leur Fabrication et leur Emploi à l'Eclairage et au Chauffage. par D. MAGNIER, ingénieur. Nouvelle édition par N. CHRYSSOCHOÏDÈS. 1 vol. orné de 70 figures. 4 fr.

— **Huiles végétales et animales** (Fabricant et Epurateur d'), comprenant la Fabrication des Huiles et les méthodes les plus usuelles de les essayer et de reconnaître leur sophistication, par J. DE FONTENELLE, F. MALEPEYRE et AD. DALICAN. Nouvelle édition revue, corrigée et augmentée par N. CHRYSSOCHOÏDÈS, ingénieur des arts et manufactures. 2 vol. ornés de 190 fig. dans le texte. 7 fr.

— **Hydroscope**, voyez *Sondeur.*

— **Hygiène**, ou l'Art de conserver sa santé, par le docteur MORIN. 1 vol. *(En préparation.)*

— **Indiennes** (Fabricant d'), renfermant les Impressions des Laines, des Châles et des Soies, par MM. THILLAYE et VERGNAUD. 1 vol. accompagné de planches. *(En préparation).*

— **Instruments de Chirurgie** (Fabricant d'), par M. H.-C. LANDRIN. *(En préparation.)*

— **Irrigations et assainissement des Terres,** ou Traité de l'emploi des Eaux en agriculture, par M. le Marquis DE PARETO. 3 vol. accompagnés de deux Atlas composés de 40 planches in-folio et de tableaux. 18 fr.

— **Jeunes gens**, ou Sciences, Arts et Récréations qui leur conviennent, par M. VERGNAUD. *(En préparation.)*

— **Jeux d'Adresse et d Agilite**, contenant les Jeux et les Récréations d'intérieur et en plein air, à l'usage des enfants, des jeunes gens et des jeunes filles de tout âge, et des grandes personnes, par DUMONT. 1 vol. orné de figures. 3 fr.

— **Jeux de Calcul et de Hasard.** *(En prép.)*

— **Jeux de Cartes**, tels que l'Ecarte, le Piquet, le Whist, la Bouillotte, le Bésigue, le Trente et un, le Baccarat, le Lansquenet, etc. 1 vol. *(En préparation.)*

— **Jeux de Société**, renfermant les Rondes enfantines, les Jeux innocents, les Pénitences, les Jeux d'esprit, les Jeux de Salon les plus en usage dans les réunions intimes, par Madame CELNART. 1 vol. (*En préparation.*)

— **Justices de Paix**, ou Traité des Compétences et Attributions tant anciennes que nouvelles, en toutes matières, par M. BIRET. (*En préparation.*)

— **Laiterie**, ou Traité de toutes les méthodes en usage pour traiter et conserver le Lait, faire le Beurre, confectionner les Fromages français et étrangers, et reconnaître les Falsifications de ces substances alimentaires, par M. MAIGNE. 1 vol. orné de figures.   3 fr.

— **Lampiste**, voyez *Ferblantier*.

— **Langage** (Pureté du), par M. BLONDIN (*En prép.*).

— **Langage** (Pureté du), par MM BISCARRAT et BONIFACE. 1 vol. (*En préparation.*)

— **Levure (Fabricant de)**, traitant de sa composition chimique, de sa production et de son emploi dans l'industrie, principalement dans la Brasserie, la Distillation, la Boulangerie, la Pâtisserie, l'Amidonnerie, la Papeterie, par F. MALÉPEYRE. Nouvelle édition revue et corrigée par R. BRUNET, ingénr agronome. 1 vol. orné de fig. 2 fr 50

— **Limonadier**, Glacier, Cafetier et Amateur de thés, contenant la fabrication de la Glace et des Boissons frappées ou rafraîchissantes, par CHAUTARD et JULIA DE FONTENELLE. Nouvelle édition entièrement refondue par CHRYSSOCHOÏDÈS, ingénieur des Arts et Manufactures. 1 vol. orné de 76 figures dans le texte.   3 fr.

— **Linotypie**, *la Linotype à la portée de tous*, contenant description, fonctionnement, avaries et réparations, instructions aux opérateurs, par H. GIRAUD, mécanicien-électricien au journal *La Dépêche de Brest*, 1 vol. orné de 36 figures.   1 fr. 50

— **Liquides (Amélioration des)**, tels que Vins, Alcools, Spiritueux divers, Liqueurs, Cidres, Bières, Vinaigres, Laits, par V.-F. LEBEUF ; 6e éd., entièrement refondue, par le Dr E. VARENNE I. P. ♣, ancien distillateur, négociant en vins et spiritueux, membre de la commission extra-parlementaire de l'alcool, etc., rédacteur scientifique à la *Revue Vinicole*, 1 vol.   3 fr.

— **Lithographe** (Imprimeur et Dessinateur), traitant de l'Autographie, la Lithographie mécanique, la Chromo-lithographie, la Lithophotographie, la Zincographie, et des procédés nouveaux en usage dans cette industrie, par M. VILLON. 2 volumes et Atlas in-18.   9 fr.

— **Littérature** à l'usage des deux sexes, par madame D'HAUTPOUL. 1 vol.   1 fr. 75

— **Locomotion mécanique**, voyez *Vélocipédie et Automobiles.*

— **Luthier**, ou Traité de la construction des Instruments à cordes et à archet, tels que le Violon, l'Alto, le Violoncelle, la Contrebasse, la Guitare, la Mandoline, la Harpe, les Monocordes, la Vielle, etc., traitant de la Fabrication des Cordes harmoniques en boyau et en métal, par MM. MAUGIN et MAIGNE. Nouvelle édition suivie du mémoire sur la construction des instruments à cordes et à archet, par F. SAVART. 1 vol. avec fig. et planches.   3 fr. 50

— **Machines à Vapeur** appliquées à la Marine, par M. JANVIER. 1 vol. avec planches.   3 fr. 50

— **Machines Locomotives** (Constructeur de), par M. JULLIEN, ingénieur civil (*En préparation*).

— **Machines-Outils** employées dans les usines et ateliers de construction, pour le Travail des Métaux, par M. CHRÉTIEN. Voir page 32.

— **Maçon, Stucateur, Carreleur et Paveur,** contenant l'emploi, dans ces industries, des matières calcaires et siliceuses, ainsi que la construction des Bâtiments de ville et de campagne, et les méthodes de Pavage expérimentées dans les grandes villes, par MM. TOUSSAINT, D. MAGNIER, G. PICAT et A. ROMAIN. 1 vol. orné de figures et accompagné de 6 planches.   3 fr. 50

— **Maires, Adjoints, Conseillers et Officiers municipaux,** rédigé *par ordre alphabétique*, par M Ch. VASSEROT, ancien adjoint. (*En préparation*).

— **Maître d'Hôtel,** ou Traité complet des menus, mis à la portée de tout le monde, par M. CHEVRIER. 1 vol. orné de figures. (*En préparation.*)

— **Maîtresse de Maison,** ou Conseils et Recettes sur l'Economie domestique, par Mme LAURENT 1 vol. (*En préparation.*)

— **Mammalogie,** ou Histoire naturelle des Mammifères, par M. LESSON. 1 gros vol.   3 fr. 50

— **Marbrier, Constructeur et Propriétaire de maisons,** contenant des Notions pratiques sur les Marbres, ainsi que des Modèles de Monuments funèbres, de Cheminées, de Vases et d'Ornements de toute nature, par B. et M. (*En préparation.*)

— **Marine,** Gréement, manœuvre du Navire et Artillerie, par M. VERDIER. 2 vol. ornés de figures.   5 fr.

— **Maroquinier,** voyez *Chamoiseur.*

3.

— **Marqueteur et Ivoirier**, traitant de la fabrication des meubles et des objets meublants en marqueterie et en incrustation, de la Tabletterie-Ivoirerie, du travail de l'Ivoire, de l'Os, de la Corne, de la Baleine, de la Nacre, de l'Ambre, etc., par MM. MAIGNE et ROBICHON. 1 vol. orné de figures. 3 fr. 50

— **Mathématiques appliquées**, Notions élémentaires sur les Lois du mouvement des corps solides, de l'Hydraulique, de l'Air, du Son, de la Lumière, des Levés de terrains et nivellement, du Tracé des Cadrans solaires, etc., par RICHARD. (*En préparation.*)

— **Mécanicien-Fontainier**, comprenant la Conduite et la Distribution des Eaux, le mesurage aux Compteurs et à la Jauge, la Filtration, la fabrication des Robinets, des Fontaines, des Bornes, des Bouches d'eau, des Garde-robes, etc., par MM. BISTON, JANVIER, MALEPEYRE et A. ROMAIN. 1 vol. avec figures et planches. 3 fr. 50

— **Mécanique**, ou Exposition élémentaire des lois de l'Equilibre et du Mouvement des Corps solides, par M. TERQUEM. 1 gros vol. orné de planches (*En préparation*).

— **Medecine et Chirurgie domestiques**, contenant les moyens les plus simples et les plus rationnels pour la guérison de toutes les maladies, par M. le docteur MORIN. (*En préparation.*)

— **Mégissier**, voyez *Chamoiseur.*

— **Menuisier en bâtiments, Layetier-Emballeur**, traitant des Bois employés dans la menuiserie, de l'Outillage, du Trait, de la construction des Escaliers, du Travail du Bois, etc., par MM. NOSBAN et MAIGNE. 2 vol. accompagnés de planches et ornés de figures. 6 fr.

— **Métaux** (Travail des), voyez *Machines-Outils, Tourneur, Charron, Chaudronnier, Ferblantier.*

— **Meunier.** (*En préparation.*)

— **Microscope** (Observateur au). Description du Microscope et ses diverses applications, par M. F. DUJARDIN, ancien professeur à la Faculté des Sciences de Rennes. 1 vol. avec Atlas de 30 planches. 10 fr. 50

— **Minéralogie**, ou Tableau des Substances minérales, par M. HUOT (*En préparation*).

— **Mines (Exploitation des).**
2e *partie*, MÉTAUX PRÉCIEUX ET INDUSTRIELS, SOUFRE, SEL, DIAMANT, par M. L. KNAB, ingénieur. 1 vol. avec pl. 3 fr. 50

— **Miniature**, voyez *Peinture à l'Aquarelle.*

— **Morale**, ou Droits et Devoirs dans la Société. 1 volume. *(En préparation.)*

— **Morale (La)** de l'Enfance, par le vicomte DE MOREL VINDÉ. 1 vol. in-18 cartonné. *(En préparation.)*

— **Moraliste**, ou Pensées et Maximes instructives pour tous les âges de la vie, par M. TREMBLAY. 2 vol. 5 fr.

— **Mouleur**, ou Art de mouler en Plâtre, au Ciment, à l'argile, à la cire, à la gélatine, traitant du Moulage du carton, du carton-pierre, du carton-cuir, du carton-toile, du bois, de l'écaille, de la corne, de la baleine, du celluloïd, etc., contenant le moulage et le clichage des médailles, par MM. LEBRUN, MAGNIER, ROBERT et DE VALICOURT. 1 vol. orné de figures. 3 fr. 50

— **Moutardier**, voyez *Vinaigrier*.

— **Musique** : SOLFÉGES, MÉTHODES

Méthode de Trompette et Trombone. . . . » 75	Méthode de Harpe.. . 3 50 Méthode de Cor anglais 1 75

— **Mythologies.** *(En préparation.)*

— **Naturaliste préparateur**, 1re *partie* : Classification, Recherche des Objets d'histoire naturelle et leur emballage, Disposition et Conservation des Collections, par M. BOITARD. 1 vol. orné de figures. 3 fr.

— *Seconde partie* : Art de préparer et d'empailler les Animaux, de conserver les Végétaux et les Minéraux, de préparer les Pièces d'Anatomie normale et d'embaumer les corps, par MM. BOITARD et MAIGNE. 1 vol. orné de figures. 3 fr. 50

— **Navigation**, contenant la manière de se servir de l'Octant et du Sextant, les méthodes usuelles d'astronomie nautique, suivi d'un Supplément contenant les méthodes de calcul exigées des candidats au grade de Maître au cabotage, par M. GIQUEL, professeur d'hydrographie. *(En préparation).*

*— **Numismatique ancienne**, par M. A. DE BARTHÉLEMY, Membre de l'Institut. 1 gros vol. accompagné d'un Atlas renfermant 12 planches. 7 fr.

*— **Numismatique moderne et du moyen âge**, par M. AD. BLANCHET. 3 vol accompagnés d'un Atlas renfermant 14 planches. 15 fr.

— **Oiseaux (Eleveur d')**, ou Art de l'Oiselier, contenant la Description des principales espèces d'Oiseaux indigènes et exotiques susceptibles d'être élevés en captivité; leur nourriture, leur reproduction, leurs maladies, etc., par M. G. Schmitt. 1 vol.   1 fr. 75

— **Oiseleur**, ou Secrets anciens et modernes de la Chasse aux Oiseaux, traitant de la Fabrication et de l'emploi des Filets et des Pièges, par J. G. et Conrard. 1 vol. orné de planches et de 48 figures dans le texte. Nouvelle édition.   3 fr. 50

— **Organiste**, contenant l'expertise de l'Orgue, sa description, la manière de l'entretenir et de l'accorder soi-même, suivi de Procès-verbaux pour la réception des Orgues de toute espèce et d'un dictionnaire des termes employés dans la facture d'orgues, par J. Guédon. 1 vol. orné de 94 figures dans le texte.   3 fr.

— **Orgues** (Facteur d'), ou Traité théorique et pratique de l'Art de construire les Orgues, contenant le travail de Dom Bédos et les perfectionnements de la facture jusqu'à nos jours, par Hamel. Nouvelle édition revue et augmentée d'un Appendice donnant les nouveautés apportées dans la fabrication depuis la dernière édition, par J. Guédon. 1 vol. grand in-8 jésus, orné de 64 fig. dans le texte et accompagné d'un Atlas de 43 planches.   20 fr.

— **Ornithologie**, ou Description des genres et des principales espèces d'oiseaux, par M. Lesson (*En prépar.*).

Atlas d'Ornithologie, composé de 129 planches representant la plupart des oiseaux décrits dans l'ouvrage ci-dessus (*En préparation*).

— **Paléontologie**, ou des Lois de l'organisation des êtres vivants comparées à celles qu'ont suivies les Espèces fossiles et humatiles dans leur apparition successive; par M. Marcel de Serres, professeur à la Faculté des Sciences de Montpellier. 2 vol. avec Atlas.   7 fr.

— **Papetier et Régleur**, traitant de ces arts et de toutes les industries annexes du commerce de détail de la Papeterie, par Julia de Fontenelle et Poisson (*En préparation*).

— **Papiers de Fantaisie**, (Fabricant de), Papiers marbrés, jaspés, maroquinés, gaufrés, dorés, etc.; Peau d'âne factice, Papiers métalliques, par Fichtenberg (*En préparation.*)

— **Parcheminier**, voyez *Chamoiseur*.

— **Parfumeur**, ou Traité complet de toutes les branches de la Parfumerie, contenant les procédés nouveaux, employés en France, en Angleterre et en Amérique, à

l'usage des chimistes-fabricants et des ménages, par MM.
PRADAL, F. MALEPEYRE et A. VILLON 2 vol. ornés de figures.
Nouvelle édition corrigée, augmentée et entièrement re-
fondue, par M. A.-M. VILLON, ingénieur-chimiste.   6 fr.

— **Patinage** et Récréations sur la Glace, par M. PAU-
LIN-DÉSORMEAUX. 1 vol. orné de 4 planches.   1 fr. 25

— **Pâtes alimentaires**, voyez *Amidonnier*.

— **Pâtissier**, ou Traité complet et simplifié de Pâtisserie de ménage, de boutique et d'hôtel, par M. LEBLANC.
1 volume orné de figures.   3 fr.

— **Paveur et Carreleur**, voyez *Maçon*.

— **Pêcheur**, ou Traité général de toutes les pêches
d'eau douce et de mer, contenant l'histoire et la pêche des
animaux fluviatiles et marins, les diverses pêches à la ligne et aux filets en rivière et en mer, etc., par PESSON-MAI-
SONNEUVE et MORICEAU. Nouvelle édition entièrement refondue par G. PAULIN. 1 vol. orné de 207 fig. dans le texte. 3 fr. 50

— **Pêcheur-Praticien**, ou les Secrets et les Mystères de la Pêche à la ligne dévoilés, par M. LAMBERT. Nouvelle édition, par L. JAILLANT. 1 vol. orné de 98 figures
dans le texte.   1 fr. 50

— **Peintre d'histoire et Sculpteur**, ouvrage dans
lequel on traite de la philosophie de l'Art et des moyens
pratiques, par M. ARSENNE, peintre. 1 vol.   3 fr. 50

— **Peintre d'histoire naturelle**, contenant des notions générales sur le dessin, le clair-obscur, l'effet des
couleurs naturelles et artificielles, les divers genres de
peintures, etc. par M. DUMÉNIL. (*En préparation.*)

— **Peintre en Bâtiments**, Vernisseur et Vitrier,
traitant de l'emploi des Couleurs et des Vernis pour l'assainissement et la décoration des habitations, de la pose
des Papiers de tenture et du Vitrage, par RIFFAULT, VER-
GNAUD, TOUSSAINT et F. MALEPEYRE. Nouvelle édition revue
et augmentée du Peintre d'enseignes, de la Pose des vi-
traux, etc. 1 vol. orné de 44 figures.   3 fr.

— **Peintre en Voitures**, par V. THOMAS, maître de
conférences à la Faculté des Sciences de Rennes. 1 vol.
orné de 54 figures.   3 fr.

— **Peinture à l'Aquarelle**, Gouache, Miniature,
Peinture à la cire, Peintures orientales, procédé Raffaëlli,
etc. Nouvelle édition par Henry GUÉDY. 1 vol.   3 fr.

— **Peintre et Graveur en lettres** (*En préparation*)

— **Peinture sur Verre**, Porcelaine, Faïence et

Email, traitant de la décoration de ces matières, ainsi que de la fabrication des Emaux et des Couleurs vitrifiables et de l'Emaillage sur métaux précieux ou communs et sur terre cuite, par MM. REBOULLEAU, MAGNIER et ROMAIN. 1 vol. avec fig. Nouv. édit. revue par H. BERTRAN. 3 fr. 50

— **Peinture et Vernissage des Métaux et du Bois,** traitant des Couleurs et des Vernis propres à décorer les Métaux et les Bois, de l'imitation sur métal des bois indigènes et exotiques, de l'ornementation des Articles de ménage et des Objets de fantaisie, suivi de l'imitation des Laques du Japon sur menus articles, par MM. FINK et LACOMBE. 1 vol. orné de figures. 2 fr.

— **Pelletier-Fourreur et Plumassier,** traitant de l'apprêt et de la conservation des Fourrures et de la préparation des Plumes, par M. MAIGNE. 1 vol. orné de figures. 2 fr. 50

— **Perspective** appliquée au Dessin et à la Peinture, par M. VERGNAUD. 1 vol. accompagné de planches. 3 fr.

— **Pharmacie Populaire,** simplifiée et mise à la portée de toutes les classes de la société, par M. JULIA DE FONTENELLE (*En préparation*).

— **Photographie** sur Métal, sur Papier et sur Verre, contenant toutes les découvertes les plus récentes, par M. DE VALICOURT. 2 vol. avec planche. 6 fr.

— SUPPLÉMENT à la Photographie sur Papier et sur Verre, par M. G. HUBERSON. 1 vol. 3 fr.

— **Photographie** (Répertoire de), Formulaire complet de cet Art, par M. DE LATREILLE. (*En préparation.*)

— **Physicien-Préparateur,** ou Description des Instruments de Physique et leur Emploi dans les Sciences et dans l'Industrie, par MM. Ch. CHEVALIER et le docteur FAU. (*En préparation.*)

— **Physiologie végétale,** Physique, Chimie et Minéralogie appliquées à la culture, par M. DURAND. 1 vol. orné de planches. 3 fr.

— **Plain-Chant ecclésiastique.** (*En préparation.*)

— **Plâtrier,** voyez *Chaufournier, Maçon.*

— **Plombier, Zingueur, Couvreur, Appareilleur à Gaz,** contenant la fabrication et le travail du Plomb et du Zinc et la manière de les souder, la Couverture des Constructions et l'Installation des Appareils et des Compteurs à Gaz, par M. ROMAIN. Nouvelle édition, refondue, corrigée et augmentée, suivie de la *Série des Prix*, par N. CHRYSSOCHOÏDÈS, 1 vol. orné de 266 figures dans le texte.   4 fr.

— **Poêlier-Fumiste**, traitant de la construction des Cheminées de tous modèles, des Fourneaux et des Poêles en terre, de l'agencement et de la Tuyauterie des Fourneaux en maçonnerie et des Poêles en terre, en fonte et en tôle, et du Ramonage des divers appareils de Chauffage, par MM. ARDENNI, J. DE FONTENELLE, F. MALEPEYRE et A. ROMAIN, 1 vol. orné de figures.   3 fr.

— **Poids et Mesures**, à l'usage des Médecins, etc. Brochure in-18.   25 c.

— **Poids et Mesures**, Comptes faits ou Barème général des Poids et Mesures, par M. ACHILLE NOUHEN. *Ouvrage divisé en cinq parties qui se vendent séparément.*

1re partie, Mesures de LONGUEUR *(En préparation).*
2e partie,   —   de SURFACE.   60 c.
3e partie,   —   de SOLIDITÉ *(En préparation).*
4e partie,   POIDS *(En préparation).*
5e partie, Mesures de CAPACITÉ *(En préparation).*

—. **Poids et Mesures** (Barème complet des), avec conversion facile de l'ancien système au nouveau, par M. BAGILET. 1 vol.   3 fr.

— **Poids et Mesures** (Fabrication des). *Voir Potier d'étain.*

— **Police de la France**. *(En préparation.)*

— **Pompes** (**Fabricant de**) de tous les systèmes, rectilignes, centrifuges, à diaphragme, à vapeur, à incendie, d'épuisement, de mines, de jardins, etc., traitant des principales Machines élévatoires autres que les Pompes, par MM. JANVIER, BISTON et A. ROMAIN. 1 vol. orné de figures et accompagné de planches.   3 fr. 50

— **Ponts et Chaussées** : *Première partie*, ROUTES ET CHEMINS, par M. DE GAYFFIER, ingénieur en chef des Ponts et Chaussées. 1 vol. avec planches.   3 fr. 50

— *Seconde partie*, PONTS ET AQUEDUCS EN MAÇONNERIE, par M. DE GAYFFIER, 1 vol. avec planches.   3 fr. 50

— *Troisième partie*, PONTS EN BOIS ET EN FER, par M. A. ROMAIN. 1 vol. avec figures et planches.   3 fr. 50

— **Porcelainier, Faïencier, Potier de Terre,** contenant des notions pratiques sur la fabrication des Grès cérames, des Pipes, des Boutons, des Fleurs en porcelaine et des diverses Porcelaines tendres, par D. MAGNIER, ingénieur civil. Nouvelle édition revue et augmentée par BERTRAN, Ingénieur des Arts et Manufactures. 1 vol. orné de 148 figures dans le texte. 4 fr.

— **Potier d'Etain** et de la fabrication des **Poids et Mesures,** contenant la fabrication de la poterie d'Etain, Etains d'art ; poids et mesures de tous genres, balances, bascules, a'coomètres. Nouvelle édition par G. LAURENT, ingénieur des Arts et Manufactures. 1 vol. orné de 227 figures dans le texte. 4 fr.

— **Produits chimiques** (Fabricant de), formant un Traité de Chimie appliquée aux Arts, à l'Industrie et à la Médecine, par M. G. E. LORMÉ. 4 gros volumes et Atlas de 16 planches grand in-8°. (*En préparation*).

— **Propriétaire, Locataire** et Sous-Locataire, des biens de ville et des biens ruraux ; rédigé *par ordre alphabétique,* par MM. SERGENT et VASSEROT. 1 vol. 2 fr. 50

— **Puisatier,** voyez *Sondeur.*

— **Relieur,** en tous genres, contenant les Arts de l'Assembleur, du Satineur, du Brocheur, du Rogneur, du Cartonneur et du Doreur, par MM. Séb. LENORMAND et W. MAIGNE. 1 vol. avec figures et planches. 3 fr. 50

— **Roses** (Amateur de), leur Histoire et leur Culture, par M. BOITARD. (*En préparation.*)

— **Sapeur-Pompier** (Nouveau Manuel *complet* du), composé par une commission d'officiers du Régiment de *Paris* et de la *Province,* publié par *Ordre* du *Ministère de l'Intérieur.* Edition entièrement refondue d'après le nouveau matériel de la Ville de Paris. 1 vol. orné de 140 fig. dans le texte. Broché . . . . 3 fr. 50
Cartonné avec la couverture imprimée. . . . 3 fr. 85

— **Sapeur-Pompier** (Nouveau Manuel *abrégé* du) composé par une commission d'officiers du Régiment de Paris et de la Province, publié par *ordre* du *Ministère de l'Intérieur.* Edition abrégée entièrement refondue, extraite du Nouveau Manuel complet. 1 vol. orné de nombreuses figures dans le texte. Broché. . . . . 2 fr.
Cartonné avec la couverture imprimée. . . . 2 fr. 25

— **Sapeurs-pompiers** (Théorie des), extraite du nouveau Manuel complet du Sapeur-Pompier composé par une commission d'officiers du Régiment de Paris et de la Province.

Édition entièrement refondue, contenant les manœuvres de la Pompe à bras et des Echelles, d'après le nouveau matériel de la Ville de Paris. 1 vol. orné de nombreuses figures dans le texte. Broché . . . . 75 c.

Cartonné avec la couverture imprimée. . . . . 85 c.

— **Sapeurs-Pompiers** (*Manuel des Concours*) (Fédération nationale des Sapeurs-Pompiers français). 1 vol. orné de 80 fig. dans le texte, br. 2 fr. 50 ; — *Franco*, 2 fr. 75

Cartonné avec la couverture imprimée, 2 fr. 85 ; — *Franco*. 3 fr. 10

— **Sapeurs-Pompiers**, manuel des premiers secours par le Dr Ch. Le Page. 1 vol. in-16 orné de 83 illust. dans le texte 2 fr.

— **Sapeurs-Pompiers**, voir Service d'Incendie dans les Villes et les Campagnes.

— **Sauvetage** dans les Incendies, les Puits, les Puisards, les Fosses d'aisances, les Caves et Celliers, les Accidents en rivière et les Naufrages maritimes, par M. W. Maione. 1 vol. orné de vignettes et de planches. (*En préparation*).

— **Savonnier**, ou Traité de la Fabrication des Savons, contenant des notions sur les Alcalis et les corps gras saponifiables, ainsi que les procédés de fabrication et les appareils en usage dans la Savonnerie, par M. E. Lormé. 3 vol. accompagnés de planches. 9 fr.

— **Sculpture sur bois**, contenant l'Outillage et les moyens pratiques de Sculpture, les Styles de l'Ornementation, l'Art de Découper les Bois, l'Ivoire, l'Os, l'Ecaille et les Métaux, la Fabrication des Bois comprimés, etc., par M. S. Lacombe. 1 vol. orné de figures. 3 fr. 50

— **Serrurier**, ou Traité complet et simplifié de cet Art, traitant des Fers, des Combustibles, de l'Outillage, du Travail à l'Atelier et sur place, de la Serrurerie du Carrossage et des divers travaux de Forge, par Paulin-Désormeaux et H. Landrin. Nouvelle édition entièrement refondue par Chryssochoïdès, ingénieur des Arts et Manufactures. 1 vol. orné de 106 fig. dans le texte et accompagné d'un Atlas de 16 planches. 5 fr.

— **Service d'Incendie** dans les Villes et les Campagnes, en France et à l'Etranger, par le lieutenant-colonel

RAINCOURT, ancien Chef de Bataillon au Régiment des Sapeurs-Pompiers, Président d'honneur du Congrès international des Sapeurs-Pompiers en 1889, et M. MARCEL GRÉGOIRE, Sous-Préfet de Pontoise. 1 vol. in-18 orné de 77 fig. dans le texte. 2 fr. 50

— **Soierie**, contenant l'art d'élever les Vers à soie et de cultiver le Mûrier, traitant de la Fabrication des Soieries, par M. DEVILLIERS. 2 vol. et Atlas. (*En préparation*).

— **Sommelier** et **Marchand de Vins**, contenant des notions sur les Vins rouges, blancs et mousseux, leur classification par vignobles et par crus, l'Art de les déguster, la description du matériel de cave, les soins à donner aux Vins en cercles et en bouteilles, l'art de les rétablir de leurs maladies, les coupages, les moyens de reconnaître les falsifications, etc., par M. MAIGNE. Nouvelle édition, revue, corrigée et augmentée, par R. BRUNET. 1 vol. orné de 97 figures dans le texte. 3 fr.

— **Sondeur, Puisatier et Hydroscope**, traitant de la construction des Puits ordinaires et artésiens et de la recherche des Sources et des Eaux souterraines, par M. A. ROMAIN, 1 vol. accompagné de planches. 3 fr. 50

— **Sorcellerie Ancienne et Moderne** expliquée, ou Cours de Prestidigitation (*Epuisé*).

— SUPPLÉMENT A LA SORCELLERIE EXPLIQUÉE, par M. PONSIN. (*Epuisé*.)

— **Souffleur** à la **Lampe** et au **Chalumeau**, (Voir *Verrier*).

— **Sucre** (**Fabricant et Raffineur de**), traitant de la fabrication des Sucres indigènes et coloniaux, provenant de toutes les substances saccharifères dont l'emploi est usuel et reconnu pratique, par M. ZOÉGA. 1 vol. orné de planches et de figures. (*En préparation.*)

— **Taille-Douce** (Imprimeur en), par MM. BERTHIAUD et BOITARD. (*En préparation*).

— **Tanneur, Corroyeur et Hongroyeur**, contenant le travail des Cuirs forts de la Molleterie et des Cuirs blancs, suivi de la fabrication des Courroies, d'après les méthodes perfectionnées les plus récentes, par MAIGNE. 2 vol. ornés de figures et accompagnés de planches. 6 fr.

— **Tapissier Décorateur**, par H. LACROIX, professeur technique. 1 vol. orné de 81 figures dans le texte. 2 fr. 50

— **Technologie physique** et **mécanique**, ou

FORMULAIRE ANNOTÉ à l'usage des Ingénieurs, des Architectes, des Constructeurs et des Chefs d'usines, par H.
GUÉDY, architecte. 1 vol. . .   4 fr.

— **Teinture des peaux,** voyez *Chamoiseur.*

*— **Teinture moderne.** Voir page 31.

— **Teinturier, Apprêteur et Dégraisseur,** ou
Art de teindre la Laine, la Soie, le Coton, le Lin, le
Chanvre et les autres matières filamenteuses, ainsi que
les tissus simples et mélangés, au moyen des COULEURS
ANCIENNES animales, végétales et minérales, par MM. RIF-
FAUT, VERGNAUD, JULIA DE FONTENELLE, THILLAYE, MALE-
PEYRE, ULRICH et ROMAIN. 2 vol. accompag. de planch. 7 fr.

— *Supplément,* traitant de l'emploi en Teinture des
COULEURS D'ANILINE et de leurs dérivés, par M. A.-M.
VILLON, chimiste. 1 vol.   3 fr. 50

— **Télégraphie électrique,** contenant la description des divers systèmes de Télégraphes et de Téléphones,
et leurs applications au service des Chemins de fer, des
Sonneries électriques et des Avertisseurs d'incendie, par
ROMAIN. 1 vol. orné de fig. et accompagné de pl. 3 fr. 50

— **Teneur de Livres,** renfermant la Tenue des
Livres en partie simple et en partie double, par TRÉMERY
et A. TERRIÈRE (*Ouvrage autorisé par l'Université*), suivi
de la Comptabilité agricole, par R. BRUNET. 1 vol. 3 fr.

— **Terrassier** et Entrepreneur de terrassements,
traitant des divers modes de transport, d'extraction et
d'excavation, et contenant une description sommaire des
grands travaux modernes, par MM. CH. ETIENNE. AD. MAS-
SON et D. CASALONGA. 1 vol et un Atlas de 22 pl. (*En prép.*)

— **Théâtral (Manuel)** et du Comédien, contenant
les principes de l'Art de la parole, par Aristippe BERNIER
DE MALIGNY. 1 vol. (*En préparation.*)

— **Tissage mécanique.** (*En préparation.*)

— **Tissus** (Dessin et Fabrication des) façonnés, tels que
Draps, Velours, Ruban, Gilet, Coutil, Châle, Passementerie,
Gazes, Barèges, Tulle, Peluche, Damassé, Mousseline, etc.,
par M. TOUSTAIN. (*En préparation.*)

— **Tonnelier,** contenant la fabrication des Ton-
neaux, des Cuves, des Foudres et des autres vaisseaux
en bois cerclés, suivi du *Jaugeage* des fûts de toute
dimension, par P. DÉSORMEAUX, OTT et MAIGNE. Nouvelle édition revue et corrigée par RAYMOND BRUNET, Ingénieur agronome. 1 vol. orné de 227 figures.   3 fr.

— **Tourneur**, ou Traité théorique et pratique de l'art
du Tour, contenant la description des appareils et des
procédés les plus usités pour Tourner les Bois et les Métaux, les Pierres, l'Ivoire, la Corne, l'Ecaille, la Nacre, etc.
Ainsi que les notions de Forge, d'Ajustage et d'Ebénisterie indispensables au Tourneur, par E. de VALICOURT.
1 vol. grand in-8 contenant 27 planches de figures, 4e édition revue et corrigée.   15 fr.

— **Treillageur**, *Première partie*, traitant de la fabrication à la main, de la Menuiserie des Jardins et de la
fabrication des Objets de Jardinage, par M. P. DÉSORMEAUX.
1 vol. accompagné de planches (*En préparation*).

— **Treillageur**, *Seconde partie*, traitant de l'outillage, de la fabrication à la main et à la mécanique, de la
confection des Grillages, Claies, Jalousies, etc., par M. E.
DARTHUY. 1 vol. avec figures et planches.   3 fr.

— **Typographie** (de). Historique. Composition. Règles orthographiques. Imposition. Travaux de ville. Journaux. Tableaux. Algèbre. Langues étrangères. Musique et
plain-chant. Machines. Papier. Stéréotypie. Illustration.
Par EMILE LECLERC, de la *Revue des Arts graphiques*, ancien directeur de l'Ecole professionnelle Lahure. Préface
de M. PAUL BLUYSEN. 1 vol. orné de 100 figures dans le
texte.   4 fr.
On vend séparément les SIGNES DE CORRECTION.   50 c.

— **Vélocipédie** (de), Locomotion, Vélocipèdes, Construction, etc., par Louis LOCKERT, ingénieur diplômé de
l'Ecole centrale. 1 vol. orné de 58 fig. dans le texte. Terminé
par l'Art de monter à Bicyclette, par RIVIERRE.   1 fr. 50

— **Vernis (Fabricant de)**, contenant les formules
les plus usitées de vernis de toute espèce, à l'éther, à l'alcool, à l'essence, vernis gras, etc., par M. A. ROMAIN.
1 vol. orné de figures.   4 fr.

— **Verrier et Fabricant de Cristaux**, Pierres
précieuses factices, Verres colorés, Yeux artificiels, par
JULIA DE FONTENELLE et MALEPEYRE. Nouvelle édition entièrement refondue par BERTRAN, Ingénieur des Arts et
Manufactures. 2 vol. ornés de 235 fig. dans le texte. 8 fr.

— **Vétérinaire**, contenant la connaissance des chevaux, la manière de les élever, les dresser et les conduire, la Description de leurs maladies, les meilleurs
modes de traitement, etc., par M. LEBEAU et un ancien
professeur d'Alfort. 1 vol. orné de figures. (*En prépar.*).

— **Vigneron,** ou l'Art de cultiver la Vigne, de la protéger contre les insectes qui la détruisent, et de faire le Vin, contenant les meilleures méthodes de Vinification, traitant du chauffage des Vins, etc., par Thiébaut de Berneaud et F. Malepeyre. 1 vol. orné de 40 figures. Nouvelle édition, revue par R. Brunet.   3 fr. 50

— **Vinaigrier et Moutardier,** contenant la fabrication de l'acide acétique, de l'acide pyroligneux, des acétates, et les formules de Vinaigres de table, de toilette et pharmaceutiques, l'analyse chimique de la graine de moutarde, ainsi que les meilleures recettes pour la préparation de la moutarde, par MM. J. de Fontenelle et F. Malepeyre. 1 vol. orné de figures.   3 fr. 50

— **Vins** (Calendrier des), ou instructions à exécuter mois par mois, pour conserver, améliorer ou guérir les Vins. *(Ouvrage destiné aux Garçons de caves et de celliers, et aux Maîtres de Chais, faisant suite à l'Amélioration des Liquides),* par M. V.-F. Lebeuf. 1 vol. 1 fr. 75

— **Vins de Fruits et Boissons économiques,** contenant l'Art de fabriquer soi-même, chez soi et à peu de frais, les Vins de Fruits, les Vins de Raisins secs, le Cidre, le Poiré, les Vins de Grains, les Bières économiques et de ménage, les Boissons rafraîchissantes, les Hydromels, etc., et l'Art d'imiter avec les Fruits et les Plantes les Vins de table et de liqueur français et étrangers, par M. F. Malepeyre. 1 vol.   3 fr.

— **Vins mousseux** (Voyez *Eaux et Boissons gazeuses*).

— **Zingueur,** voyez *Plombier.*

INDUSTRIE, ARTS ET MÉTIERS

*Guide pratique de Teinture moderne,** suivi de l'Art du Teinturier-Dégraisseur, contenant l'étude des fibres textiles et des matières premières utilisées en Teinture, et des procédés les plus récents pour la fixation des couleurs sur laine, soie, coton, etc., par V. Thomas, docteur ès sciences, préparateur de Chimie appliquée à la Faculté des Sciences de l'Université de Paris. 1 vol. grand in-8° raisin, orné de 133 figures dans le texte.   20 fr.

Art du Peintre, Doreur et Vernisseur, par
WATIN ; 14ᵉ édit., revue pour la fabrication et l'application
des couleurs, par MM. Ch. et F. BOURGEOIS, et augmentée
de *l'Art du Peintre en voitures, en marbres et en faux-
bois*, par M. J. DE MONTIGNY, ingénieur. 1 vol. in-8°. 6 fr.

Calcul des essieux pour les Chemins de Fer ; Coup
d'œil sur les roues de vagons, par A.-C. BENOIT-DUPOR-
TAIL, 1856. Brochure in-8°.   1 fr. 75

Cubage des Bois en grume (Tarif de), au mètre
cube réel et au mètre cube marchand, par M. CH. BLIND.
Brochure in-18.   75 c.

Etudes sur quelques produits naturels appli-
cables à la *Teinture*, par ARNAUDON, 1858. Br. in-8. 1 fr. 25

— **Guia** del Cultivador de Montes y de la Guardería
Rural — ò — La Silvicultura Práctica. 1 vol. in-8.   2 fr.

**Incendies des matières dangereuses et explo-
sives (Les)** (dangers, précautions, moyens et appareils),
les extincteurs d'incendie, par Daniel PIERRE, ingénieur
chimiste, 1 vol. in-8°, avec figures.   2 fr.

Levés à vue (Des) et du Dessin d'après nature, par
LEBLANC. Brochure in-18 avec planche.   25 c.

Machines-Outils (Traité des) employées dans les
usines et les ateliers de construction pour le Travail des
Métaux, par M. J. CHRÉTIEN, 1866. 1 volume in-8 jésus,
renfermant 16 planches gravées avec soin sur acier. 12 fr.

Manipulations hydroplastiques, ou Guide du
Doreur et de l'Argenteur, par M. ROSELEUR. 1 volume
in-8°.   15 fr.

**Manuel-Barême pour les Alliages d'Or et
d'Argent.** Ouvrage indispensable aux Fabricants Bijoutiers et Orfèvres, ainsi qu'à toutes les personnes qui s'occupent du commerce des Métaux précieux, par M. A. MER-
CIER. 1 vol. in-8. Broché, 10 fr. Relié en toile, 11 fr. 50

Manuel de la Filature du Lin et de l'Etoupe,
Application du Système métrique au Calcul du mouvement
différentiel, par DELMOTTE. 2ᵉ éd., 1878. 1 vol. in-12. 2 fr. 50

**Mémoire sur l'Appareil des voûtes hélicoï-
dales** et des voûtes biaises à double courbure, par A.-A.
SOUCHON. 1 vol. in-4° renfermant 8 planches.   3 fr. 50

Photographie sur papier, par M. BLANQUART-
EVRARD, 1851. 1 vol. grand in-8.   1 fr. 50

Tables techniques de l'Industrie du Gaz, par M. D. MAGNIER, ingénieur. (*En préparation.*)

Traité du Chauffage au Gaz, par CH. HUGUENY, 1857. Brochure in-8°. 1 fr. 50

Traité de la Coupe des Pierres, ou Méthode facile et abrégée pour se perfectionner dans cette science, par J.-B. DE LA RUE. 3ᵉ édition, revue et corrigée par M. RAMÉE, architecte. 1 vol. in-8° de texte, avec un Atlas de 98 planches in-folio. 20 fr.

Traité des Echafaudages, ou Choix des meilleurs modèles de charpentes, par J.-Ch. KRAFFT. 1 vol. in-folio relié, renfermant 51 planches gravées sur acier. 25 fr.

Usage de la Règle logarithmique, ou Règle-calcul. In-18. 25 c.

Vignole du Charpentier. 1ʳᵉ partie, ART DU TRAIT, contenant l'application de cet art aux principales constructions en usage dans le bâtiment, par M. MICHEL, maître charpentier, et M. BOUTEREAU, professeur de géométrie appliquée aux arts. 1 vol. in-8°, avec Atlas de 72 pl. 20 fr.

PARIS-BIJOUX

Annuaire des Horlogers et Bijoutiers, publié par la *Revue de l'Horlogerie-Bijouterie*, 1909. — Petit in-16, toile souple. 3 fr.

OUVRAGES SUR L'HORTICULTURE

L'AGRICULTURE, L'ÉCONOMIE RURALE, ETC.

Plantes vivaces de la maison Lebeuf, ou Liste des espèces les plus intéressantes cultivées dans cet établissement, avec quelques renseignements sur leur culture, leur emploi, etc., par GODEFROI-LEBEUF et BOIS, 1882. 1 vol. in-18, orné de figures. 2ᵉ édition. 1 fr. 50

Les Insectes nuisibles aux arbres fruitiers. Moyens de les détruire, par A. RAMÉ.
1ʳᵉ partie : LES LÉPIDOPTÈRES. 1 vol. in-18, 2ᵉ édit. 1 fr. 25

Histoire du Pommier, par DUVAL, 1852. Brochure in-8°. 1 fr. 50

Etude sur les Sauterelles et les Criquets,
moyens d'en arrêter les invasions et de les transformer
en Engrais par les procédés DURAND et HAUVEL, brevetés
s. g. d. g., 1878. Brochure in-8 de 36 pages.   75 c.

Voyage de découverte autour du Monde et à
la recherche de La Pérouse, par J. DUMONT D'URVILLE,
capitaine de vaisseau, exécuté sous son commandement
et par ordre du gouvernement, sur la corvette l'*Astrolabe*,
pendant les années 1826 à 1829. 5 tomes divisés en 10 volumes in-8 ornés de vignettes sur bois, avec un Atlas contenant 20 planches ou cartes grand in-folio. .   30 fr.

Cet important ouvrage, qui a été exécuté par ordre du
gouvernement sous le commandement de M. Dumont
d'Urville et rédigé par lui, n'a rien de commun avec le
Voyage pittoresque publié sous sa direction.

ALBUMS INDUSTRIELS

Carnets du Garde-Meuble, Albums grand in-8,
publiés par D. GUILMARD.

N° 1. ÉBÉNISTE PARISIEN, Recueil de dessins de Meubles
dessinés d'après nature chez les principaux ébénistes du
faubourg Saint-Antoine. Album in-8 jésus de 130 feuilles.
En couleur,   40 fr.

N° 2. FABRICANT DE SIÈGES, Recueil de dessins de Sièges
non garnis, dessinés d'après nature chez les principaux
fabricants du faubourg Saint-Antoine. Sièges simples. Album de 120 planches avec titre.
En noir, 25 fr. — En couleur,   40 fr.

N° 3. VIEUX BOIS, Recueil de dessins de Meubles et de
Sièges en vieux chêne sculpté. Fabrication courante. Al-
bum de 26 planches.
En couleur,   10 fr.

N° 3 *bis*. MEUBLES EN CHÊNE, Recueil de Meubles et de
Sièges sculptés en chêne. Album de 26 planches.
En noir, 6 fr. — En couleur,   10 fr.

N° 4. SCULPTEUR, Recueil de motifs sculptés employés
dans la fabrication des meubles simples. Album de 24 pl.
En noir (pas de couleur),   6 fr.

N° 6. MARQUETERIE ET BOULE, Recueil de meubles dans
ce genre, contenant 24 planches in-8° jésus, et représentant
44 modèles différents.
En noir, 6 fr. — En couleur,   12 fr.

N° 7. Carnet-Référence, Collection de Sièges, Meubles et Tentures, contenant 80 planches in-4° noires. 12 fr.

Carnet Empire, 68 planches de Tentures, Sièges et Meubles, genre Empire, par E. Maincent. Album cart. En noir, 10 fr. — En couleur. 20 fr.

Petit Carnet, N° 1, Meubles simples, Petit Album de poche, contenant 40 planches, représentant 67 modèles En noir, 5 fr. — En couleur, 7 fr.

Petit Carnet, N° 2, Sièges. Petit Album de poche, contenant 40 planches. En noir, 5 fr. — En couleur, 7 fr.

Petit Carnet, N° 3, Tentures. Petit Album de poche, contenant 39 planches. En noir, 5 fr. En couleur, 7 fr.

Petit Carnet, N° 4. Sièges bois recouvert, série classique et fantaisie. 60 pl. en noir, 7 fr. 50 ; en couleur 12 fr.

Petit Carnet, N° 5. Tentures. 60 pl. contenant 66 modèles de tentures classiques, modernes, et art nouveau, en noir 7 fr. 50 ; en couleur, 12 fr.

Petit Carnet du Garde-Meuble, N° 10, Sièges, Tentures. Petit Album de poche, renfermant 32 planches. En noir, 5 fr.

Décoration (La) au XIXe Siècle, Décor intérieur des habitations, Riches appartements, Hôtels et Châteaux, par D. Guilmard. 48 pl. in-4° coloriées, en carton. 60 fr.

Décoration (La petite), Menuiserie décorative appliquée à l'intérieur des habitations, par E. Maincent. Album de 20 planches coloriées. 16 fr.

Disposition des Appartements, Album relié renfermant 18 plans de faces et d'élévations, etc. En noir, 50 fr.

Fleur décorative (La), 1re partie, Broderies, donnant la plus grande partie des types de fleurs employés dans la décoration. 43 planches, dont un titre, en carton. En noir, 12 fr. — En couleur, 25 fr.

Menuiserie (La) parisienne, Recueil de motifs de menuiserie dans le genre moderne, par D. Guilmard. Album de 30 planches in-4° en carton. 15 fr.

Menuiserie (La) religieuse, Ameublement des Églises, styles roman et ogival du xe au xive siècle, par D. Guilmard. Album in-4° de 30 planches. 15 fr.

Ornementation (La connaissance des Styles de l'), Histoire de l'ornement et des arts qui s'y rattachent depuis l'ère chrétienne jusqu'à nos jours, par D. Guilmard. 1 beau vol. in-4°, richement illustré et accompagné de 42 planches noires. 25 fr.

Ornements d'appartements (Album des), Collection de tous les accessoires de décorations servant aux croisées et aux lits, par D. Guilmard. Album de 24 planches in-8° oblong. En noir, 6 fr. — En couleur. 10 fr.

Portefeuille pratique de l'Ebéniste parisien, Elévation, Plan, Coupe et détails nécessaires à la fabrication des Meubles, par D. Guilmard. Album in-4° de 31 planches noires. 15 fr.

Sièges (Portefeuille pratique du Fabricant de), Plan, Coupes, Elévation et Détails nécessaires à la Fabrication des Sièges, par D. Guilmard. Album in-4° de 31 planches. 15 fr.

Tapissier garnisseur (Tarif du), Prix de revient de modèles en bois recouverts ou apparents. 9 fr.
Albums en cartons contenant les dessins correspondant aux prix de revient du Tarif :
Bois RECOUVERTS, 128 modèles, fig. noires. 28 fr.
Bois APPARENTS, 125 modèles, fig. noires. 23 fr.

Tapissier parisien (Album du), par D. Guilmard. Album grand in-8° de 25 planches.
En noir, 7 fr.

Tapissier parisien (Portefeuille pratique du), PREMIÈRE PARTIE. Décors de lits, croisées, etc. Coupe et texte de ces diverses décorations, par D. Guilmard. Album de 30 planches in-4°. En noir, 18 fr. — En couleur, 25 fr.

SECONDE PARTIE. Dessins de Tentures modernes avec Coupes. Détails et Texte explicatif, par E. Maincent. Album de 35 planches. En noir, 20 fr.

Tapissier (Tarif du), TENTURES, par E. Maincent, donnant le prix de revient, l'emploi et la coupe des Etoffes pour Tentures. 1 vol. grand in-8° cartonné, sans planches. 12 fr.

Tourneur (Art du); Profils et renseignements pour servir dans tous les Arts et Industries du Tour, par E. Maincent. Album in-4° de 30 planches avec texte. 20 fr.

Nouveau Recueil de Tentures laines dans le genre simple. 28 pl. sur bristol grand format (0,32×0,49), comprenant des décors de lit, fenêtres, portières, grandes baies, salons, salles à manger, chambres à coucher.
En noir, 30 fr.; en couleur, 55 fr.

L'AMEUBLEMENT
ET
LE GARDE-MEUBLE
RÉUNIS

publie 60 Planches par année

Il est divisé en trois parties :

MEUBLES, TENTURES, SIÈGES

Il paraîtra tous les deux mois :

4 Planches de Meubles, 4 Planches de Tentures

Et tous les quatre mois :

4 Planches de Sièges.

PRIX DES ABONNEMENTS :

FRANCE

Meubles.. 24 pl. par an, en noir 14 fr.; — couleur 20 fr.
Tentures. 24 pl. par an, — 14 fr.; — 20 fr
Sièges ... 12 pl. par an, — 7 fr.; — 10 fr.
Prix des 3 séries complètes — 35 fr.; — 50 fr.

ÉTRANGER

Meubles . 24 pl. par an, en noir 15 fr.; — couleur 22 fr.
Tentures. 24 pl. par an, . — 15 fr.; — 22 fr.
Sièges ... 12 pl. par an, — 8 fr.; — 11 fr.
Prix des 3 séries complètes — 38 fr.; — 55 fr.

Les livraisons paraissent tous les deux mois.
Les Sièges avec les livraisons de Janvier, Mai, Septembre

Les Abonnements partent de Janvier.

NOUVEAUX PROCÉDÉS
DE
TAXIDERMIE

Accompagnés de Photographies des principaux types de la collection de l'auteur à Makri-Keui, près Constantinople, de Physionomies de Rapaces sur nature, et suivis de quelques impressions ornithologiques, par le Comte ALLÉON, commandeur de l'ordre du Mérite civil de Bulgarie, chevalier de l'ordre de St-Grégoire, officier du Medjidié, membre du Comité international permanent ornithologique de Vienne, médaille d'or à l'exposition de Vienne 1883. 1 vol. in-8° jésus, 32 p. de texte, 132 fig. tirées sur papier couché.   25 fr.

BIBLIOTHÈQUE DES ARTS ET MÉTIERS

6 vol. format in-18, grand papier

1 fr. 75 le volume

Livre du Cultivateur, Guide complet de la culture des Champs, par M. Mauny de Mornay, 1837, 1 vol. accompagné de 2 planches.

Livre du Jardinier, Guide complet de la culture des Jardins fruitiers, potagers et d'agrément, par M. Mauny de Mornay. 1838. 2 vol. accompagnés de 2 planches.

Livre des Logeurs et des Traiteurs, Code complet des Aubergistes, Maîtres d'hôtel, Teneurs d'hôtel garni, Logeurs, Traiteurs, Restaurateurs, Marchands de Vin, etc., suivi de la Législation sur les Boissons. 1838. 1 vol.

Livre du Fabricant de Sucre et du Raffineur, par M. Mauny de Mornay. 1837. 1 vol. accompagné de 2 planches.

Livre du Vigneron et du Fabricant de Cidre, de Poiré, de Cormé, et autres Vins de Fruits, par M. Mauny de Mornay. 1838. 1 vol. accompagné d'une planche

Zoologie classique, ou Histoire naturelle du Règne animal, par M. F. A. Pouchet, ancien professeur de zoologie au Muséum d'Histoire naturelle de Rouen, etc. Seconde édition considérablement augmentée. 2 vol in-8°, contenant ensemble plus de 1,300 pages, et accompagnés d'un Atlas de 44 planches et de 5 grands tableaux.

Fig. noires.   25 fr.

Nota. *Le Conseil de l'Université a décidé que cet ouvrage serait placé dans les bibliothèques des Lycées.*

SUITES A BUFFON

Formant avec les Œuvres de cet auteur

UN

COURS COMPLET D'HISTOIRE NATURELLE

EMBRASSANT

LES TROIS RÈGNES DE LA NATURE

Belle Édition, format in-octavo

DIVISION DE L'OUVRAGE

Zoologie générale (Supplément à Buffon), ou Mémoires et Notices sur la Zoologie, l'Anthropologie et l'Histoire de la Science, par M. Isidore Geoffroy-Saint-Hilaire. 1 vol. avec 1 livraison de planches.
Fig. noires. 13 fr.
Fig. coloriées. 21 fr.

Cétacés (Baleines, Dauphins, etc.), ou Recueil et examen des faits dont se compose l'histoire de ces animaux, par M. F. Cuvier, membre de l'Institut, professeur au Muséum d'Histoire naturelle 1 vol. avec 2 livraisons de planches.
Fig. noires. 17 fr.
Fig. coloriées. 33 fr.

Reptiles (Serpents, Lézards, Grenouilles, Tortue, etc.), par M. Duméril, membre de l'Institut, professeur à la Faculté de Médecine et au Muséum d'Histoire naturelle, et M. Bibron, professeur d'Histoire naturelle. 10 vol. et 10 livraisons de planches.
Fig. noires. 130 fr.

Fig. coloriées. 210 fr.
Poissons, par M. A.-Aug. Duméril, professeur au Muséum d'Histoire naturelle, professeur agrégé libre à la Faculté de Médecine de Paris. Tomes I et II (en 3 volumes) avec 2 livraisons de planches. (*En publication*).
Fig. noires. 34 fr.
Fig. coloriées. 50 fr.

Entomologie (Introduction à l'), comprenant les principes généraux de l'Anatomie, de la Physiologie des Insectes ; des détails sur leurs mœurs, et un résumé des principaux systèmes de classification, etc., par M. Lacordaire, professeur à l'Université de Liège. (*Ouvrage adopté et recommandé par l'Université pour être placé dans les bibliothèques des Facultés et des Collèges, et donné en prix aux élèves*). 2 vol. et 2 livraisons de planches.
Fig. noires. 25 fr.
Fig. coloriées. 40 fr.

Insectes Coléoptères (Cantharides, Charançons, Hannetons, Scarabées, etc.) par M. LACORDAIRE, professeur à l'Université de Liège, et M. le D' CHAPUIS, membre de l'Académie royale de Belgique. 14 vol. avec 13 livraisons de planches.
Fig. noires. 170 fr.
(Manque de coloris).
— **Orthoptères** (Grillons, Criquets, Sauterelles), par M. AUDINET - SERVILLE, membre de la Société entomologique de France. 1 vol. et 1 livraison de pl.
Fig. noires. 13 fr.
Fig. coloriées. 21 fr.
— **Hémiptères** (Cigales, Punaises, Cochenilles, etc.) par MM. AMYOT et SERVILLE. 1 vol. et 1 livraison de planches.
Fig. noires. 13 fr.
(Manque de coloris).
Insectes Lépidoptères (Papillons). *Les deux parties de cet ouvrage se vendent séparément.*
— **DIURNES**, par M. BOISDUVAL, tome Ier, avec 2 livraisons de planches. *(En publication).*
Fig. noires. 17 fr.
(Manque de coloris).
— **NOCTURNES**, par MM. BOISDUVAL et GUÉNÉE, tome Ier, avec 1 livraison de planches, tomes V à X, avec 5 livraisons de planches. *(En publication).*
Fig. noires. 90 fr.
Fig. coloriées. 125 fr.

— **Névroptères** (Demoiselles, Éphémères, etc.), par M. le docteur RAMBUR. 1 vol. et 1 livraison de planches *(Épuisé).*
— **Hyménoptères** (Abeilles, Guêpes, Fourmis, etc.), par M. le comte LEPELLETIER DE SAINT-FARGEAU et M. BRULLÉ. 4 vol. avec 4 livraisons de planches.
Fig. noires. 50 fr.
Fig. coloriées. 90 fr.
— **Diptères** (Mouches, Cousins, etc.), par M. MACQUART, ancien recteur du Muséum d'Histoire naturelle de Lille. 2 vol. et 2 livraisons de planches.
(Épuisé.)
— **Aptères** (Araignées, Scorpions, etc.), par MM. WALCKENAER et GERVAIS. 4 vol. avec 5 livraisons de planches.
Fig. noires. 54 fr.
(Manque de coloris).
Crustacés (Ecrevisses, Homards, Crabes, etc.), comprenant l'Anatomie, la Physiologie et la classification de ces animaux, par M. MILNE-EDWARDS, membre de l'Institut, professeur au Muséum d'Histoire naturelle, etc. 3 vol. avec 4 livraisons de planches.
Fig. noires. 42 fr.
(Manque de coloris).
Helminthes ou Vers intestinaux, par M. DUJARDIN, doyen de la Faculté des Sciences de Rennes. 1 vol. avec 1 livraison de planches

Fig. noires. 13 fr.
(*Manque de coloris*).

Annelés marins et d'eau douce (Annélides, Géphyriens, Sangsues, Lom brics, etc.), par M. DE QUATREFAGES, membre de l'Institut, professeur au Muséum d'Histoire naturelle, et M. Léon VAILLANT, professeur au Muséum d'Histoire naturelle. Tomes I et II (en 3 vol.) avec 2 livraisons de planches.
·Fig noires. 32 fr.
Tome III (en 2 vol.) avec 1 livraison de planches.
Fig. noires. 22 fr.
(*Manque de coloris*).

Zoophytes Acalèphes (Physales, Béroés, Angèles, etc.), par M. LESSON, correspondant de l'Institut, pharmacien en chef de la Marine, à Rochefort. 1 vol. avec 1 livraison de pl.
Fig. noires. 13 fr.
(*Manque de coloris*)

— **Echinodermes** (Oursins, Palmettes, etc.), par MM. DUJARDIN, doyen de la Faculté des Sciences de Rennes, et HUPÉ, aide-naturaliste au Muséum de Paris. 1 vol. avec 1 livraison de planches.
Fig. noires. 13 fr.
Fig. coloriées. 21 fr.

— **Coralliaires** ou POLYPES PROPREMENT DITS (Coraux, Gorgones, Eponges, etc.), par MM. MILNE-EDWARDS, membre de l'Institut, professeur au Muséum d'Histoire naturelle, et J. HAIME,

aide-naturaliste au Muséum d'Histoire naturelle. 3 vol. avec 3 livraisons de pl.
Fig. noires. 37 fr.
(*Manque de coloris*).

Zoophytes Infusoires (Animalcules microscopiques), par M. DUJARDIN, doyen de la Faculté des Sciences de Rennes. 1 vol. avec 2 livraisons de pl.
Fig. noires. 18 fr.
(*Manque de coloris*)

Botanique (Introduction à l'étude de la), ou Traité élémentaire de cette science, contenant l'Organographie, la Physiologie, etc., par M. DE CANDOLLE, professeur d'Histoire naturelle à Genève. (*Ouvrage autorisé par l'Université pour les Lycées et les Collèges*). 2 vol. et 1 livraison de planches noires. 22 fr.
Les planches ne sont pas coloriées.

Végétaux phanérogames (Organes sexuels apparents : Arbres, Arbrisseaux, Plantes d'agrément, etc.), par M. SPACH, aide-naturaliste au Muséum d'Histoire naturelle. 14 vol. avec 15 livraisons de pl.
Fig. noires. 180 fr.
Fig. coloriées. 300 fr.

Géologie (Histoire, Formation et Disposition des Matériaux qui composent l'écorce du globe terrestre), par M. HUOT, membre de plusieurs sociétés savantes. 2 vol. ensemble de plus de

1,500 pages, avec 2 livraisons de pl. noires. 26 fr.
Les planches ne sont pas coloriées.
Minéralogie (Pierres, Sels, Métaux, etc.), par M. DELAFOSSE, membre de l'Institut, professeur au Muséum d'Histoire naturelle et à la Sorbonne. 3 vol. et 4 livraisons de planches noires. 43 fr.
Les planches ne sont pas coloriées.

PETITES SUITES A BUFFON
Format in-18

Histoire des Poissons classée par ordre, genres et espèces, d'après le système de Linné, avec les caractères génériques, par BLOCH et RÉNÉ-RICHARD CASTEL. 10 vol. accompagnés de 160 planches représentant 600 espèces de poissons dessinés d'après nature.
Fig. noires. 26 fr.

Histoire des Reptiles, par MM. SONNINI, naturaliste, et LATREILLE, membre de l'Institut. 4 vol. accompagnés de 54 planches, représentant environ 150 espèces différentes de serpents, vipères, couleuvres, lézards grenouilles, tortues, etc., dessinées d'après nature.
Fig. noires. 10 fr.

Histoire des Coquilles, contenant leur description, leurs mœurs et leurs usages, par M. Bosc, membre de l'Institut. 5 vol. accompagnés de planches.
Fig. noires. 10 fr. 50

Histoire naturelle des Végétaux classés par familles, avec la citation de la classe et de l'ordre de Linné, et l'indication de l'usage qu'on peut faire des plantes dans les arts, le commerce, l'agriculture, le jardinage, la médecine, etc. ; des figures dessinées d'après nature, et un GENERA complet, selon le système de Linné, avec des renvois aux familles naturelles de Jussieu, par J.-B. LAMARCK et C.-F.-B. DE MIRBEL. 15 vol. in-18 accompagnés de 120 planches.
Fig. noires. 30 fr.
Fig. coloriées. 46 fr.

Histoire naturelle des Vers, par M. Bosc, membre de l'Institut. 3 vol.
Fig. noires. 6 fr. 50
Fig. coloriées. 10 fr. 50

Histoire des Insectes, composée d'après RÉAUMUR, GEOFFROY, DE GEER, ROESEL, LINNÉ, FABRICIUS, et les meilleurs ouvrages qui ont paru sur cette partie, rédigée suivant les méthodes d'Olivier, de Latroille, avec des notes, plusieurs observations nouvelles et des figures dessinées d'après nature. par F.-M.-G. DE TIGNY et BRONGNIART, pour les généralités. Edition augmentée par M. GUÉRIN. 10 vol. ornés de

planches. Fig. noires. 23 fr. **Histoire des Crustacés**, contenant leur description, leurs mœurs et leurs usages, par MM. BOSC et DESMAREST. 2 vol. accompagnés de 18 planches. Fig. noires. 7 fr. 50

OUVRAGES DIVERS D'HISTOIRE NATURELLE

Arachnides (Les) de France, par M. E. SIMON, membre de la Société entomologique de France.

Tome 1er, contenant les Familles des Epeiridæ, Uloboridæ, Dictynidæ, Enyoidæ et Pholcidæ. 1 vol. in-8°, accompagné de 3 planches. 12 fr.

Tome 2, contenant les Familles des Urocteidæ, Agelenidæ, Thomisidæ et Sparassidæ. 1 vol. in-8°, accompagné de 7 planches. 12 fr.

Tome 3, contenant les Familles des Attidæ, Oxyopidæ et Lycosidæ. 1 vol. in-8°, accompagné de 4 planches. 12 fr.

Tome 4, contenant la Famille des Drassidæ. 1 vol. in-8°, accompagné de 5 planches. 12 fr.

Tome 5 (1re partie), contenant la Famille des Epeiridæ (supplément) et des Theridionidæ. 1 vol. in-8°, accompagné de planches. 12 fr.

Tome 5 (2e partie), contenant la Famille des Theridionidæ (suite). 1 vol. in-8°, accompagné de planches et orné de figures. 12 fr.

Tome 5 (3e partie), contenant la Famille des Theridionidæ (fin). 1 vol. in-8°, accompagné de planches et orné de figures. 12 fr.

Tome 6. (*En préparation.*)

Tome 7, contenant les Familles des Chernetes, Scorpiones et Opiliones. 1 vol. in-8°, accompagné de planches. 12 fr.

Histoire naturelle des Araignées. par M. EUG. SIMON, *Deuxième édition.*

Tome premier, *1er fascicule* contenant 215 figures intercalées dans le texte. 1 vol. grand in-8° de 256 pages. 6 fr.

Tome premier, *2e fascicule* contenant 275 figures intercalées dans le texte. 1 vol. grand in-8°. 6 fr.

Tome premier, *3e fascicule* contenant 347 figures intercalées dans le texte. 1 vol. grand in-8°. 6 fr.

Tome premier, *4e et dernier fascicule* (du tome 1er), contenant 261 figures 1 vol. grand in-8°. 6 fr.

Tome second, *1er fascicule* contenant 200 figures intercalées dans le texte. 1 vol. grand in-8°.   6 fr.

Tome second, *2e fascicule* contenant 184 figures intercalées dans le texte. 1 vol. grand in-8.   6 fr.

Tome second, *3e fascicule* contenant 407 figures. 6 fr.

Tome second, *4e et dernier fascicule* contenant 329 figures.   ·   6 fr.

**Catalogue des espèces actuellement connues
de la famille des Trochilides**, par Eugène Simon,
brochure in-8°.   3 fr.

OUVRAGES D'ASSORTIMENT

**Aranéides des îles de la Réunion, Maurice et
Madagascar**, par M. Aug. Vinson. 1 gros volume in-8,
illustré de 14 planches.
Fig. noires.   20 fr.

Astronomie des Demoiselles, ou Entretiens entre
un frère et sa sœur, sur la mécanique céleste, par James
Fergusson et M. Quétrin. 1 vol. in-12.   3 fr. 50

Botanique (La), de J.-J. Rousseau, contenant tout ce
qu'il a écrit sur cette science, augmentée de l'exposition
de la méthode de Tournefort et de Linné, suivie d'un Dic
tionnaire de botanique et de notes historiques, par M. De-
ville. 2e édition, 1 gros vol. in-12, orné de 8 planches.
Figures noires.   ·   4 fr.

**Choix des plus belles fleurs et des plus beaux
fruits**, par P.-J. Redouté, peintre d'histoire naturelle.
100 planches différentes coloriées. Chaque pl.   1 fr.

**Collection iconographique et historique des
Chenilles d'Europe**, ou Description et figures de ces
Chenilles, avec l'histoire de leurs métamorphoses, et leur
application a l'agriculture, par MM. Boisduval, Rambur
et Graslin.
Cette collection se compose de 42 livraisons, format
grand in-8, papier vélin : chaque livraison comprend *trois
planches coloriées* et le texte correspondant. ·
Les 42 livraisons réunies (la pl. I des Papillonides n'a
jamais existé) :   100 fr.

**Cours d'agriculture, de viticulture et de jar-
dinage,** par Mathieu Risler (1849). 1 vol. in-12.   2 fr.

Fauna japonica, sive Descriptio animalium quæ in
itinere per Japoniam jussu et auspiciis superiorum, qui

summum in India Batava imperium tenent, suscepto anni 1823-1830, collegit, notis, observationibus et adumbrationibus illustravit Ph. Fr. de Siebold.

Reptiles, 3 livraisons noires. Ensemble   25 fr.

Faune de l'Oceanie, par M. le docteur Boisduval. 1 gros vol. in-8, imprimé sur grand papier.   10 fr.

Faune entomologique de Madagascar, Bourbon et Maurice. — *Lépidoptères*, par le docteur Boisduval ; avec des notes sur leurs métamorphoses, par M. Sganzin.

Huit livraisons, format grand in-8, papier vélin. Planches noires.   10 fr.

Icones historique des Lépidoptères nouveaux ou peu connus, collection, avec figures coloriées, des papillons d'Europe nouvellement découverts, par M. le docteur Boisduval. Ouvrage formant le complément de tous les auteurs iconographes. Cet ouvrage se compose de 42 livraisons grand in-8, comprenant chacune *deux planches coloriées* et le texte correspondant.

Les 42 livraisons réunies. Coloriées.   100 fr.
Noires.   25 fr.

Nota. — Tome 2. Le texte s'arrête page 208. Toutes les fig. des planches 48 à 70 inclusivement sont décrites.

Les fig. des planches 71 à la fin ne sont pas décrites.

Manuel des Candidats à l'emploi de Vérificateur des Poids et Mesures, par Ravon. 2e éd., 1841. 1 vol. in-8. 5 fr.

Manuel des Sociétés de secours mutuels. Une brochure in-12. 1854.   0 fr. 50

Mémoires de la Société royale des Sciences de Liège. Première série, 1843 à 1866, 20 vol. à   7 fr.
Deuxième série, 1866 à 1887, 13 vol. à   7 fr.

Ministre (Le) de Wakefield, traduit en français par M. Aignan. 1 vol. in-12, avec figures.   1 fr.

Monographie des Erotyliens, famille de l'ordre des Coléoptères, par M. Th. Lacordaire. In-8.   9 fr.

Synonymia insectorum. — **Genera et species curculionidum** (ouvrage comprenant la synonymie et la description de tous les Curculionides connus), par M. Schoenherr. 8 tomes en 16 parties. (*Ouvrage terminé.*)   144 fr.

Théorie élémentaire de la Botanique, ou Exposition des principes de la classification naturelle et de l'art de décrire et d'étudier les végétaux, par M. de Candolle. 3e édition, 1 vol. in-8.   8 fr.

DÉPOT DES OUVRAGES

PUBLIÉS PAR LA

LIBRAIRIE FÉRET & FILS

DE BORDEAUX

Andrieu (P.). — Le Sucrage des Vendanges. Les vins de première cuvée avec chaptalisation des moûts. Les vins de sucre avec corrections dans leur composition. 1903, in-8, broché. 1 fr. 50

— Nouvelle méthode de vinification de la vendange par sulfitage et levurage. 1903, in-8, br. 0 fr. 60

— 1904, in-8°, br. 0 fr. 60

— 1905, in-8°, br. 0 fr. 60

— 1906, in-8°, br. 0 fr. 60

— 1907, in-8°, br. 0 fr. 60

— 1908, in-8°, br. 0 fr. 60

— Les Caves de réserve pour les vins ordinaires, 1904, in-8°, br. 0 fr. 75

Audebert. — La lutte contre l'Eudémis Botrana, la Cochylis et l'Altise. Bordeaux, 1902. 0 fr. 50

Audebert II (Tristan). — La chasse à la palombe dans le Bazadais, 1907, in-18 avec planches. 3 fr.

Barbe. — De l'élevage du cheval dans le sud-ouest de la France et principalement dans la Gironde et les Landes, et de son hygiène. Hygiène des animaux en général et de leurs habitations. 1903, 1 vol. in-8, br. 6 fr.

Batz-Trenquelléon (Ch. de). — Le vrai baron de Batz, rectifications historiques d'après des documents inédits. 1908, in-8. 2 fr.

Bellot des Minières. — Manuel pratique pour les traitements contre toutes les maladies cryptogamiques, à l'aide de l'ammoniure de cuivre en vases hermétiques, b. s. g. d. g. 1902, gr. in-8. 0 fr. 50

— La question viticole. 1902, gr. in-8. 1 fr. 50

Berniard. — L'Algérie et ses vins :

1re partie : prov. d'Oran. Ouv. illustré et accompagné d'une carte vinicole de la province d'Oran. 1888, in-18. 3 fr.

2e partie : prov. d Alger. Ouv. illustré et accomp. d'une carte vinicole de cette province. Bordeaux, 1890, in-18. 3 fr.

3e partie : prov. de Constantine. Ouv. illustré et accompagné d'une carte vinicole de cette prov. 1892, in-18. 3 fr.

Bitterolff. — Nouveau système astronomique. Lois nouvelles de la gravitation universelle. 1902, in-18. 5 fr.

Blarez (D'). — Cours de chimie organique (programme aide-mémoire des leçons), in-18. 3 fr.

Bontou (A.). — Traité de cuisine bourgeoise bordelaise, 1906, 1 gros vol. in-18 jés., cartonné 3 fr.

Boué (L.). — A travers l'Europe. Impressions poétiques, ornées de 101 compositions dues à 60 artistes de Paris ou de Bordeaux, avec préface de Th. Froment, in-folio de luxe tiré à 625 exempl., dont 25 exempl. sur Japon. Prix sur vélin, 30 fr.; relié toile genre amateur, 37 fr.; sur Japon. 100 fr.

Carles (D' P.). — Etude chimique et hygiénique du vin en général et du vin de Bordeaux en particulier. 1880, in-8. 3 fr.

— Dérivés tartriques du vin ; 3e éd., Bordeaux. 1903, in-8 (Prix Montyon de l'Institut de France, 1898). 4 fr. 50

— Bouquet naturel des vins et eaux-de-vie. 1897, 1 fr.

— Le vin, le vermouth, les apéritifs et le froid. 1900, in-8. 1 fr.

— Le pain des diabétiques, in-8. 0 fr. 50

— L'acide sulfureux en œnologie et en œnotechnie. Bordeaux, 1905. 1 fr.

— Les vins de Graves de la Gironde, vinification et conservation, 1907, in-8. 0 fr. 60

— Le vin et les Eaux-de-vie de France, 2e édition, 1908, in-8. 0 fr. 40

Carrère (H). — Scènes et saynètes. Lettre préface de Jacques Normand, in-12. 3 fr. 50
(Ouvrages pour les familles et les pensions).

Cazenave. — Manuel pratique de la culture de la vigne dans la Gironde, 2e édition, 1889, in-12, br. 304 p. 3 fr.

Daniel (L.). — La question phylloxérique, — Le greffage et la crise viticole, préface de M. Gaston Bonnier, membre de l'Institut. 1908, fascicule 1er, gr. in-8°, 184 p., orné de 81 dessins en noir et 1 pl. hors texte en couleurs. 6 fr.

Daurel (J.). — Album des raisins de cuve de la Gironde et de la région du S.-O., avec leur description et leur synonymie, avec 15 gr. color. gr. nat., 5 gr. en phototyp. Bordeaux, 1892, in-4, br. 7 fr.
(Publication de luxe couronnée par la Société des Agriculteurs de France).

Dezeimeris (R). — D'une cause de dépérissement de la vigne et des moyens d'y porter remède, 5e édition, Bordeaux, 1891, in-8, br. 82 p. et 4 pl. hors texte. 2 fr. 50

Denigès (Dr G.). — Exposé élémentaire des principes fondamentaux de la théorie atomique ; 2e édition, 1895, in-8, 120 p. 3 fr. 50.

Féret (Ed.). — **Annuaire du Tout Sud-Ouest** illustré, 1904. Bordeaux, 1 gros vol. petit in-8°, 1,300 p., illustré, par Marcel de Fonrémis, de vues de châteaux, portraits, etc., cartonné toile. 9 fr.
Reliure de luxe. 12 fr.

Féret. — Annuaire du Tout Sud-Ouest illustré, 1905-1906. 1,520 pages, cart. toile. 9 fr.
Reliure de luxe. 12 fr.

Féret (Ed.). — **Bordeaux et ses vins** classés par ordre de mérite, 8e édition. Bordeaux, 1908, in-12 br., avec 700 vues de châteaux et 10 cart. vinic. 9 fr.
Le même relié toile anglaise. 10 fr.
Le même sans les cartes br. 7 fr.

— Bordeaux and its Wines classed by order of merit 3d english edition, translated from the 7d french édition by M. Ravenscroft, illustrated by Eug. Vergez. 10 fr.
Le même relié toile. 11 fr. 50

— Bordeaux und Seine Weine, trad. sur la 6e édition française par Paul Wend. Bordeaux et Stettin, 1893, in-12, br., 851 p. enrichie de 400 vues de châteaux. 12 fr. 50
Le même relié. 15 fr.

— Album des grands crus classés du Médoc syndiqués, 1908, in-8. 1 fr. 25

— Les vins de Médoc, avec ill. d'Eug. Vergez et 4 cartes, in-18 j., 260 p. 3 fr.

— Les vins de Graves rouges et blancs, avec ill. d'Eug. Vergez et cartes, in-18 j., 146 p. 2 fr.

— Le pays de Sauternes et les vins blancs de Podensac et de Langon, avec ill. et cart. 2 fr.

— Saint-Emilion et ses vins et les principaux vins de l'arrondissement de Libourne, avec illust., et cartes vinicoles, in-18 j., 264 p. 3 fr.

— Les vins du Cubzadais, du Bourgeais et du Blayais, avec ill. et cart. 2 fr.

— Les vins de l'Entre-Deux-Mers, avec ill. et cart. 3 fr.

Ces ouvrages sont tirés de la 8ᵉ éd. de *Bordeaux et ses vins*.

— Caractère des récoltes de 1795 à nos jours. Bordeaux, 1898, 16 p. et une carte vinicole de la Gironde.   0 fr. 75
Le même en anglais.   0 fr. 75

— Carnet de statistique du négociant en vins, destiné à recevoir des notes sur 2,000 crus de la Gironde. Bordeaux, 1894, in-12, toile.   2 fr.

— Bordeaux et ses monuments, in-8, br., 90 p., 2 plans et 31 gr.   2 fr.

Feret (Ed.). — Dictionnaire Manuel du maître de chai et du négociant en vins, guide utile à quiconque veut vendre ou manipuler des vins et des spiritueux. 1 vol. in-18, ill. Bordeaux, 1898, 6 fr., cart.   7 fr.

— Le même ne contenant que les articles utiles au maître de chai 3 fr. 50, cart.   4 fr. 50

— Bergerac et ses vins et les principaux crus du département de la Dordogne. 1 vol. in-18 jésus illustré, 3 fr. 50 cart.   5 fr.

Carte vinicole du Médoc et de l'arrondissement de Blaye, extraite de la carte de la Gironde au 1/160000 ; 1 feuille gr. colombier, tirée en trois couleurs.   3 fr.
La même sur toile pleine.   4 fr. 50

Nouvelle carte routière et vinicole de la Gironde à l'échelle de 1/160000, dressée par Félix Feret pour accompagner l'ouvrage *Bordeaux et ses vins*, 1 feuille gr.-aigle, imprim. en trois couleurs et color. par contrées vinicoles (1893).   6 fr.

La même, collée sur toile, pliée, cartonnée.   10 fr.

La même collée sur toile vernie, montée avec gorge et rouleau.   14 fr.

— Statistique générale du départᵗ de la Gironde, 3 tomes en 4 vol. gr. in-8; prix pour les souscripteurs.   52 fr.

Le tome I : Partie topographique, scientique, agricole, industrielle, commerciale et administrative ; 1 vol. gr. in-8 de 1,000 p. est en vente au prix de   16 fr.

Le tome II : Partie agricole et viticole; 1 vol. gr.-8, avec supplément 1,100 p., orné de 300 gr. est à peu près épuisé; ce volume ne se vend qu'avec le t. I au prix de 36 francs les deux vol.

Le tome III : 1ʳᵉ partie, bibliographie; 1 vol. gr. in-8, br., 628 p., est en vente au prix de   10 fr.

2e partie, archéologique ; 1 vol. gr. in-8, br., d'environ 500 p., orné d'illustrations de MM. Léo Drouyn, Vergez, etc. (sous presse).

— Supplément à la statistique générale de la Gironde part. vinic.). Bordeaux, 1880, in-8, 169 p. avec 50 vues. 4 fr.

Gautier (Paul). — Au fil du rêve, poésies, 1905. in-18, 120 p.   3 fr.

Gayon. — Etude sur les appareils de pasteurisation des vins en bouteilles et en fûts, avec vignettes ; in-8, 1895.   2 fr.

— Expériences sur la pasteurisation des vins de la Gironde. Bordeaux, 1895, in-8, 59 p.   1 fr. 25

Gayon, Blarez et Dubourg. — Analyse chimique des vins rouges du département de la Gironde, récolte de 1887. Bordeaux, 1888, in-8. br., 47 p.   1 fr. 50

— Analyse chimique des vins du département de la Gironde, récolte de 1888. 1889, in-8, br., 31 p.   1 fr. 50

Gébelin. — Eléments de géographie. Nouvelle édition par M. Marion.

Europe (moins la France). 1900, in-18.   2 fr.
France et colonies françaises. 1899, in-18.   2 fr.
La Terre, l'Amérique. 1899, in-18.   1 fr. 50
Asie, Afrique, Océanie. in-18.   1 fr. 50

Grandjean. — Le baron de Charlevoix-Villiers et la fixation des Dunes, in-8.   1 fr.

Guillaud (Dr J.-A.). — Flore de Bordeaux et du Sud-Ouest, analyse et description sommaire des plantes sauvages et généralement cultivées dans cette région ; Phanérogames, 326 p., br. 4 fr. 50 ; cartonné   5 fr. 50

Guillon (J.-M.), dir. de la station viticole de Cognac. — Notes sur la reconstitution du vignoble, avec fig., 1900, gr. in-8.   1 fr. 25

Hugo d'Alési. — Panorama de Bordeaux, fac-similé d'aquarelle sur bristol.   6 fr.

Juhel-Rénoy. — Conseils sur la fabrication et la conservation du cidre. 1897, in-18, 60 p.   1 fr. 25

Kehrig (H.). — La cochylis. Des moyens de la combattre, 3e éd., 1893, in-8, 2 pl.   2 fr. 50

— L'Eudémis. Les moyens proposés pour la combattre. 1907.   0 fr. 50

— Le vin chez le consommateur. Conseils pratiques, 4e éd., in-18, 12 p.   0 fr. 25

— Le soutirage des vins, 2º édition. 1907.   0 fr. 50

— Le privilége des vins à Bordeaux jusqu'en 1889, suivi d'un appendice comprenant le Ban des Vendanges, des Courtiers, de Taverniers ; prix payés pour les vins du xii° au xviii° siècle, tableau de l'exploitation des vignes en 1825 Ouvrage couronné par l'Académie des sciences, belles-lettres et arts de Bordeaux. 1886, gr. in-8, 116 p. 2 fr. 50

Labat (Gustave). — Gustave de Galard, sa vie et son œuvre (1779-1841); in-4º, orné de 4 pl. hors texte, dessins inédits du maître. 1896, in-4.   15 fr.

Laborde (J.). — Cours d'OEnologie. Tome I. Maturation du raisin. Fermentation alcoolique. Vinification des raisins rouges et blancs, avec pré ace de V. Gayon. 1908, 1 vol. gr. in-8º, avec 55 fig. et 1 planche hors texte. 5 fr.

Lapierre (A.). — Plan de la ville de Bordeaux avec les lignes de tramways et omnibus, à l'échelle du 1/10000, dressé par A. LAPIERRE.   1 fr. 50
Le même, colorié.   2 fr. 50

Lemaignan — Utilisation des marcs de raisin pour fabriquer d'excellentes piquettes, pour nourrir le bétail et comme engrais. 1906, gr. in-8º.   0 fr. 25

Loquin (Anatole). — Le Masque de fer et le livre de M. Funck-Brentano. Bordeaux, 1898, in-8.   0 fr. 60

— Le Prisonnier masqué de la Bastille. Son histoire authentique. Bordeaux, 1900, in-12.   3 fr. 50

Malvezin (P.). — Etudes sur la viti-viniculture, 1905, gr. in-8º.   4 fr.

Mathé (E.). — De Bordeaux à Paris par la Chine, le Japon et l'Amérique. 1907, 1 vol. in-18 orné de figures. 4 fr.

Matignon (J. J.). — Le siège de la légation de France (Pékin, du 15 juin au 15 août 1900). Conférences faites à Bordeaux, in-8.   1 fr. 50

Méric G.). — Le black-rot. Tableau donnant grandeur nature en chromo, feuilles et grains atteints par le black-rot, avec texte explicatif.   0 fr. 75

Montaigne (Michel de). — Nouvelle édition publiée par MM. H. Barckhausen et R. Dezeimeris. contenant la reproduction de la 1re édition, avec les variantes des 2e et 3e éditions; 2 vol. in-8, édition de luxe (Publication de la Société des Bibliophiles de Guyenne).   15 fr.

Pabon (Louis). — Dictionnaire des usages commerciaux et maritimes de la place de Bordeaux et des places voisines. Bordeaux, 1888, in-8, br., 214 p.   3 fr. 50

Panajou (F.). — Barèges et ses env. 1904, 1 vol. in-12, 110 p., 80 phot., 2 pan. h. t., 1 c. de la rég., br. 2 fr. 25

Perceval (Emile de). — Le président Emérigon et ses amis (1795-1847), in-8.   10 fr.

Poignant (M. P.). — Coefficient économique des machines à vapeur en raison de la détente du cylindre et de la formule $\dfrac{t - t_0}{t}$ Surchauffe de la vapeur. 1902, in-8.   1 fr. 50

Rouhet. — De l'entraînement complet et expérimental de l'homme, avec étude sur la voix articulée, suivi de recherches physiologiques et pratiques sur le cheval, gr. in-8, illustré.   10 fr.

— L'Equitation, gr. in-8 illustré.   3 fr. 50

Saint-Laurent (Pierre). — Chiens de défense et chiens de garde, races, éducation, dressage. Préface de M. Cunisset-Carnot, 1907, in-8° avec planches.   2 fr.

Salvat. — Le pin maritime, sa culture, ses productions. Bordeaux, 1891, in-12, br., 39 p.   1 fr.

Sud-Ouest navigable (1er Congrès du), tenu à Bordeaux les 12, 13 et 14 juin 1902. Compte rendu des travaux. 1902, gr. in-8.   5 fr.

Usages locaux du département de la Gironde publiés suivant la délibération du Conseil général, 2e éd. revue et augmentée. 1900, in-12.   2 fr. 50

Viard (E.). — Etude sur les vins au point de vue de leur action sur l'organisme. 1904, gr. in-8.   1 fr.

Ajouter 10 0/0 du prix de l'ouvrage pour l'envoi franco, plus 25 centimes de recommandation pour l'Etranger.

BAR-SUR-SEINE. — IMP. Vᵒ C. SAILLARD.

www.ingramcontent.com/pod-product-compliance
Lightning Source LLC
Chambersburg PA
CBHW070757270326
41927CB00010B/2177